广东省教育厅普通高校特色创新类项目 (2019WTSCX028)

汕头大学科研启动经费项目（STF19009）

本书受到"李嘉诚基金会汕头大学文学院专项经费"资助

秦汉杂家研究

以《吕氏春秋》
《淮南子》为中心

管宗昌　著

人民出版社

责任编辑：陆丽云
封面设计：林芝玉

图书在版编目（CIP）数据

秦汉杂家研究：以《吕氏春秋》《淮南子》为中心 / 管宗昌 著 . — 北京：
　人民出版社，2021.6
ISBN 978 - 7 - 01 - 022973 - 7

I.①秦…　Ⅱ.①管…　Ⅲ.①杂家②《吕氏春秋》- 研究 ③《淮南子》-
　研究　Ⅳ.① B229.05

中国版本图书馆 CIP 数据核字（2020）第 266998 号

秦汉杂家研究
QINHAN ZAJIA YANJIU
——以《吕氏春秋》《淮南子》为中心

管宗昌　著

人民出版社 出版发行
（100706　北京市东城区隆福寺街 99 号）

北京汇林印务有限公司印刷　新华书店经销

2021 年 6 月第 1 版　2021 年 6 月北京第 1 次印刷
开本：710 毫米 ×1000 毫米 1/16　印张：23.5
字数：305 千字

ISBN 978 - 7 - 01 - 022973 - 7　定价：98.00 元

邮购地址 100706　北京市东城区隆福寺街 99 号
人民东方图书销售中心　电话（010）65250042　65289539

目　录

序

　　管宗昌教授曾就读于中国人民大学，是著名学者李炳海教授的博士研究生，好学深思，年轻有为，长期致力于先秦两汉时期的文学研究，特别是对战国和汉代诸子用力最多。曾著有《列子》、《吕氏春秋》、《淮南子》、《庄子》等的著作和论文多种，都能提挈大义，发掘细微，在学术界有广泛影响。今日又著成《秦汉杂家研究》一书，即将付梓，在此表示热烈祝贺。

　　中国上古社会最重要的转型期发生在夏禹以后。《史记·夏本纪》说："帝禹立而举皋陶荐之，且授政焉，而皋陶卒。……而后举益，任之政。十年，帝禹东巡狩，至于会稽而崩。以天下授益。三年之丧毕，益让帝禹之子启，而辟居箕山之阳。禹子启贤，天下属意焉。及禹崩，虽授益，益之佐禹日浅，天下未洽。故诸侯皆去益而朝启，曰：'吾君帝禹之子也。'于是启遂即天子之位，是为夏后帝启。"唐尧为了避免出现世袭制，很早就把嗣子丹朱排除在接班人之外，虞舜也以嗣子商均不贤，选择夏禹做接班人。而且，唐尧、虞舜都在生前给接班人很长时间的摄政地位。而夏禹既没有防止嗣子启坐大，而选择的接班人中，皋陶因年长而去世，后益作为接班人的时间太短，又没有实际掌控权力。夏后启禅让后益，后益很快被夏后启颠覆，"天下为公"从此变为"天下为家"。

　　夏后启以后，"天下为家"的体制仍然有个发展过程。大体而言，先

1

有以礼制文明为特征的小康时代，然后进入春秋以后的"礼崩乐坏"时代。而战国时期，首先在诸侯国中出现了集权倾向，到秦统一以后，中央集权取代地方自治。虽然项羽曾经想恢复地方自治的封建制度，但很快被刘邦集团所颠覆，中央集权体制遂成为汉以后中国政治制度的常态。当然，从中央集权到皇帝专权的制度演变，在秦汉以后还有一个漫长的发展过程。

追根溯源，"天下为公"体制的破坏，夏禹是有重大责任的。《论语·泰伯》载孔子说："禹，吾无间然矣。菲饮食而致孝乎鬼神，恶衣服而致美乎黻冕，卑宫室而尽力乎沟洫。禹，吾无间然矣。"孔子"心向往之"的终极理想是尧舜时期的天下为公，夏禹如果不是故意，起码是没有预见到自己的儿子会成为"大同"世界的掘墓人，这和唐尧、虞舜的高瞻远瞩相去甚远。孔子之所以不愿意对夏禹有"间然"，是因为夏禹生前自律严格，自奉节俭。或许夏禹并没有破坏"天下为公"体制的本意，但夏禹舐犊情深，夏后启伪装又太成功，最终出现夏后启颠覆的事件。《论语·宪问》载孔子说："不逆诈，不亿不信，抑亦先觉者，是贤乎！"孔子不逆夏禹之诈与不信，但夏禹不是先觉者。

在战国秦汉之际，一般学者对中国古代社会由五帝至三王，由三王至五霸，由五霸至七雄的历史蜕变是清楚的；对这个变化过程中由道而德，由德而仁、义、礼的演变也是清楚的。除了《礼记·礼运》关于由五帝"大同"到三王"小康"的论述以外，《庄子·知北游》引黄帝之言说："故曰：失道而后德，失德而后仁，失仁而后义，失义而后礼，礼者，道之华而乱之首也。"《道德经》说："故失道而后德，失德而后仁，失仁而后义，失义而后礼，夫礼者，忠信之薄而乱之首。前识者，道之华而愚之始也。"这里所说的道、德、仁、义、礼的变化，正是帝、王、霸社会发展的真实反映。

《战国策·燕策一》载郭隗之言，有"帝者与师处，王者与友处，霸者与臣处，亡国与役处"四句。帝道、帝者指五帝时代，王道、王者指夏、商、周三王时代，霸道、霸者指春秋时期，强国之术、亡国指的是战国时期。五帝时代，特别是尧、舜时期，效法"天道"，政治制度以"天下为公"为基础，政治文化以"大同"为价值，经济权利和政治权力的平等，是这个时期的社会特征。三王时期虽是"天下为家"的时代，但社会文化氛围强调德治，领导人不谋求私利，能全心全意为人民服务，先天下之忧而忧，后天下之乐而乐，严以律己，宽以待人。五霸时代霸主挟天子以令诸侯，领导人在享有特权，但仍能"推恩"，会兼顾群众的生存问题，能贯彻"仁政"观念。战国时期以强国为目标，推崇的政治文化是弱肉强食。《韩非子·五蠹》指出："上古竞于道德，中世逐于智谋，当今争于气力。"《汉书·食货志上》云："陵夷至于战国，贵诈力而贱仁谊，先富有而后礼让。"《史记·天官书》说："顺之胜，逆之败"，"爱之欲其生，恶之欲其死"等代表了这个时代的文化价值。

周王朝的基本道德在于礼义人伦，孝悌笃敬。及至春秋之时，虽说礼崩乐坏，但贵族君主，还是以提倡礼义为多。甚至对基本道义的尊重，并不因为战争的残酷性而有所改变。《左传·僖公二十二年》记有宋襄公的"君子不重伤，不禽二毛。古之为军也，不以阻隘也。寡人虽亡国之余，不鼓不成列"观点。宋襄公是典型的因遵守道义原则而给自己带来严重伤害也决不后悔的例子，被当时某些人看作迂腐，但宋襄公所体现的君子遗风，却正是周代礼制所坚守的文明底线。到战国时期，弱肉强食为君主大臣所乐道，篡盗之人可以为侯王，韩、魏、赵及田齐为周天子所承认，周礼的底线被击穿。礼让不存，仁义被弃，胜者王侯，败者为寇，顺之者昌，逆之者亡，自上而下，贪得无厌，诈伪并起。《吕氏春秋·先己》云："五帝先道而后德，故德莫盛焉。三王先教而后杀，故事莫功焉。五伯先事而后兵，故兵莫强焉。当今之世，巧谋并行，诈术递用，攻战不休，亡国辱主愈众。所事者末也。"战国秦汉时期的领导人迫切需要一套新理论支撑武力征伐的合法性和合理性，法家思想就应运而生。但法家把人与人之间的

3

关系简单理解为利益关系，把不惜一切代价和一切手段维护君主权力作为行为的中心。这种观点对于长期浸染着周礼文明的中国人来说，毕竟太过惊世骇俗，超越了底线。一切有羞耻心和是非心的人，或者没有羞耻心与是非心但多少有所顾忌的人都羞于说出口。

战国以后的中央集权制度，给人民带来了深重灾难，《史记·天官书》云："太史公推古天变，未有可考于今者。盖略以春秋二百四十二年之间，日蚀三十六，慧星三见，宋襄公时星陨如雨，天子微，诸侯力政，五伯代兴，更为主命。自是之后，众暴寡，大并小。秦、楚、吴、越，夷狄也，为强伯。田氏篡齐，三家分晋，并为战国。争于攻取，兵革更起，城邑数屠，因以饥馑疾疫焦苦，臣主共忧患，其察機祥候星气尤急。"又《史记·平津侯主父列传》载汉武帝时严安上书，其中论及春秋到战国时期社会的变化，曰："臣闻周有天下，其治三百余岁，成康其隆也，刑错四十余年而不用。及其衰也，亦三百余岁，故五伯更起。五伯者，常佐天子兴利除害，诛暴禁邪，匡正海内，以尊天子。五伯既没，贤圣莫续，天子孤弱，号令不行。诸侯恣行，强陵弱，众暴寡，田常篡齐，六卿分晋，并为战国，此民之始苦也。于是强国务攻，弱国备守，合从连横，驰车击毂，介胄生虮虱，民无所告愬。"

五帝中的尧、舜代表了大同精神的制高点，这说明从黄帝到唐尧、虞舜，中国社会是进步了的。从夏禹到夏启，有一个大的倒退。但小康文明以周代德治文明为顶点，因此，自夏至周，则是一个进步。但周衰之后，从春秋、战国到秦，则是一个不断退化的过程。《史记·孝文帝本纪》载，文帝元年正月，有司建议文帝早立太子，文帝说："今纵不能博求天下贤圣有德之人而禅天下焉，而曰豫建太子，是重吾不德也。谓天下何？其安之。"这说明汉文帝也认为禅让是更好的制度。刘邦在暴秦灭亡以后，仍然为一己之私挑起战端，这说明汉朝与三分天下有其二的周文王境界完全不同。不过，汉代虽然不能和西周相比，距离唐尧和虞舜时代更远，但比起秦代是有进步的。赵翼《廿二史札记》认为汉代虽有庸主但无暴君，并在汉武帝以后罢黜百家，从理论上肯定孔子的教主地位，在一定程度上阻止了中国社会向更恶的方向发展的趋势，这是应该肯定的。但中国古代社会在制度上的大趋势仍然是倒退的。《孟子·告子下》说："五霸者，三王之罪人也。今之诸侯，五霸之罪人也。"而实际上，三王也是尧、舜之罪人。自战国开始，"饥馑疾疫焦苦"就一直如影随形，伴随着中华民族。宋司马光著《资治通鉴》，在序言中还特别分析了战国以后中国社会进入丛林法则时代的后果："呜呼！君臣之礼既坏矣，则天下以智力相雄长，遂使圣贤之后为诸侯者，社稷无不泯绝，生民之类糜灭几尽，岂不哀哉！"

《史记·商君列传》载战国后期法家代表人物商鞅游说秦孝公，曰："孝公既见卫鞅，语事良久，孝公时时睡，弗听。罢而孝公怒景监曰：'子之客妄人耳，安足用邪！'景监以让卫鞅。卫鞅曰：'吾说公以帝道，其志不开悟矣。'后五日，复求见鞅。鞅复见孝公，益愈，然而未中旨。罢而孝公复让景监，景监亦让鞅。鞅曰：'吾说公以王道而未入也。请复见鞅。'鞅复见孝公，孝公善之而未用也。罢而去。孝公谓景监曰：'汝客善，可与语矣。'鞅曰：'吾说公以霸道，其意欲用之矣。诚复见我，我知之矣。'卫鞅复见孝公。公与语，不自知厀之前於席也。语数日不厌。景监曰：'子何以中吾君？吾君之驩甚也。'鞅曰：'吾说君以帝王之道比三代，而君曰："久远，吾不能待。且贤君者，各及其身显名天下，安能邑邑待数十百年以成帝王乎？"故吾以强国之术说君，君大说之耳。然亦难以比德于殷周矣。'"商鞅游说秦孝公，先说五帝天下为公之道，孝公不觉悟；然后说三王德治之道，孝公也无兴趣；商鞅改说春秋五霸之道，孝公以为善；商鞅明白孝公是个功利之徒，所以索性以等而下之的富国强兵之道投合孝公，因此得重用。而商鞅自己也知道，以富国强兵之道治国，结果必然是灾难性的。

司马谈《论六家要旨》评价法家说:"法家严而少恩。"又说:"法家不别亲疏,不殊贵贱,一断于法,则亲亲尊尊之恩绝矣。可以行一时之计,而不可长用也,故曰'严而少恩'。"《汉书·艺文志》也说:"即刻者为之,则无教化,去仁爱,专任刑法而欲以致治,至于残害至亲,伤恩薄厚。"

应该说,法家这种否定道义价值和亲情关系、以利益驱动的价值观,对于主张法家学说的人本身来说,也是一把双刃剑。因此,整合各种思想流派,兼顾周礼的文明传统的综合创新观就出现了。

《汉书·艺文志》说:"杂家者流,盖出于议官。兼儒、墨,合名、法,知国体之有此,见王治之无不贯,此其所长也。及荡者为之,则漫羡而无所归心。"《隋书·经籍志》说:"杂者,兼儒、墨之道,通众家之意,以见王者之化,无所不冠者也。古者司史历记前言往行,祸福存亡之道。然则杂者,盖出史官之职也。放者为之,不求其本,材少而多学,言非而博,是以杂错漫羡,而无所指归。"

杂家出现在战国末期,在西汉初期也很流行,这是与统一的中央集权国家的建设过程相一致的。现存杂家著作,以战国商鞅门客尸佼《尸子》、秦相国吕不韦《吕氏春秋》,以及西汉淮南王刘安的《淮南子》为代表。这些著作的作者都具有特殊的身份,他们意图通过调和各种不同的思想,满足不同利益群体的利益诉求,为中央集权找到理论路径。但任何思想都有自己的逻辑起点,因此,一切调和主义和修正主义最后都可能造成社会价值观的混乱和思想线索的杂乱无章,杂家也是如此。因此,刘向刘歆父子把这种试图融合各家学说的流派称为"杂家",是非常准确的。

就一般主张而言,杂家和黄老之学有密切关系,因此,也有人把杂家看作是战国末期至秦汉时期的新道家,这个观点不能说没有道理,但却可能是没有意义的。管宗昌教授在这本著作,从文本和内部入手,对《吕氏春秋》和《淮南子》进行梳理对照,对作为一个独立学术流派的杂家进行细致深入辨析,相信读者读后会有所收获。

作为杂家代表著作的《吕氏春秋》和《淮南子》，不是一人所作，秦相吕不韦和淮南王刘安的门客中集中了当时一批杰出学者。虽然杂家混杂的思想体系并不能拯救社会，但书中保存的文献，却具有百科全书的性质，非常具有研究价值。管宗昌教授不仅在书中探讨了《吕氏春秋》、《淮南子》的思想归属，同时又花了大量精力探讨这两部书的书写特点和在诸子文学发展史上的地位与影响，意图建构一种多维视野下立体化的研究结构。这种探索无疑是有价值的。

管宗昌教授曾经作为高级访问学者在北京语言大学访学，与我同学。管宗昌教授为人有古风，离开北京语言大学以后，常有存问，或获心得，必商量于我。我祝愿他百尺竿头，不断进步。

方铭

2020 年 6 月 20 日于北京

绪　论

　　"杂家"明确作为诸子一派最早见于《汉书·艺文志》的著录，其中共列"杂家"作品 20 种。包括：孔甲《盘盂》26 篇，《大禹》17 篇，《五子胥》8 篇，《子晚子》35 篇，《由余》3 篇，《尉缭》29 篇，《尸子》20 篇，《吕氏春秋》26 篇，《淮南内》21 篇，《淮南外》33 篇，《东方朔》20 篇，《伯象先生》1 篇，《荆轲论》5 篇，《吴子》1 篇，《公孙尼》1 篇，《博士臣贤对》1 篇，《臣说》3 篇，《解子簿书》35 篇，《推杂书》87 篇，《杂家言》1 篇。

　　这些作品多已亡佚。现存作品中，《吕氏春秋》和《淮南子》是"杂家"类最具代表性的作品，毋庸置疑，这两部著作是秦汉时期杂家的代表作。本书将以《吕氏春秋》、《淮南子》为主要研究对象，注重从文本入手探讨秦汉杂家作品结构理念、材料处理、行文手法、议论等诸方面的文学文本特征。在两书的共同参证对照中阐明《吕氏春秋》及《淮南子》的文本特征，并且尽力为秦汉杂家研究提供确凿的内在证据和文本依托。

　　此处绪论将就杂家研究的诸多问题（包括杂家界定、研究回顾与反思等）、《吕氏春秋》研究的诸多问题（包括研究历史、存在的问题、本书研究的着力点与创新处），以及《淮南子》研究简况、本书研究范围的界定、研究方法与理念等系列问题作出阐述。

一、杂家研究及相关问题述评

《吕氏春秋》等杂家作品的研究是杂家研究的重要组成部分，但"杂家研究"作为一个研究领域，仍有自己的发展路径和特点。这里先就除具体作品研究之外的杂家研究做一梳理，之后分别梳理作为具体作品的《吕氏春秋》和《淮南子》的相关情况。

历代的杂家研究主要涉及两大领域：历代目录著录和对于杂家的议论之作。

目录著录构成了杂家研究的一个重要方式，各代目录以不同的定位和著录方式阐释着对于"杂家"的认识和编排。自《汉书》将"杂家"纳入目录，后代目录基本沿承这种做法，将杂家作为著录中的一个重要类别。但是，在后代目录中，杂家的内涵悄然发生着变化。

作为诸子一家的"杂家"最初出现于《汉书·艺文志》，应该说杂家研究也正始自班固。他对杂家的界定为：

> 杂家者流，盖出于议官。兼儒、墨，合名、法，知国体之有此，见王治之无不贯，此其所长也。及荡者为之，则漫羡而无所归心。①

显然，班固是将杂家作为诸子一家列出的。其中追溯了杂家学派源流，描述了其学术特点、学术专长，以及末流状况。班固共列作品 20 种，认为其有兼采众家的特点，但是其显然也有学术归旨，即所谓的"归心"。杂家的优长在于"知国体"、"见王治"。应该说，《艺文志》所列的"杂家"既有目录学的意义，同时也是诸子学意义上的家派。

随后的《隋书·经籍志》显然颇受《汉书》的影响，在子部中列出包括杂家在内的九家，其对杂家这样界定：

---

① 班固：《汉书》，浙江古籍出版社 2000 年版，第 594 页。

　　杂者，兼儒、墨之道，通众家之意，以见王者之化，无所不冠者
也。古者，司史历记前言往行，祸福存亡之道。然则杂者，盖出史官
之职也。放者为之，不求其本，材少而多学，言非而博，是以杂错漫
羡，而无所指归。①

　　其中除对学派的溯源与《汉书》有异之外，其他基本一致。它也将杂
家描述为兼采众家，也显然认为杂家有学派指归——"见王者之化"。尽
管如此，《汉书》以来的杂家概念，仍然从《隋书》就开始发生悄然变化，
一些不该归入此类的书也被归入此类，"杂"悄然向着"杂录"的方向发展。
在之后的目录变迁中，这种情况变本加厉、屡见不鲜，以至《四库全书总
目》已经对子部杂家类这样描述：

　　衰周之季，百氏争鸣；立说著书，各为流品，《汉志》所列备矣。
或其学不传，后无所述；或其名不美，人不肯居。故绝续不同，不能
一概著录。后人株守旧文，于是墨家仅《墨子》、《晏子》二书；名家
仅《公孙龙子》、《尹文子》、《人物志》三书；纵横家仅《鬼谷子》一
书，亦别立标题，自为支派。此拘泥于门目之过也。黄虞稷《千顷堂
书目》于寥寥不能成类者并入杂家。杂之义广，无所不包。班固所谓
合儒墨，兼名法也。变而得宜，于例为善。……②

　　《总目》显然已然将"杂家"看作"杂之义广，无所不包"的目录学概念，
变成了"杂家类"，而其家派特征基本丧失。

　　关于这一演变过程，已有学者作出专门考证，以程有庆《"杂家"与"杂

---

① 魏征：《隋书》，中华书局 1997 年版，第 1010 页。
② 永瑢等撰：《四库全书总目》，中华书局 1965 年版，第 1001 页。

家类"浅说》为代表。其中论点可作参考：

> 但是，"杂家"与"杂家类"，或者说"杂家"类与"杂学"类的混淆，并非像《四库全书总目》所说发端于黄虞稷的《千顷堂书目》，其实早在唐魏徵等编撰的《隋书·经籍志》就已经把魏晋以后作者撰写的书籍列入到杂家之中，其中有些书，也实在难说它们就能够属于杂家类，比如《高僧传》、《感应传》等。而最早把"杂家"改变成"杂家类"的，应该说是宋代尤袤的《遂初堂书目》。我们参考上列图表可以清楚地看出，尤袤首先把墨家、名家、纵横家等存书数量很少的流派全都并入了"杂家类"，从而使"杂家"的阵容扩大，但面目却变得含混不清了。①

历代目录将"杂家"演变成"杂家类"的行为对杂家研究产生了很大影响，最直接的影响就是：目录学意义上的"杂家类"概念被移植到诸子学意义的"杂家"之上。许多目录将一些杂凑的丛书列入杂家类，这些丛书的杂凑特点影响了对于作为诸子之杂家的判断，杂家到底是杂凑还是诸子一家，也成为杂家研究争论的热点。而从《汉书·艺文志》看，无所归旨的杂凑正是班固所批判的"荡者"所为。可以说，《汉书·艺文志》在著录和定义"杂家"之后，后代目录将其所批判的末流著录吸纳进来，进而也影响到学者对于其所著录的"杂家"的理解。

显然，明确目录学史上"杂家"概念的演进后，在进行杂家研究时，如何定位就会更加明确。

除历代目录之外，历代学者关于杂家的议论解读是梳理杂家研究需要关注的重点内容。

---

① 程有庆：《杂家与杂家类浅说》，《文献》2002 年第 3 期。

纵观研究史，关于杂家研究主要集中在何为"杂家"的问题上。对此，学术史上形成过针锋相对的两极观点：或认为杂家为有着明确学术归旨的诸子一派，或认为杂家就是杂凑之作。具体说来，认为杂家为杂凑者，主张杂家实为学无宗主；认为杂家为诸子一派的，其研究又包含如下三个主要内容：杂家的内涵特征是什么①，杂家包含哪些代表人物和著作②，杂家和其他思想及家派的关系研究③。而究其根本，可以说杂家的内涵与外延是这一研究的主要内容。

近年的杂家研究，主要倾向于将杂家视为诸子一家，而不是杂凑之丛书。而对于其内涵与外延的研究也出现了重要进展。如，对其内涵的认识主要有如下几种观点：

第一，认为杂家以某种理念和理论体系为统摄，构建理论体系。如潘俊杰《先秦杂家的存在问题》认为："先秦杂家是通过阴阳五行和天、地、人一体的观念和思维模式来建立起庞大理论体系的"④。类似的观点还可见于对《吕氏春秋》等著作的研究，如认为《吕氏春秋》以某家思想为主融合各家（详见上文关于《吕氏春秋》研究综述）。

第二，认为杂家确实学无宗主，但是有统一的编撰指导思想："王治"。这一观点在当今学界较为常见，这主要从《汉书·艺文志》与《隋书·经籍志》的描述出发，结合杂家著作如《吕氏春秋》、《淮南子》等得出。

第三，认为杂家确是综合各家，但综合各家有着丰富的表现形态。这种观点以刘宝才为代表，他讲道：

① 如潘俊杰：《先秦杂家的特征》，《西北大学学报》（哲学社会科学版）2008年1月；宋文婕：《杂家内涵研究》，西南大学2012年硕士论文；程有庆：《杂家与杂家类浅说》，《文献》2002年第3期。

② 如上潘俊杰：《先秦杂家的特征》。

③ 如王海成：《杂家、新道家、黄老道家之辨》，《商丘师范学院学报》2013年4月；如潘俊杰：《先秦杂家与黄老道家之关系》，《齐鲁学刊》2008年第4期。

④ 潘俊杰：《先秦杂家的存在问题》，《湖南大学学报》（社会科学版）2008年第1期。

有同一学派内部不同分支思想的综合，有企图兼取百家构筑新思想体系的综合，有主于一家吸取它家思想成分的综合，有某专门领域学术思想的综合。①

可以说，近年关于杂家的研究，虽然对于杂家是否为杂凑的争论仍然存在，但是学术趋势趋向于承认杂家的家派特征。而对于作为诸子一家的杂家内涵特征的研究也日渐深入，逐渐切向杂家的本质属性，特别是以刘宝才等人为代表的观点启发颇大。

杂家体制庞大、思想广博，单纯以某一理念或观点贯穿整部著作实属不易，而《吕氏春秋》、《淮南子》等书的具体情况也充分说明了这一点。其成书往往以多个体系、多重理念、多种方式相互叠加、参补使用，将其视为由某一单纯而突出的理念或体系贯彻成书，无疑有简单化之嫌，难以照见全观。

依据对杂家诸多方面的考察，参照前人的研究总结，本书认为杂家至少应有如下几方面的本质属性或内涵：

第一，"王治"当是杂家的重要指导思想和学术目的。

这从《汉书·艺文志》和《隋书·经籍志》最初对于杂家的界定中可以明显看到，"知国体之有此，见王治之无不贯"，为国事和政治服务是杂家的重要学术目的。但需注意的是，为"王治"服务是十分宽泛的提法，并不意味杂家限定在政治手段、经济政策等治国之术、治国方略方面。我们必须认识到：这一提法是可以宽泛到涵盖一切的，上至天文、下至地理、中至人文，都可看作为"王治"服务。《吕氏春秋》作为《汉书·艺文志》以来最为典型的杂家著作之一，其实际情况十分鲜明地表现出这一点。其中包含关于天文的（如《有始览》、十二纪首篇）、关于地理的（如《有始

---

① 刘宝才：《求学集》（导言），陕西人民出版社 2004 年版，第 30 页。

览》等）、关于兵事的（如《荡兵》等）、关于农事的（如《上农》等）等等，可以说无所不包、无所不有。这不是为了说法的圆融所作的漫无边际的附会，而是由当时的政治哲学决定的。"王治"就是一个涵盖广泛的广义范畴，而与今天狭义的政治治理不同。

可见，"王治"虽是《汉书》等最早目录学作品的重要学术目的，但是对于杂家作品言，这一内涵表述确嫌过于宽泛，并不能近距离直接统摄和决定作品的内容与编排，对于研究这些作品的结构、内容、编排等直接和具体的指导意义有限。

第二，兼采诸家是杂家的重要特征。但是就具体编撰方式和编撰理念看，杂家显示得丰富多样、具体生动。

杂家体制庞大，以某一种理念贯穿始终显然不能做到内容丰富庞博。就典型作品《吕氏春秋》、《淮南子》看，其实《汉书》、《隋书》等所说的"兼"和"合"，不见得一定有唯一主导的思想来融合各家。更切合实际的情况是：以宽泛的王治为目的，为各家思想的参入提供十分自由的空间。就具体方式而言，则是丰富多样：可以是相互并行不悖（各派思想中容易与其他家派产生冲突的内容被消融，只留有家派中不易冲突、最为圆融稳固的内容），可以是兼容并包（各种思想间的家派特征还是比较明显，甚至还有一定程度抵牾冲突，这在《吕氏春秋》与《淮南子》中均可见到），也可以是糅合重生（各家派思想被重新糅合以新面貌出现）等。关于这些，后文将有具体论述，兹不赘述。

第三，结构上具有较为明确的结构和体系观念。

这是杂家作为一个家派而不是杂凑之作，很重要的特征体现，较为鲜明地体现出作者构成体系、创为一家的有意和自觉。《吕氏春秋》十二纪中贯穿的"春生夏长秋收冬藏"理念、览论中贯穿的天地人理念、《淮南子·要略》中对于全书结构的大段文章学阐述和勾连等等，都说明这一点：编撰者在结构上有着较为明显的自觉和规划意识。

但是也应该看到，这些杂家著作的结构观念往往不能绝对彻底地得以贯彻，其贯彻程度有限。具体说来，往往会出现两种情况：一是多重结构理念的叠加，如《吕氏春秋》纪与览、论的结构理念不同，览以天地人理念贯穿，但是同时又有君事在前、臣事在后理念（详见后文关于《吕氏春秋》的结构论述）等。

二是往往会出现溢出于结构体系的内容。虽然某理念贯穿某部分，但往往会有溢出于这一理念的内容，如《吕氏春秋》十二纪春纪以"生"为主题，但是不见得所有篇目均以同样力度关涉这一主题，有的很近、有的较远、有的甚至基本无关涉，如《贵生》、《本生》等篇目直接关涉这一主题，但是《论人》、《圆道》等篇目与这一主题的关涉并不十分直接，初看有溢出之嫌。其关联或还需更为深层或其他角度的挖掘。

第四，应当适当考虑杂家的时间内涵。亦即杂家的出现当有时间限定，它是在特定时间内产生的。兼采众家是杂家重要的学术特征，然而这种融合各家的思想趋势有着较为明确的时代性。具体说来，战国中后期，特别是后期才是这种融合趋势的典型时期。如李泽厚说：

> 自战国晚期起，它们在长久相互抵制、颉抗和论辩中，出现了相互吸收、融合的新趋势，从《荀子》到《吕氏春秋》，再到《淮南鸿烈》和《春秋繁露》，这种情况非常明显。旁及《文子》、《鹖冠子》、陆贾、贾谊以及地下发现的《经法》等等，无不在各种不同的程度或不同角度上表现出这一综合趋向。①

在这种背景下，杂家应运而生，因而杂家内涵特征中应该有关于时间的考量。从《汉书·艺文志》所著录的 20 种著作看，它们都不会早于这

---

① 李泽厚：《中国思想史论》（上），安徽文艺出版社 1999 年版，第 140 页。

一时期。所以，作为诸子一家的杂家应当有"产生于战国中后期之后"这一时间内涵。

当前杂家研究存在的主要问题便是：定位意识不清晰，很多研究存在定位混乱问题。杂家研究有自己的特殊性，包含若干方面需要厘清的问题，否则就无法定位自己的杂家研究是什么意义上的，或是什么角度的杂家研究。在混乱和不自觉的定位中进行杂家研究，势必会造成各说各话、研究平台不一、讨论无法对接等问题。

杂家研究的定位，首要问题就是杂家的名与实，以及两者之间的关系问题。"杂家"一词最早见于《史记·韩长孺列传》，云："（御史大夫韩安国）尝受韩子杂家说于邹田生所"。司马贞索隐说："安国学韩子及杂家说于邹县田生之所"①。显然，这里的"杂家说"泛指杂取各家的学说，还没有获得学术上的名分，也不是诸子学意义上的杂家学派。应该说，诸子学意义上的"杂家"之名是得自《汉书·艺文志》，其中对诸子作品共列 10 家，"杂家"位次第八，包含作品 20 种。

这里的"杂家"显然是学术史上杂家研究的起点，因为得名于此。至于其"实"如何，则表现出不同研究者的不同定位，此处就既有研究总结出如下几种情况：

一是立足于《汉书·艺文志》，以汉志所设定之内涵与外延进行杂家研究。这种研究限于秦汉杂家，一般不会对杂家的内涵与外延进行改动，汉志所列作品是其研究的主要对象。②

二是对杂家的内涵进行综合分析和界定，随之对杂家的外延和具体作品进行新的划分和取舍。③ 可以说，这种研究视野中的杂家已不是汉志意

---

① 《史记》，中华书局 1982 年版，第 2857 页。

② 如李江峰：《〈汉书·艺文志〉视角下的杂家之学》，《广西师范学院学报》（哲学社会科学版）2011 年 1 月。

③ 如有的学者将《管子》、《鹖冠子》等也视为杂家作品。

义上的杂家了，其对汉志的分类也进行了改装。

三是将目录学上的"杂家类"等同于诸子学上的杂家研究。这种研究会将一些学无宗主的丛书也纳入研究视野。

杂家研究应该立足在哪里，确无正误优劣之分，每种对于杂家之"实"的定位都有自己的道理和视野。但是，明确研究目的十分重要，在相应的研究目的下，以何种定位进行杂家研究则存在优劣之别。比如，目的是研究诸子意义上的杂家，如果将定位混杂于第三种情况，显然欠妥；若目的是对杂家内涵进行总结和分析，尽力找到后人所认同的杂家的普遍特征，则可以定位于第二种情况进行探索和尝试；而目的如果是尽力还原最初的"杂家"，从其名到其实，在承认汉志的基础上进行研究则是必要的，这时再去质疑和匡改汉志就会显得思维混乱目的不明。

杂家之实始自先秦，其名始自汉志。杂家研究应该怎样定位、何处着手，以什么样的方法进行，这个问题看似简单，但确实需要认真思辨，否则就会造成如上所说的定位不清、各说各话的问题，甚至导致混乱相因、积重难返。

检视迄今为止杂家研究的研究方法，现选取两种最为常见的方法检视如下：

一是从历史的分析中得出杂家的意义和内涵。

从汉志到《四库全书》，对"杂家"进行过界定的只有《汉书·艺文志》和《隋书·经籍志》。这两处目录的界定成为重要参考，通过对此的分析归纳，结合对"杂"字本义的考察，得出对于杂家内涵的认识。基于此，对杂家的外延进行重新监视和选择，杂家内涵是这种检视与选择的基础。依从这种研究方法的研究成果，有潘俊杰《先秦杂家研究》，山东师范大学胡岳潭硕士论文《先秦杂家综论》等。

但实际上，杂家既有自己一贯倡导的学术主张，又有本学派的先驱以及追随者，既有一派整体的理论，又有独特的学术特征，应该是一个学术派别。而如果我们考察《汉书·艺文志》以及其后各类经籍志所列杂家著作后，得出诸如这样的结论，"先秦杂家的特征是通过其代表作《管子》和《吕氏春秋》表现出来的"①，认为《管子》、《鹖冠子》等也是杂家，而汉志中的某书又不是杂家，是否有自相矛盾、自我否定的嫌疑呢？这显然在逻辑上存在抵牾和跳跃。这也属于研究定位不清、研究目的不明确。

二是西南大学 2012 年宋文婕硕士论文《杂家内涵研究》，代表了另一种研究思路。

该文从《文心雕龙·序志》篇对于文体论的基本方法得到启示："若乃论文叙笔，则囿别区分，原始以表末，释名以章义，选文以定篇，敷理以举统"。她将这种研究方法移植到杂家研究中，"首先是要确定边界，其次是考述源流，再次是阐释概念，再次是细读代表作品，最后是归纳总结得出规律性认识"。

可以看出，杂家的内涵仍是当前研究者的兴趣所在。

应该说，第一种研究主要从历代目录入手，梳理概念的流变，从而得出对于杂家内涵的界定，可以称为外围研究。第二种研究在方法上十分自觉，对传统的研究方法进行了认真反思，采用的研究方法也于古有据。在研究范围上，既有目录为主的外围研究，同时也结合了代表作品解读，可以说是外围研究与内部研究结合。但是细读其研究成果，同样也可以看出，其结合作品的内部研究，也无非是内外参证、印证其外围研究得出的结论。

如果这样看，两种常见典型的研究方式中第二种方式虽更为综合深入，但是都不可避免地存在这样的学理瑕疵：容易导致对杂家内涵认识的简单化，不能更加生动全面的展示杂家的内涵特征。

何以如此？原因正在于这些研究方法注重从外围研究入手，总结归纳出内涵特征，这种归纳和总结多依从汉志和隋志。而这两处的描述与界定

---

① 胡岳潭：《先秦杂家综论》，山东师范大学 2007 年硕士论文，第 1 页。

固然重要而根本，但是不可能完全展示杂家丰富生动的内涵特征。即便是两处均提到的"兼"、"合"，也实属笼统描述，至于如何兼、如何合，从外围根本无从知晓。第二种研究方法部分地避免了这一问题，但是其以具体作品参证外围研究的做法，还是无法主动避免这一问题。这也就是我们看见的研究成果的事实：几乎所有的内涵研究不外乎汉志和隋志所描述的总体特征。

类似方法的内涵研究就此停止？当然不是。这种研究对于外围研究的深入做出了重要贡献，而且还有继续探索的余地，但在可预见的未来这种研究不可能独自发展以至自我完善。

必须看到，对杂家的研究除了这种研究方法之外，必须辅以另外一种理念完全不同、目的有所调整的研究方法。也即：从内部研究入手，展示杂家作品丰富生动的内涵特征，以此反观所谓的杂家内涵。如果加以作品之间的对照研究，认识就会更加全面深入。就研究目的言，其终极目的不在于确切描绘出杂家的内涵特征，而首要任务是深入剖析作品，展示这些作品的属性与特征。在此基础上，适当而合理地反观和补益对于杂家内涵的认识。这一研究需要对杂家作品有广度和深度的研究，需要研究更多的杂家作品，需要对杂家作品有更加广泛的关照维度和深度。这方面做得越好，当然就会离杂家的真实内涵越近。

所以，从这个角度讲，本书首要任务是：展示《吕氏春秋》及秦汉时期典型杂家作品的丰富生动的属性与特征。至于对杂家的解读则是水到渠成，本书并不致力于给出杂家的终极内涵，补充、增益、描活、丰富是更科学和可取的做法。这一点是开放的。就杂家研究言，本书一定也是杂家研究的阶段成果。因为还有更多的杂家作品、更多的研究维度可以进行这种研究。本书希冀在此研究理念上对杂家研究产生有益的学术启发。

对于秦汉杂家进行研究，选择哪些杂家作品作为研究对象？当然，最稳妥的研究定位还是依据《汉书·艺文志》，因为这是杂家研究的起点。

至于当前有的学者依据自己对杂家内涵的认识，对其外延——杂家作品进行增删选择。其研究理念及定位与本书截然相反，无须适从。

诚然，每个时代每位研究者都有自己对于杂家内涵的认识和解读，但是无论怎样认识都不能偏离杂家的名与实，其名得自汉志，其实始自先秦。汉志最早呈现给我们杂家之名，而且又罗列出杂家之实（20种作品），自然是我们研究的起点。后代无论赋予杂家何种内涵，只要是研究秦汉杂家，汉志的视角永远都是研究的基础。

当前不少研究致力于对杂家代表作品的增删上，证明某作品属于或不属于杂家（如前所列）。从杂家研究看，如果研究只定位在表明个人对于先秦时期家派分类的一家之言，与《汉志》并列，确无不可。从学理上讲，也会有更多类似的一家之言出现。如果这样，这种研究的价值也就显而易见了，它提供的是对于先秦诸子家派分类的一种新标准，显然，其所说的杂家也不应该是汉志意义上杂家。但是，这种研究不能以汉志对于杂家内涵的认识与界定为前提，否则这种研究就显然属于理路不清、逻辑抵牾。试想，以汉志等的描述为起点得出所谓杂家的内涵特征，然后又据此更改汉志所列的杂家作品，研究理路是何等混乱！而当前此类研究基本都存在这一问题。

从对汉志进行研究的角度看，对各家作品进行重组，也不无意义。但其研究应定位于：剖析汉志家派著录的得失。如各家的内涵描述与作品实际属性特征是否矛盾，分家标准是否重叠（如果重叠容易出现一部作品可同时划入两家或多家），分家标准是否过疏（如果过疏容易出现有的作品无法归入某家）等。如将《汉志》中"道家"类的《管子》重新划分入"杂家"，则除了需要证明《管子》符合汉志所述的杂家特征，还需证明《管子》特征与《汉志》所述的道家特征不符，或者论证汉志的分家分类标准存在重叠致使《管子》同时符合道杂二家。显然，这些研究都没涉及这些问题，不是定位在此。

是不是将汉志奉为圭臬、不可置疑？当然也不是。关键在于定位明确。如果定位在修正汉志的分类，则需要正本清源，从先秦学术实际出发，提出自己的分类标准和分类方法；如果定位在依从汉志的内涵描述与既有类别，但欲修正其外延作品，则需要辨正汉志分类上的得失（如上文所述）；如果定位在汉志意义上的诸子研究，则需要充分肯定汉志的分类理念和方法，从内部研究入手，丰富和描活汉志的内涵描述。原因很简单：汉志对于某家的内涵描述，只是对最为主要特征进行的总体阐述，不能展现丰富生动的作品实际，笼统、概括是基本特征。以杂家为例，其所述"兼儒墨"、"合名法"、"知国体"等，具体内涵是什么，具体表现如何，显然仅凭这只言片语难以透见，需要实实在在的文本研究、内部研究。本书的研究理念和方法正是定位于此。

应该看到，这种研究的优势在于能展现出汉志意义上秦汉杂家真实生动的内涵特征，能补益和描活汉志对于杂家内涵的表述；而劣势是不能提供对于杂家内涵的终极表述。原因在于：汉志所列的 20 部作品多已亡佚；再者，每种对《吕氏春秋》等的研究也都必然是有限视角、有限深度的挖掘，因而是开放的而非终极的，是漫漫杂家研究路途上的正向的、有益的推进。

应该说，在定位明确的基础上致力于描述出杂家的内涵特征也是研究的需要，但是从研究原理上讲，从外围入手的研究其研究结论一定是有限的、封闭的。如果在这种结论的基础上又急于重新框定所谓的杂家作品，实为学术冒险或学术游戏。因为，在完全真实准确生动地描述出杂家内涵之前，这种框定存在着巨大的学术风险：有可能增入的作品正抵牾了杂家特征，或移出的作品正否定了杂家应有的特征。所以，这类研究，即便定位准确，也实为学术冒险或学术游戏，不值得推荐。

有鉴于此，本书定位在汉志意义上的秦汉杂家作品研究，致力于展现丰富生动的作品特征，尽力丰富对于杂家内涵特征的理解与认识。本书将主要致力于汉志所载秦汉杂家两部主要著作《吕氏春秋》和《淮南子》的文本研究，以文本研究为中心透见秦汉杂家的要义。

从杂家研究的角度看，本书的选题和研究意义在于：

第一，对其他先秦诸子研究在研究定位和研究理路上的启发与辨正。包括杂家在内先秦诸子大多存在这样的问题，其实始自先秦，其名得自汉代。① 所谓某家内涵是什么、外延怎样、哪部著作属于何家等，是在研究中经常遇到的问题。类似的课题怎样研究、研究定位和研究理路是什么，显得十分重要。此书在此可为类似研究提供参考。

第二，对于秦汉之后杂家的研究也能起到正本清源的作用。秦汉杂家的研究存在定位问题，秦汉之后未被汉志著录的杂家研究当然也存在类似的问题。这样就出现诸多学术问题，如：学术史上的杂家内涵是什么，外延是什么，某作品（特别是汉志之后）是否属于杂家等。必须承认每个时代对杂家都有不同的认识与理解，包括目录和研究。但是从汉志开始的杂家之名却永远是学术史上杂家研究的源头，不可回避。本书的研究能帮助杂家研究起到正本清源的作用，不至于使研究失源忘本、积重难返。

以上是总体上对杂家研究进行的梳理，既然定位在汉志意义上的杂家研究，既然研究理路是以文本研究为中心，那么有必要对两部代表作品其研究状况做一梳理。

二、《吕氏春秋》研究述评

《吕氏春秋》成书于战国末期，在汉代曾一度备受青睐。司马迁在《报任安书》中说："不韦迁蜀，世传吕览"，将之与《周易》、《春秋》、《离骚》、《诗经》等一同看作圣贤发愤之作；《史记》专列《吕不韦列传》对"吕览"也有专言记述。至东汉高诱为之训解，作《吕氏春秋注》十七余万言，其

---

① 当然有的家派名称见于先秦，但是获得学术史意义大多从汉代开始。有的在《论六家要旨》中已经提出并有初步评述，有的则是在《汉书·艺文志》中提出并配以内涵描述和代表家作品界定。

《序》极称《吕氏春秋》"大出诸子之右"。但是汉代以降，《吕氏春秋》却屡遭贬斥，没有受到应有的重视。究其主要原因不外两点：一是吕不韦人品低下，因人废书；二是《吕氏春秋》隶属杂家，内容也确显驳杂，多认为其没有较为确定和统一的理论主张，厥受轻视。①

直到清代才兴起了以朴学为主要特色的《吕氏春秋》研究，毕沅《吕氏春秋新校正》为其代表，另外如梁玉绳《吕子校补》和《吕子校续补》、陈昌齐《吕氏春秋正误》、吕调阳《吕氏春秋释地》、孙锵鸣《吕氏春秋高注补正》、吴汝纶《吕氏春秋点勘》等，也是《吕氏春秋》校勘的重要著作。总体看来，20 世纪以前的《吕氏春秋》研究其主要形式是校勘和注疏，而对其义理、结构等的开掘和解读只是偶有出现，远未形成规模。如《四库全书总目提要》和徐时栋对其结构的解读、孙星衍对著书年代的推断等，或有见解但不成系统。

对《吕氏春秋》研究的全面展开是从 20 世纪开始的。

20 世纪前半叶（1950 年以前），是《吕氏春秋》研究的朴学承继阶段和全面研究的起步阶段。

由于 20 世纪以前《吕氏春秋》研究主要是校勘和注疏，朴学特色浓厚，20 世纪前 30 年的研究并没有立即褪尽这一特色，属于承继阶段。值得注意的是，这前 30 年中开掘和解读之作渐多。20 世纪前半叶的后 20 年呈现出全面研究的起步景象。传统的注疏、校勘方式仍然存在；对吕不韦及《吕氏春秋》基本问题的考证也仍然存在；值得一提的是对《吕氏春秋》思想内容从各个角度的全面开掘初步形成。立足于《吕氏春秋》文本，从不同的角度对其中蕴含的思想进行开掘，成为这一时段研究的重要表现。陆续出现了十几篇文章从哲学、政治、教育、音乐、农学等方面开掘其思想价值。如：杜国庠《论〈吕氏春秋〉》主要探讨《吕氏春秋》蕴含的哲

---

① 丁原明：《论〈吕氏春秋〉及其历史作用》，《文史哲》1982 年第 4 期。

学思想与政治思想，朱显庄《〈吕氏春秋〉所表现之政治思想》是从政治角度着手，黄大受《〈吕氏春秋〉政治思想论》则以专著形式出现，雁云《〈吕氏春秋〉之教育论》是挖掘其中的教育思想，阮康成《〈吕氏春秋〉之教育思想》亦是如此，吕振羽《〈吕氏春秋〉中的音乐理论》探讨其中的音乐思想，孙谦六《〈吕氏春秋〉之农学》则是对其中农学的专题研究。

这种思想开掘在前30年的研究中是很少见的。这些研究启发了对《吕氏春秋》的全面开掘，同时，这一研究方式也成为后来《吕氏春秋》研究的重要手段，影响深远，直至今日仍是如此。

除此之外，还有对《吕氏春秋》全书思想主旨与学派归属的探讨。

《汉书·艺文志》将《吕氏春秋》归为"杂家"，而何为"杂"，是无思想主导的杂糅各家，是以某家思想为主，抑或自成一家？对此问题的探讨涉及对《吕氏春秋》思想体系的全面把握，前代曾零星提到，但感想性较强、缺乏系统的研究和论述。此一时段胡适《读〈吕氏春秋〉》影响较大，其思维明显受到西学影响，认定《吕氏春秋》并非无思想主旨的杂糅各家，而是有自己的主旨，有三大纲领统领全书：贵生之道、安宁之道、听言之道，对之后的研究较有启发。

另外，吕振羽《由〈吕氏春秋〉到〈淮南子〉》突出了其在思想史上的地位和作用，同时也对之后的比较研究产生了启发。郭沫若《吕不韦与秦代政治》则第一次给吕不韦翻案，承认其在历史上的地位和作用，同时也给予《吕氏春秋》的思想价值以充分的肯定。

新中国成立后到20世纪70年代末（1980年以前）是《吕氏春秋》全面研究的继续推进阶段。

这一时期承上一时段的全面研究继续推进，文献考证、注疏、校勘类研究明显减少。同时，对吕不韦及《吕氏春秋》基本问题的考证也相对较为沉寂。而与文献考证的萧条相比，大陆地区的《吕氏春秋》研究则在对《吕氏春秋》思想内容从各个角度的全面开掘方面相对进展较多，成为这一时期吕书研究的重点。

应该说，大陆地区这一阶段的《吕氏春秋》研究突破并不多。反倒是台湾地区学者的几项研究值得引起注意。陈郁夫《〈吕氏春秋〉撢微》从微观着手，立足字句深入分析了《吕氏春秋》的行文特点、行文脉络，为深入把握吕书提供了可行的、同时也是更加有据的方法。朱守亮《〈吕氏春秋〉中的孔子》，专意探讨吕书对孔子形象的塑造，从而为全面开掘《吕氏春秋》提供了思路。

大陆地区徐复观《〈吕氏春秋〉及其对汉代学术与政治的影响》，其第六部分为《十二纪·纪首》中的政令与思想的分配"，从"春生夏长秋收冬藏"角度探讨了十二纪各篇的结构安排。

总体看，新中国成立后到 20 世纪 70 年代末的 30 年内，传统的校勘、注疏方式明显减少，而对《吕氏春秋》思想内容从各个角度的全面开掘方面进展较多。但是这对于《吕氏春秋》研究方法、研究角度并没有根本的突破。相比之下，台湾学者的研究方法启发较大，他们立足文本、从微观着手探讨吕书的特征。而对人物形象的探讨，则涉及了《吕氏春秋》意象、事象研究。二者从研究方法和研究内容上都更贴近文学研究，启发意义不小。徐复观先生以"春生夏长秋收冬藏"对十二纪结构的探讨，是对《四库全书总目提要》和徐时栋①的进一步发展，成为后来探讨吕书结构，特别是"十二纪"结构的基本的、甚至是唯一的视角。

20 世纪 80 年代至今，近 40 年是《吕氏春秋》全面研究的繁盛阶段。

---

① 徐时栋《烟屿楼读书志》云："吕览以十二纪冠本书，故亦僭称春秋，每一月下间以杂论四篇，若无伦绪，然孟春纪下首以本生篇，以春之义生，故说养生之道。孟夏纪首以劝学，以夏之义长，成人长则当学，故论为学之要。孟秋纪下首以用兵，以秋之义肃杀，故说兵战之事。孟冬纪下首以节丧，以冬之义闭藏，故讲丧葬之法。余篇则或相连贯，或不相衔接，而其首篇故有意也。"较早运用"春生夏长秋收冬藏"的理念解释吕书十二纪的结构。

改革开放以来，特别是 80 年代以来，吕书研究达到前所未有的繁荣。在吕书研究史上单就论文看，近 40 年的论文成果就占了一半多。① 继续《吕氏春秋》研究，全面掌握前人研究成果十分重要，把握研究动态和前沿，总结反思研究历史、辨析得失，从而作出研究决策更为重要。要作出研究决策，对近 40 年的研究进行总结反思则尤为必要。下面重点对近 40 年的吕书研究内容、研究方法、特征、得失等一系列问题作一深入探索和反思。

从研究的内容看，近 40 年之《吕氏春秋》研究主要涉及如下领域：

第一，在注疏、校释、文献整理方面又有新的发展。

近 40 年出现了一系列译注、整理著作，除去一些普及型的浅近著作外，大致有如下著作影响较大：陈奇猷《吕氏春秋校释》（学林出版社 1984 年初版），陈奇猷《吕氏春秋新校释》（上海古籍出版社 2002 年版），王利器《吕氏春秋注疏》（巴蜀书社 2002 年版），张双棣《吕氏春秋译注》（北京大学出版社 2000 年版），管敏义《吕氏春秋译注》（宁夏人民出版社 1988 年版），王范之《吕氏春秋选注》（中华书局 1981 年版）。其中陈奇猷先生积半生心血的《吕氏春秋校释》和 20 年后增补完善的《吕氏春秋新校释》，以及王利器先生的《吕氏春秋注疏》都堪称力作，代表了新时代吕书注疏校勘的全新高度和最新成果。其在文字学、语义学、校勘学上的深厚功力为著作增色不少，特别是陈著考镜源流、多方比照、具现代意识，显得更为科学、准确、易懂，且具启发性。

值得一提的是，此时期出现了大量《吕氏春秋》工具书，为吕书研究提供了方便。张双棣等的《〈吕氏春秋〉辞典》和台湾刘殿爵、陈方正的《〈吕

---

① 据陈宏敬《吕氏春秋研究综述》："据初步统计，从 20 世纪初叶到目前为止，发表论文近 200 篇"（《中华文化论坛》2001 年第 2 期。）而作者掌握的近 40 年的研究论文就有 120 篇，则基本可以确定近 40 年《吕氏春秋》研究的论文成果占了 20 世纪初以来的一半强。

氏春秋〉逐字索引》是其代表。

吕书的错简、重文问题在李家骧的《吕氏春秋通论》、田凤台《吕氏春秋探微》和王范之的《吕氏春秋研究》中均有不同程度的考订，为进一步研究打下了基础。

第二，对《吕氏春秋》思想内容从各个角度的开掘仍然是研究主流。

这一研究内容，从 20 世纪前半叶开始逐渐占据吕书研究的主流，近 40 年这种研究的角度进一步扩大，涉及《吕氏春秋》的封建统一学说、宇宙观、音乐思想、音乐美学思想、文艺起源论、政治思想、养生治国一理思想、史学思想、修身理论、历史观、养生思想、安民思想、社会治理观、差异心理思想、生理卫生思想、自然哲学、文治教化思想、美育思想、用贤思想、人才观、君道思想、君王论、君民关系论、功利思想、言意观等若干方面。由于文章众多，兹不一一胪列。据粗略统计，近 40 年论文中，此类论文大约占 40%左右，比重甚大。

另外，此时期出现的研究专著如：田凤台《吕氏春秋探微》（1986 年），王范之《〈吕氏春秋〉研究》（1993 年），李家骧《吕氏春秋通论》（1995 年），张富祥《王政全书—〈吕氏春秋〉与中国文化》（2001 年），黄伟龙《〈吕氏春秋〉研究》（2003 年博士毕业论文），李颖科《吕不韦与〈吕氏春秋〉》（2007 年），王启才《〈吕氏春秋〉研究》（2007 年）等作品，均无一例外将这一研究内容纳入著作，并占很大分量。如：李家骧《吕氏春秋通论》下编"分论"，全由这类内容组成，包括哲学思想、政治思想、军事思想、农业思想、教育思想、美学思想、文艺思想、政论思想等。王启才《〈吕氏春秋〉研究》其第四章"重要观点举隅"，包括《吕氏春秋》的传播论、生态观、饮食文化观、丧葬观、论孝、论士人等。王宗非《〈吕氏春秋〉法律思想研究》，则全从法律视角开掘《吕氏春秋》的思想。

第三，仍有对《吕氏春秋》思想主旨和学派归属的探讨。

丁原明《论〈吕氏春秋〉及其历史作用》认为吕书有统一的指导思想，

是"杂家"而不是"杂凑";王德裕《〈吕氏春秋〉述评》也认为该书并不杂;方诗铭、刘修明《论〈吕氏春秋〉——兼论杂家的出现》认为杂家独属一家,而很难说其倾向于哪一家;而修建军《博采众长独倾儒》正如其题,认为吕书以儒家思想为主,其《〈吕氏春秋〉与道家析论》一如既往地认为吕书并非道家主导而是以儒家主导;金春峰《论〈吕氏春秋〉的儒家思想倾向》观点近于修氏;栗劲《论〈吕氏春秋〉的法家思想倾向》,认为吕书以法家思想为主导。

　　以上几篇文章主要出现在 20 世纪 80 年代和 90 年代。近 40 年,对这一问题的探讨并不多,而近年对此问题的探讨又明显减少。除少数人外,观点渐趋于一致,一般都认为《吕氏春秋》是"杂家"而不是杂凑。如:张富祥《王政全书——〈吕氏春秋〉与中国文化》认为吕书"'杂'中有不杂,决非一般的泛杂记录之书,非后世类书之作所能比况。它事实上是一部展示吕氏学派政治思想、文化史观的论文集"①,侯文莉《从天人观念看〈吕氏春秋〉的杂家之谓》(《社会科学研究》2001 年第 2 期)于此也较具代表性。

　　第四,《吕氏春秋》与各学派的思想渊源关系和比较研究。

　　由于吕书内容较为驳杂,历来就有学者就不同篇目,与先秦相关学派的思想关系进行考察。《汉书·艺文志》便认为包括吕书在内的"杂家"为"兼儒墨,合名法"。近 40 年吕书研究于此也时有见解,孙以楷、刘慕方《〈吕氏春秋〉——先秦诸子的集大成》(《学术界》1992 年第 6 期)从思想史的角度梳理了吕书对先秦诸子思想的改造,修建军《〈吕氏春秋〉与墨学》及《〈吕氏春秋〉与阴阳家》梳理吕书对墨学、阴阳家的改造和发展,进而评判了其在吕书中的地位。李家骧《〈吕氏春秋〉与先秦百家的思想

---

① 张富祥:《王政全书——〈吕氏春秋〉与中国文化》,河南大学出版社 2001 年版,第 16 页。

渊源关系》（2005 年）较为系统地甄辨了吕书对各家的改造和吸收。

而专著类研究成果在这一领域着力更多。李家骧《吕氏春秋通论》专列章目"《吕氏春秋》的思想渊源"，系统梳理了吕书与儒墨道等十家的渊源关系；田凤台《吕氏春秋探微》专列章目"《吕氏春秋》之思想渊源"，也对吕书与包括儒道小说等在内的十家进行了思想渊源考察；王范之《吕氏春秋研究》第二篇"学派"，通过文字对照等方法，讨论了不同篇章和相应诸子学派的对应关系；陈奇猷《吕氏春秋校释》和《吕氏春秋新校释》注释每篇，亦是先辨明学派；李颖科《吕不韦与〈吕氏春秋〉》专列节目"《吕氏春秋》与诸子之学"，但可惜论述过于粗疏；王启才《〈吕氏春秋〉研究》专列"《吕氏春秋》对其他典籍的继承或影响"，考察了吕书与《周易》、《老子》等之间的承继影响关系。

第五，《吕氏春秋》的影响和比较研究。

之前的研究对于吕书的影响开掘并不多，在 20 世纪六七十年代，徐复观曾探讨过吕书对汉代政治思想的影响。《吕氏春秋》和《淮南子》的比较研究较多，牟钟鉴专著《〈吕氏春秋〉与〈淮南子〉思想研究》（齐鲁书社 1987 年版）对两者的思想有过专门的对比研究。修建军的论文《〈吕氏春秋〉与中国文化》探讨了吕书在中国文化发展过程中的枢纽作用。以上研究都属于思想史、文化史背景下的纵向考察。

而对吕书影响的探究还涉及其在编辑史、文体学上的历史地位。吕书属于集体编撰，其对后世集体著书影响较大，李家骧《吕氏春秋通论》专列节目"后世集体著书的先声鼻祖"，王启才《〈吕氏春秋〉研究》专列节目"《吕氏春秋》在编辑史上的贡献与地位"。

本阶段《吕氏春秋》与《史记》关系的探讨渐趋兴起。洁芒的论文《〈吕氏春秋〉与〈史记〉关联探微》从体式与体系、叙述与描写、情节与结构、方法与技巧四个方面探讨了《吕氏春秋》对《史记》的影响，王启才论文《〈吕氏春秋〉与〈史记〉》也认为两者在学派归属、思想倾向、结构体系、情节技法、语言运用等方面存在诸多相近可比之处。

第六，对吕书基本问题的考证。

这种研究包括吕不韦的籍贯、生平和遭遇，《吕氏春秋》成书年代、得名、次序，十二纪的来源等基本问题。这是吕书研究的传统课题，近40年的研究中时有出现。论文类成果较少这类探讨，只有少数几篇，如刘慕方《论〈吕氏春秋〉的成书》重新考证吕书的成书时间和成书次序问题，赵年苏《〈吕氏春秋〉成书年代之我见》专意考证其成书年代。此类研究更多出现在专著类成果中（专著一般会因顾及研究的系统性而涉及此类内容），田凤台《吕氏春秋探微》（1986 年），李家骧《吕氏春秋通论》（1995年），黄伟龙《〈吕氏春秋〉研究》（2003 年博士论文），李颖科《吕不韦与〈吕氏春秋〉》（2007 年）等都做过较为系统的梳理考证，力求做到总结立论。

而经过这些考证研究，近年对于《吕氏春秋》的成书年代基本达到一致：公元前 239 年（秦八年，而不是六年）。李家骧认为一次性成于公元前 241 年。

而对于得名、三部分次序的考证仍未达到一致。

第七，对《吕氏春秋》结构体系的探究。

这一内容也是吕书研究的传统课题，《四库全书总目》初步认定十二纪中夏纪言乐、秋季言兵"似乎有义"，之后对于十二纪结构体系的探索就一直没有间断。经过徐复观等人的进一步推研，近 40 年的研究趋向是：几乎已经把所有的篇目（十二纪中除去纪首的 48 篇）都通过主观的联系甚至附会，纳入了"春生夏长秋收冬藏"的体系。只有黄伟龙的博士论文《〈吕氏春秋〉研究》认为十二纪各纪有着相对集中统一的论题，如春纪是由"君主本体论"和"君主功效论"统摄。

而至于"览"的结构、"论"的结构，以及"纪览论"之间的结构关系，论调则有所不同。代表性成果为：吕艺论文《〈吕氏春秋〉的结构体系》认为吕书以天、地、人统摄三部分（纪言天、览言人、论言地），而"览"

由"貌、言、视、听、思"五事统辖。黄伟龙则认为"纪"有着相对集中统一的论题,"览"也如此,时空观、君主观、历史观、认识观四者统摄了八览。而"论"则是前两部分的材料剩余。但可以看出,其基本思路仍是"主题一致",即这些研究均从作品的主旨、主题切入,认为"览"、"论"等都是以思想主题一致的原则进行编排的。

第八,立足文本的梳理、解读和生发。

这种研究更多体现在专著中,如:田凤台《吕氏春秋探微》第六章"《吕氏春秋》之综合研析"的统计之功不可不提,"辨篇旨和章法"将所有篇目的篇旨和章法进行了意义举列和统计,以此对每单元各篇目间的关联进行解读,并将全书的章法归纳为"议论 + 举例"、"全部议论"等八种。"吕氏春秋引书考"系统统计了本书引书和引人物语言情况。"吕氏春秋引人考"系统统计了本书所涉人物情况。王范之《〈吕氏春秋〉研究》在此方面亦是功不可没,对吕书的引书情况进行了系统统计和对照。

这种立足文本的统计梳理虽有一定的解读,但是,多数研究仍然过多局限于统计,以统计为基础的生发和开掘显然还远远不够。

三、《淮南子》研究简评

一者由于关于《淮南子》研究的述评已不少见 ①,二者由于本文主要研究对象为《吕氏春秋》,兼及本书,故此处只作简述。

从整个学术史看,《淮南子》与《吕氏春秋》的命运有所不同,其成书以来就倍受重视。但是 20 世纪以来两书的研究又有着颇多相似之处。

---

① 如马庆洲:《六十年来〈淮南子〉研究的回顾与反思》,《文学遗产》2010 年第 6 期;杨栋、曹书杰:《二十世纪〈淮南子〉研究》,《古籍整理研究学刊》2008 年第 1 期;查海敏、黄建荣:《近三十年国内〈淮南子〉研究述评》,《哈尔滨学院学报》2012 年第 5 期。

20 世纪前半叶,《淮南子》研究主要继承清代以来的朴学研究,注重基本问题的考证研究。新中国成立后,《淮南子》研究逐渐转向义理阐发,研究领域也有所拓展,而真正进入研究繁兴期则是在 12 世纪 80 年代以后。这一过程与《吕氏春秋》有着极高的相似度。

综观近 40 年《淮南子》研究,其研究内容大致有:

第一,文本整理、译注以及考证研究。这一研究内容古来即有,近 40 年仍不乏见,文本整理和译注对于扫清文本障碍和文本流传起到了积极作用。考证研究主要涉及《淮南子》的作者、成书时间、写作背景,《淮南子》的版本及考证等。这些基本问题虽有进展,但是很多问题在没有新的文献和出土资料的情况下,很难有根本的突破和进展。

第二,《淮南子》思想研究。这是近 40 年《淮南子》研究的重要内容,同《吕氏春秋》研究相似。概括说来,其思想研究主要包括:所属学派的争论、主导思想的争论、宇宙观、军事思想、教育思想、伦理、文学理论、音乐思想、神话思想等等不一而足,还包括《淮南子》思想与其他文献思想的关系研究,如与《庄子》、《吕氏春秋》、《文子》、《春秋繁露》、黄老学等的关系研究。这些研究占据了《淮南子》研究资料的大部。

第三,文学研究。《淮南子》文学研究主要集中在其文论思想研究、文学成就研究、辞藻、行文等方面。

所以,可以看出《淮南子》思想研究明显强于其他,这与《吕氏春秋》研究极其相似。

四、研究反思与本书基本思路

纵观近 40 年的《吕氏春秋》研究史,可以看出吕书研究的领域之广。但同时,研究的不平衡性表现得也很明显,那就是思想研究明显强于其他。

可以看出，在以上研究领域中，第二"对《吕氏春秋》思想内容从各个角度的开掘"相比之下占了绝对优势，第三"《吕氏春秋》思想主旨和学派归属的探讨"和第四"与各学派的思想渊源关系和比较研究"也属思想研究，第五"《吕氏春秋》的影响和比较研究"中有一部分属于思想研究。这样，思想研究成果实际已经占了此阶段研究的近80%。

而第六"对吕书基本问题的考证"、第七"对《吕氏春秋》结构体系的探究"，均属吕书研究的传统课题，而此时期也远未达到如思想研究般的繁盛，只能说继续了这一研究课题而在结论上有一定推进。

从文学研究的角度审视《吕氏春秋》的研究，则当前《吕氏春秋》研究存在的问题包括：

第一，思想研究明显过强且思路单一。

思想研究也是文学研究的重要范畴，但是过多的纠缠于思想的解读和梳理，由于研究方法较为单一、思维方式较为固定，故难以有深入的突破。如对人才观、君主观、历史观、自然观等考察，都是将吕书中关涉相关思想的内容进行总结梳理，思路较为单一，缺乏新意。

第二，文学研究的视野不宽。

思想研究中，相关文学起源、音乐思想的内容较为特殊，既是吕书某一方面思想的研究，同时又属于文学研究。近40年这一研究取得了丰硕的成果。

对于吕书结构的研究属于传统课题，而此阶段的研究继续了此课题，并且有了一定推进。

有的专著虽也涉及文学研究，如：王启才《〈吕氏春秋〉研究》专辟章目"《吕氏春秋》的文学价值"，从"奇艳的文采，可贵的形象"、"宏伟的气魄，充畅的气势"、"分明的感情，显豁的褒贬"三个方面探讨了吕书的文学成就。"《吕氏春秋》和《史记》的对比"探索了吕书在文体、编辑、文学艺术等方面的特征和影响。李颖科《吕不韦与〈吕氏春秋〉》有节目

"《吕氏春秋》与战国文学"，但显然不是全著重点，从分量看仅占3%左右，且远远没有深入和展开。

总体看，近40年专意于文学研究的成果表现并不突出、文学研究的意识并不明确。也就是说，文学研究的视野仍需要进一步拓宽。

第三，研究心态和研究方法值得反思。

吕书研究在方法上仍有不如人意之处。如：最为典型的是对十二纪结构体系的建构，研究的趋势是将48篇文章完全纳入某一理念之下。如，"春生"统摄下，《本生》、《贵生》自然是"生"，而《论人》、《圆道》之类也通过意义关联与"生"应和。问题在于这种关联过于主观、幽隐和曲折，有时甚至有附会之嫌，缺乏从文本内部对于联系线索的找寻，缺乏文献根据。

在此问题上，反倒是前贤们更注重甄别，而没有试图勉强全部统摄入内。《四库全书总目提要》云："惟夏令多言乐，秋令多言兵，似乎有义，其余则绝不可晓。"徐时栋虽认为首篇和于"春生夏长秋收冬藏"，但是"余篇则或相连贯，或不相衔接"；美国华兹生（Burton Watson）认为"但是除了叙述十二个月份那些篇以外，全书的内容似与这个精心构成的结构无关"；等等。是前贤认识不足，还是今人过于牵强？抑或是还有更深的联系线索有待开掘？在研究态度和方法上还需要进一步总结和反思。

但无论如何，近40年的研究存在崇尚心理过强的问题却是事实。所谓崇尚心理过强，是指一味认定本书价值重大、成就非凡，在此前提下进行一系列研究，而缺乏必要的缜密辨析。这一心态影响到思想研究也会导致方法过于单一，对于吕书缺乏一定的怀疑和缜密考辨，忽略其中的矛盾、概念不清、各篇有出入等一系列问题，而一味以接受甚至崇拜的心态进行梳理。这一心态影响到文学研究，导致一味肯定其价值和成就，而忽略其中思路跳跃、主旨不一、寓言故事不能为主旨服务等文本现象及问题。这一问题在论文成果中比在专著成果中体现得更为明显。

当下的《吕氏春秋》研究存在如上问题，这是需要及时解决的。针对这些问题，改变研究思路，开拓研究途径，丰富研究内容，显然是十分必要和有意义的。而在诸多的研究内容中，文学研究的缺陷显得更加突出，思路单一、视野不宽、研究方法欠当等问题已经成为《吕氏春秋》文学研究的重要瓶颈。

《淮南子》的研究也存在类似问题，本书将这两部作品作为主要研究对象和载体，进行文本研究，将采取针对性的研究方法。

第一，研究内容上尽量避免单一的思想研究。

思想研究是近 40 年的重要研究内容，也取得了丰硕的成果。但是，鉴于此种研究思路过于单一，要实现研究突破，有必要避开单一的思想研究，注重《吕氏春秋》、《淮南子》多方面价值特别是文学价值的开掘。

第二，拓宽文学研究的视野，注重全方位的解读与考察。

鉴于近 40 年的研究过多从思想总结出发，要拓宽文学研究的视野，首先要打破这一传统思路。思想总结是必要的，但是不能成为新研究的出发点，吕书的结构研究应该充分考虑到思想主旨之外的诸多要素。诸如篇章的题材、标题，甚至篇章的篇幅、作品中涉及的人物、故事中涉及的物件等，都有可能在作品的编排过程中具有结构意义。尽量对之进行全方位的考察，也正将是更为深入和有价值的研究成果。

至于《淮南子》的结构研究，一方面可以从《吕氏春秋》结构研究得以启发，同时更应该深入文本，从篇章内部信息进行仔细爬梳。

第三，转变研究理念，调整研究心态和方法。

研究的目的性过强，以致掩盖文本和事实，是近 40 年研究的重要症结。要实现学术突破需要转变理念，需要立足于文本。首先还原一个本真的文本，承认原作的丰富性和生动性，在对原作的丰富性和生动性的解读中发掘其中的价值。以吕书的结构研究为例，要实现学术突破，所秉持的学术理念应该是：充分承认吕书的本来面貌，包括其中的不一致、不衔接等客观状况，在此基础上挖掘吕书在结构编排上的全新价值。

打破对于吕书的崇尚心理，以客观求实的态度面对研究对象，是进行《吕氏春秋》研究的必要前提。只有这样，才能改变研究的理念性和目的性过强的弊病；也只有真正地承认吕书的丰富性甚至是其中的问题，才有可能在此基础上进一步深入探讨，得到全新的成果。

如《吕氏春秋》中许多篇章存在故事的主题思想和篇章的主旨不一致的现象。承认这文本事实才能够发现，《吕氏春秋》八览实际上不止存在一条思想主旨的线索，故事的情节和题材也是编撰者对作品进行编撰时重要的考量对象，作品中所收录历史故事的题材也具有结构意义。主旨和题材两者有时此消彼长，有时共同出现，有时相互吻合，而有时则相互悬隔。以此为思路则可以对其结构进行全新的解读。

第四，深入开掘《吕氏春秋》与《淮南子》的文学史价值。

对《吕氏春秋》与《淮南子》的文学研究需要时刻以文学史为背景，需要定位和凸显吕书在各个方面的文学史价值。除此之外，还需要将《吕氏春秋》与《淮南子》的相应部分放入文学史进行关照，除了普通篇目之外，其中还有不少篇目文学价值很高、需待专论。如《吕氏春秋》之《本味》、《有始》，《淮南子》之《说山训》、《说林训》、《道应训》等，这些篇章在文学史上都有一定的价值和意义。

第五，从杂家研究看，坚持从内部研究入手。依据《汉书·艺文志》的界定，以《吕氏春秋》、《淮南子》为中心。在充分挖掘这些典型杂家作品属性、特征的同时，结合杂家外围研究，对杂家作出适当有度的解读，力求展现秦汉杂家的家派特征。

第一章

结构理念与结构方法（上）

结构之于秦汉杂家的重要性毋庸置疑，本章及下章正是要揭示秦汉杂家在结构方面的突出特征。它的结构理念和结构方法总体来看体现的较之其他作品更加明显，在《吕氏春秋》和《淮南子》之间有一些结构理念和结构方法是共通的，有些理念则主要体现在其中一部作品之中。为了更好地展示文本原况，本章对同异两种情况都有描述，一方面展示杂家的通用特征，一方面展示具体生动性。

《吕氏春秋》结构组织上的规整性和系统性在诸多先秦子书中首屈一指，没有第二部著作能将结构的自觉性展现得如此明确。正因此，对《吕氏春秋》结构的研究自然亦是吕书研究的传统课题。从《〈吕氏春秋〉总目提要》至今，这一内容一直是吕书研究的重要内容，尤其是对于十二纪的结构更是研究重点。《〈吕氏春秋〉总目提要》认为夏秋二纪分别多言乐和兵，似乎有结构理念，之后徐时栋（1814—1873）《烟屿楼读书志》云："孟春纪下首以本生篇，以春之义生，故说养生之道。孟夏纪首以劝学，以夏之义长，成人长则当学，故论为学之要。孟秋纪下首以用兵，以秋之义肃杀，故说兵战之事。孟冬纪下首以节丧，以冬之义闭藏，故讲丧葬之法。余篇则或相连贯，或不相衔接，而其首篇故有意也。"[①]明确提出了十二纪

---

① 《续修四库全书》第 1162 册，上海古籍出版社 2002 年版，第 582 页。

"春生夏长秋收冬藏"的结构理念。之后，余嘉锡、潘富恩、李家骧等人都延承此说立论。但是问题也随之出现——生硬附会。其典型表现是将每月下的篇章与首篇关联，但是关联的内在依据却总是闪烁其词，缺乏具体关联线索的梳理。如李家骧《吕氏春秋通论》：

> 夏季万物茂长，故《夏纪》多成人教养之论。孟夏为夏之初本，故《孟夏纪》收录属于树人之本的论教育这集中群篇的《劝学》、《尊师》、《诬徒》、《用众》，从师与生、教学方法、学习环境等方面来论礼教。仲夏风和日丽，莺歌燕舞，与此相应，故《仲夏纪》收乐教方面的论音乐（上古乐、舞相联）的丛篇《大乐》、《侈乐》、《适乐》、《古乐》，多谈音乐的和谐适度。①

可见这种生硬关联的典型表现，如仲夏风和日丽莺歌燕舞于是关联音乐，听上去很圆融，但缺乏严谨的学理基础。可以说，这是十二纪结构研究的典型问题，也是亟须需深入拓展的领域。

至于全书的总体结构，纪、览、论三部分结构，每部分内部结构等，历代也有所梳理，但是在研究手法上的单一性，学理探讨的粗疏性上还是典型问题。对于《吕氏春秋》结构研究的评述此处从简，本章将本着这样的理念进行：寻找实在的内在结构线索，多层次地研究结构（总体结构、单元间结构、篇章间结构、篇章内结构等），多种线索和结构理念的发掘（而不仅仅是局限于单一的主旨，或将其他著作的结构观念移植过来）。

至于《淮南子》的结构，其书末篇有《要略》曾对本书结构有总括介绍，《要略》也成为历代研究《淮南子》结构的重要依据。但是，《要略》显然并不能说尽本书结构的全部，关于本书的结构显然还可以从更为丰富的视

---

① 李家骧：《吕氏春秋通论》，岳麓书社 1995 年版，第 53—54 页。

角、更为深入文本的线索加以探求。本章也会将之与《吕氏春秋》统筹研究，以期展示秦汉杂家真实全面、丰富生动的结构理念和结构形态。

第一节 "春生夏长秋收冬藏"的理念统摄

对于《吕氏春秋》十二纪而言，"春生夏长秋收冬藏"的结构理念是不言而喻的，而这一理念的背后实际是更为恢宏的"天人合一"理念。"春夏秋冬"四季变迁与万物变化人事行动进行总体关联，体现的正是这种天人合一的观念。历代研究看到了四季和篇目之间的结构关系，但是缺乏内在的实在的线索的发掘，这从学理上讲是粗疏的，需要匡正。

下面我们以三春纪为例，从文本内部出发，对十二纪的结构特点作一具体阐发：

《孟春纪》、《仲春纪》、《季春纪》是《吕氏春秋》十二纪的前三纪，每纪五篇作品，总计六十篇。这三编的谋篇布局对于整个十二纪具有引领作用，考察这三编的篇章结构，可为进一步分析十二纪其他各编找到一些基本路数、揭示《吕氏春秋》结构的基本理念和重要方法。

《三春纪》及其所属作品的篇章结构，可划分为三个层次来看。第一个层次是各编首篇与后边四篇作品之间的结构方式，第二个层次是除各编首篇之外其余四篇之间的结构方式，第三个层次是每篇作品内部的结构方式。

在以上三个层次的结构关系中，第一个层次的结构关系最为重要，即各编首篇与其余四篇之间的结构方式。这个层次也是历代研究容易生硬附会的地方。各编首篇依次为《孟春纪》、《仲春纪》、《季春纪》，它们是各编的总纲，而它们后面各自拥有的四篇作品则是首篇的目。各编首篇与后面四篇作品呈现的是纲与目的关系，这种关系主要体现在两个方面：第一，各编首篇提出某种理念，其余四篇采用多种方式对这种理念加以诠释、印证；第二，各编首篇出示该时段的政令，其余四篇则选择相关政令进行演绎，将与政令相关的物类事象组织到作品之中。鉴于这种情况，揭示各编首篇与其余四篇作品的纲与目的关系，把纲举目张的结构模式进行历史还原，成为探讨的重点。特别是第二点物类事象的编排，这是历代研究所忽略的地方，它展现出《吕氏春秋》在编排成书过程中的结构理念和重要特点，值得深入挖掘。

至于第二、三两个层次的结构情况比较复杂，只能择其重要的或是容易引起争议误解的问题，而不能、也不需要面面俱到。

《孟春纪》所属的作品依次是《本生》、《重己》、《贵公》、《去私》。前两篇与《孟春纪》的关联十分密切，后两篇则与《孟春纪》的关联不是很直接，甚至有些疏离。就前两篇与《孟春纪》的关联而言，又各自有所侧重，不尽相同。

《孟春纪》所出示的政令，其中很重要的一个内容是养生，即对生命的保护，使其不受伤害，其中写道：

> 是月也……牺牲无用牝，禁止伐木，无覆巢，无杀孩虫胎夭飞鸟，无麛无卵。

这里列举一系列禁令，其目的在于保护自然界的飞禽走兽正常繁育，保护森林树木，使其正常生长，属于生态保护措施，惠及自然界的众多生物。《孟春纪》的上述禁令，体现出的是对于生命的关爱。初春是一年的开始，是万物萌生的季节，以上禁令体现的是人对自然规律的遵循，把保护生命作为这个阶段的重要任务。

《本生》篇仅次于《孟春纪》之后，篇名所包含的始生之义，与初春时节的功能相契合。开篇写道："始生之者，天也。养成之者，人也。"这是把养护生命作为人类的职责而明确地提出来，然后论述养性与物的关系："物也者，所以养性也，非所以性养也。"意谓要以物养性，而不能以性养物，这是"全性之道"。《本生》篇集中揭示的是社会上普遍存在的本末倒置的现象，即不是"以物养性"，而是"以物伤性"，其中写道：

> 世之贵富者，其于声色滋味也多惑者，日夜求，幸而得之则遁焉。遁焉，性恶得不伤？
>
> 万人操弓，共射一招，招无不中；万物章章，以害一生，生无不伤……

这段话语主要针对富贵者而言，指出他们受外物的诱惑，嗜欲充盈，溺于物而不能自反，结果造成外物对生命的伤害。对于具体伤害的方式，作者用形象的比喻加以说明，足见受伤害之深。文中还写道：

> 出则以车，入则以辇，务以自佚，命之曰招蹶之机；肥肉厚酒，务以自强，命之曰烂肠之食；靡曼皓齿，郑、卫之音，务以自乐，命之曰伐性之斧。

这段话也是针对富贵者而言，把他们不珍惜生命的各种表现揭露得很深刻。《本生》篇集中论述对生命的养护，其中有正面论述，但更精彩的是对害生行为的揭露和批判。该篇论述集中在性与物的关系上，明显是对《孟春纪》有关养生政令的回应。

排在《本生》篇后边的是《重己》篇，这篇作品也以养生为宗旨，但是，论述的切入点与《本生》篇稍有差异，文中写道：

　　凡生之长也，顺之也，使生不顺者，欲也，故圣人必先适欲。

　　室大则多阴，台高则多阳，多阴则蹶，多阳则痿，此阴阳不适之患也。是故先王不处大室，不为高台，味不众珍，衣不燀热。燀热则理塞，理塞则气不达；味众珍则胃充，胃充则中大鞔；中大鞔而气不达，以此长生可得乎？

　　文中提出的养生宗旨是适欲，也即使欲望得到适宜的满足。值得注意的是，作者反复运用阴阳、冷热等概念进行论述，带有明显的哲学思辨色彩。《孟春纪》称："是月也，天气下降，地气上腾，天地和同，草木繁动。"天气、地气，分别指阴阳二气。孟春是阴阳二气交汇的季节，阴阳和同，万物得以萌生。而那些居巨室高台、穿厚衣、享众珍的富贵者，他们的衣食起居，或是多阴少阳，或是多阳少阴，总是处于阴阳失调的状态，不可避免地要出现各种疾病。他们这种阴阳失调的生活状态，与孟春阴阳合同的气候相悖，违背自然规律。就运用阴阳观念阐释养生哲学而言，《本生》篇也是对《孟春纪》的回应。

　　《孟春纪》的《本生》、《重己》以爱护生命为主题，体现了生的理念。可是，《孟春纪》排在后边的《贵公》、《去私》两篇作品，从标题上看，与养生理念没有直接关联，与《本生》、《重己》两个题目所昭示的意义也相去甚远。那么，为什么会出现这种状况？前面两篇与后面两篇的关系如何？这是探讨该编结构不容回避的问题。

　　《本生》、《重己》两篇作品，无论审视其篇题，还是考察作品的内容，都是以个体为本位，从珍视个体生命的角度拟定标题、进行立论。这样一来，就很容易造成一种误导，似乎珍惜生命就是只知道爱护自己，而可以不顾群体利益。如果真的如此，那就和杨朱学派的理论没有什么区别，从而囿于一派的主张。可是，《吕氏春秋》是调和各家学说，而不是单独标立某一派的理念。为了矫正《本生》、《重己》篇过于明显的以个体为本位

35

的偏向，于是，编撰者设定《贵公》、《去私》两篇作品，以作为对前面的反拨。《贵公》、《去私》都是强调以群体为本位，与《本生》、《重己》的以个体为本位正好相反。这四篇作品是每两篇为一组，以相反的价值本位观进行互补，从而实现在价值本位和取向方面的平衡。

《孟春纪》是以养生理念为统辖，《本生》、《重己》两篇作品对这种理念体现得很鲜明，成为养生理念的文字载体。那么，《贵公》、《去私》两篇作品是否与养生理念有关联呢？这要深入作品内部进行考察。

《贵公》篇开头写道："昔先圣王之治天下也，必先公，公则天下平矣。"这是全篇的中心论点，然后引用《尚书·洪范》的相关论述，以及周公对伯禽的劝诫之语、老子相关话语加以证明。以上三段引录都很简要，没有充分展开。这篇作品用一半的篇幅叙述管仲病重期间对齐桓公的嘱托，然后进行议论：

> 桓公行公去私恶，用管子而为五伯长；行私阿所爱，用竖刀而虫出于户。

这里列举齐桓公"行公"和"行私"所产生的截然相反的结果，用以说明"行公"的重要、"行私"的危害。齐桓公最后是被他所信任的小人困在室内、活活饿死，死后无人收敛，以至于尸虫出户。这个事实表明，"行私"不但危害国家，同时也危害自己的生命。由此看来，《贵公》用大量文字讲述齐桓公最终的人生悲剧，与《孟春纪》的养生理念又有一定的关联，二者并非完全疏离、毫不相关。所以，但从主旨看我们就无法找到这种内在关联，而如果从其使用的故事所涉题材考量，就会看到其内在的结构线索。

《去私》篇开头写道："天无私覆也，地无私载也，日月无私烛也，四时无私行也，行其德而万物得遂长焉。"这是全篇的中心论点，以天地日月四时的存在和运行方式来说明"去私"的必要性、合理性。可是，点明中心论点后出现的却是如下一段话：

> 黄帝言曰："声禁重，色禁重，衣禁重，香禁重，味禁重，室禁重。"

这段假托出自黄帝之口的话语确实与"去私"有关联，人在私欲的驱动下往往追求声色犬马之乐，追求耳目口腹之欲得到最大限度的满足。可是，这段话语又与《本生》、《重己》篇的论述极其相似，在观念上一脉相通。就此而论，《去私》篇所引述的黄帝之言，和《孟春纪》的养生理念极其默契。

《去私》篇后半部分讲述的是如下故事：

> 墨者有钜子腹，居秦，其子杀人，秦惠王曰："先生之年长矣，非有它子也，寡人已令吏弗诛矣，先生之以此听寡人也。"腹对曰："墨者之法曰：杀人者死，伤人者刑，此所以禁杀伤人也。夫禁杀伤人者，天下之大义也。王虽为之赐，而令吏弗诛，腹不可不行墨者之法。"不许惠王，而遂杀之。

这位墨家钜子大义灭亲，确实是秉心至公。这个故事又与人的生命密切相连，讲述的是人命关天的大事，并且提出"禁杀伤人"的墨家之法，体现的是对生命的关爱。与《孟春纪》秉持的养生理念亦有关联。不过，这个故事讲述的主要不是人之生，而是人之死，其中揭示出这样一个道理：要想有效地保护人的生命，就必须对杀人者处之以死。这个故事的主题是秉公执法，所昭示的却是"贵生"与"处死"之间的辩证关系。虽然这种启示溢出本篇的主题之外，却与《孟春纪》的养生理念相关。

通过以上分析可以看到，《孟春纪》中后面两篇作品，其篇名和主题均是以群体为本位，是对前面《本生》、《重己》个体本位的反拨，使得该编四篇作品在价值本位和取向上实现平衡。从篇题上看，《贵公》、《去私》与统辖《孟春纪》的养生理念似乎没有直接关联。可是，两篇作品的具体内容又与对生命的关爱相通。由此可以得出结论，《孟春纪》收录的四篇作品，前两篇与该编起统辖作用的养生理念融为一体，后两篇则与这种理念保持着若即若离的关系。如果把这四篇作品比作一个联盟，那么，《本生》、《重己》是联盟的核心，《贵公》、《去私》则是其外围和附属。至于其中的结构理念，除了篇章的主旨外，还包括历史故事的题材，以及核心观点的前后贯通等。仅仅从一个方面入手就无从找到这种结构关联。如果将这些因素放在一起统筹考量，就会发现编排者围绕一个主题对材料进行的处理，其手法是丰富生动的。

《仲春纪》同样以养生作为统辖全编的理念，除篇首《仲春纪》之外，后面由四篇作品组成，依次是《贵生》、《情欲》、《当染》、《功名》。这四篇作品作为一个有机的整体，各篇之间的关联呈现出不同的结构模式。

首篇《贵生》开始就提出中心论点："耳目鼻口不得擅行，必有所制。譬之若官职，不得擅为，必有所制。此贵生之术也。"这里对于什么是贵生作出明确的界定，指的是对耳目鼻口等感官欲望的节制。作品还引述子华子之言，把人的生存状态分成以下几类：

> 子华子曰："全生为上，亏生次之，死次之，迫生为下。"故所谓尊生者，全生之谓。所谓全生者，六欲皆得其宜也。

子华子把人的生存状态由高到低分为四等，全生居于最高层次。而所谓的"全生"指的就是"贵生"。《贵生》篇主旨明确，论述精辟，确实紧紧围绕养生理念。

《贵生》篇认为对于人的感官欲望必须有所节制，使其适宜，秉承的是《仲春纪》的理念："是月也，日夜分。……日夜分，则同度量，均衡石，角斗桶，正权概"。仲春是统一各种度量衡标准的季节，要使其规范化。对于人来说，各种感官有所节制，使其各得其宜，同对度量衡加以规范具有相同的性质。《贵生》篇是秉承《仲春纪》的理念把它运用于养生领域。

《仲春纪》所属的第二篇是《情欲》，作品开头提出对情欲的节制，与《贵生》篇的开篇之论相似，二者相承续。《情欲》篇还写道："由贵生动，则得其情矣；不由贵生动，则失其情矣。"这是接过前篇的话题继续进行论述，两篇作品前后相承的脉络更加清晰。

把《情欲》作为篇名，集中论述的是对情欲的节制。开篇就提出："天生人而使有贪有欲，欲有情，情有节。圣人修节以止欲，故不过行其情也。"全篇反复围绕这个观点，从正反两方面展开论述。为什么在养生理念统辖下的《仲春纪》所属篇目，对于人的情欲给予如此大的关注，这从《仲春纪》的下述文字可以找到答案：

> 是月也，日夜分，雷乃发声，始电。蛰虫咸动，开户始出。先雷三日，奋铎以令于兆民曰："雷且发声，有不戒其容止者，生子不备，必有凶灾。"

仲春是雷声始发季节，雷具有很强的威慑力，先民对它抱有畏惧感。因此，春雷始发之前，提醒人们要谨慎言行，防止出现灾难。再加上仲春是生命复苏伸展的阶段，所以，人在此期间对对于情欲的节制也就势在必行。《情欲》篇的题目及内容，都与《仲春纪》的上述政令直接相关。

《仲春纪》所属第三篇作品是《当染》。该篇主要内容取自《墨子·所染》，文献的来源很明确。单从篇题看，似乎与《仲春纪》的养生理念没有什么直接关联。《墨子·所染》所论述的主要是交人须谨慎的问题，也和爱惜保护生命没有直接挂钩，只是偶尔提及而已。但是，如果对《情欲》和《当染》两篇作品进行解析，会发现它们之间的关联。

《贵生》及《情欲》都强调对情欲的节制，主要是从自我调节方面进行论述，重点强调人的自律。到了《情欲》篇的结尾部分，论述的是楚庄王与孙叔敖之间的关系：

> 荆庄王好周游田猎，驰骋弋射，欢乐无遗，尽傅其境内之劳与诸侯之忧于孙叔敖。孙叔敖日夜不息，不得以便生为故，故使庄王功迹著乎竹帛，传乎后世。

这里已经开始转换话题，由强调个人的自律转到君臣的遇合，从而为过渡到下篇的《当染》作了铺垫。《当染》篇主要列举历史事实，用以说明国君用人的当与不当，也就是"所染"的当与不当。作品中间部分有如下论述：

> 凡为君非为君而因荣也，非为君而因安也，以为行理也。行理生于当染。故古之善为君者，劳于论人，而佚于官事，得其经也。不能为君者，伤形费神，愁心劳耳目，国愈危，身愈辱，不知要故也。

这里所说的理，指的是为臣之道。《情欲》篇提到楚庄王和孙叔敖，《当染》篇又称"荆庄王染于孙叔敖、沈尹蒸"，作为所染得当的范例加以肯定。楚庄王因为选人得当，有孙叔敖这样的贤臣辅佐，所以，他可以周游田猎、欢乐无遗，而楚国大治。文中的"劳于论人而佚于官事"，指的就是在选人上下功夫，而治理国家则处于轻松状态，不必劳神费力。这篇作品所关注的焦点还是贵生，与前面两篇的宗旨一脉相承，不过论述的角度有所转换。《贵生》、《情欲》主要强调人的自我约束，而《当染》篇则关注外部因素对君主生存状态所起的作用；同时，《当染》主要不是强调君主对情欲的约束，而是指出君主个人欲望得到满足的条件，指出它的合理性，在具体指向上与前两篇相异。至于《当染》篇结尾部分还把士人列入讨论的范围，那是顺势提及，同时也是为了保证本篇有足够的字数，以便与其他篇目的篇幅相协调。

《仲春纪》附属的第四篇作品是《功名》，它的题目似乎也游离于养生理念之外，而作品的具体内容却仍然围绕这个中心，并且与《当染》篇存在密切的联系。

《功名》篇开头写道："由其道，功名之不可得逃，犹表之与影，若呼之与响。"这几句话开宗明义，指出功名的获得要由其道。不过这篇作品并不是泛论各类人的功名，而是把目标锁定在君主身上。那么，君主获取功名之道在哪里呢？对此，本文作出这样的回答："善为君者，蛮夷反舌殊俗异习皆服之，德厚也。"这是从总体上加以概括，把德厚说成是获得功名的关键。接着，又从两个方面对这个结论作出进一步论述：

> 水泉深则鱼鳖归之，树本盛则飞鸟归之，庶草茂则禽兽归之，人主贤则豪桀归之。

这几个排比句式讲述的道理很清楚，飞禽走兽聚集到宜居之处，因为那里能满足自己生存的需要。同样，君主要想获得功名，使豪杰聚集到自己周围，也必须满足他们的需要。对于豪杰来说，他们所需要的就是君主举贤授能、善待自己。这是从君主与社会精英的关系立论。

《功名》篇还写道：

> 大寒既至，民煗是利；大热在上，民清是走。是故民无常处，见利之聚，无之去。欲为天子，民之所走，不可不察。

　　这是从君主与普通百姓的关系方面立论，指出百姓的趋利性。只要满足他们的利益追求，就能产生凝聚力，从而成为圣君、获得功名。

　　《功名》篇的以上论述，是从君臣、君民关系切入，强调对臣属百姓欲望的满足，使他们得到实际利益，也就是关爱他们的生命，创造出适于他们生存的环境。《当染》篇暗示君主的欲望应当通过选择贤臣的方式而得到满足，使得生命处于适宜状态。《功名》篇则是强调臣民的欲望应该得到满足，使他们的生命得其所处。这两篇作品切入的角度不同，彼此构成互补结构。

　　《当染》和《功名》篇都涉及人的欲望的适当满足，即所谓的养，这样正是《仲春纪》所列的施政措施之一："是月也，安萌芽，养幼少，存诸孤。"这里提到的抚养对象已经不限于幼年者，而是扩展到更大的范围。尽管如此，《仲春纪》有关抚养方面的政令，是这两篇作品反复论述养护生命的契机和根源。

　　综上所述，《仲春纪》所附属的四篇作品经过精心的构思和安排，形成富有张力的内部结构。一方面，四篇作品前后相续、一脉相承，都围绕着养生理念叙事议论；另一方面，又形成两个层次的互补结构。第一个层次的互补结构，体现在前两篇和后两篇之间：前两篇强调对情欲的节制，后两篇提出对于人的欲望的满足；前两篇着眼于人的自身，后两篇关注自身以外的人群。第二个层次的互补是在第三、四两篇之间，第三篇论述的焦点是君主，而第四篇则把重心放在臣民。总之，《仲春纪》所属四篇作品构成完整严密的体系和合理的结构，基本见不到游离于主要线索之外的叙事和议论。

　　《季春纪》及所属四篇作品，同样用养生理念贯穿各篇，其中《季春纪》是纲，其余四篇作品是目。《季春纪》提出核心的生命理念及相关的活动安排，其余各篇加以论证和发挥。

　　《季春纪》写道："是月也，生气方盛，阳气发泄，生者毕出，萌者尽达，不可以内。"这是该篇所持的生命理念，把阳春三月看作阳气发泄的季节，是生命力日益旺盛时期。与此相应，人们要顺应自然之气的变化，使它顺畅地流播散布，以使万物各得其所。

《季春纪》后的四篇作品在论及对于人的生命的养护时，贯穿的都是流通以生的理念。《尽数》篇写道：

> 流水不腐，户枢不蝼，动也。形气亦然。形不动则精不流，精不流则气郁。郁处头则为肿、为风，处耳则为挶、为聋，处目则为、为盲，处鼻则为鼽、为窒，处腹则为张、为疛，处足则为痿、为蹷。

作者所持的是气本原论，把精气看作生命的来源和动力。精气的基本属性是流动，正是靠流动才使生命充满活力。如果精气沉滞淤积，就会使人出现疾病。精气在人体滞留不动的部位，就是发病的器官所在之处。这段论述所秉持的理念与《季春纪》所说的"生气方盛"、"不可以内"如出一辙，只是论述得更加充分。

《先己》篇排在《尽数》之后，是《季春纪》所属的第二篇作品，开头部分写道：

> 凡事之本，必先治身，啬其大宝。用其新，弃其陈，腠理遂通。精气日新，邪气尽去，及其天年。此之谓真人。

这段论述承接《尽数》篇有关形动精流为生命之本的理念、前后相承，强调的是精气的流通，以吐故纳新的方式保持生命的活力。

《论人》是《季春纪》所属的第三篇，开头提出"太上反诸己"的命题，然后加以解说：

何谓反诸己也？适耳目，节嗜欲，释智谋，去巧故，而游意乎无穷之次，事心乎自然之涂，若此则无以害其天矣。无以害其天则知精，知精则知神，知神之谓得一。……意气宣通，无所束缚，不可收也。

这段论述所持的是道家观念，把反诸己归结为顺应自然。其最终效果则是精气流通、不受束缚，所得出的结论又回归到前面三篇作品反复强调的问题上。

《圆道》是《季春纪》所属最后一篇，开头写道：

天道圆，地道方，圣王法之，所以立天下。何以说天道之圆也？精气一上一下，圆周复杂，无所稽留，故曰天道圆。何以说地道之方也？万物殊类殊形，皆有分职，不能相为，故曰地道方。

这里的天道圆、地道方的命题，是从古人天圆地方、天动地静的观念推衍出来的。所谓天道圆，指的是精气周流无滞、处在不断的运动之中。天道统辖地道，精气的流动被视为宇宙能量之所在，也是生命之源。《圆道》篇还有如下论述：

人之窍九，一有所居则八虚，八虚甚久则身毙。故唯而听，唯止；听而视，听止。以言说一，一不欲留，留运为败，圆道也。

这是把"天道圆"的理念用以解说人的生命，强调九窍的畅通，而不能有任何器官出现堵塞。无论视觉还是听觉，都要任其自然，以保证精气的流通。其中的"一有所居"，"居"，指的就是滞留、堵塞。文中所说的"唯而听，唯止；听而视，听止"，陈奇猷先生这样解释："听人言后，欲知其言之虚实，因不再听其言，乃进而观其行。以目视为视，但亦训考察。此皆说明一窍用而他窍虚。"后来，陈先生又补充道："'此皆说明一窍用而他窍虚'改作'听人言时，唯诺已过去。视对方之表情（观其行）时，听已过去。皆是说明"不留"之意'。"①从实际情况考察，这段话是借鉴《庄子·人间世》的如下论述："若一志，无听之以耳而听之以心，无听之以心而听之以气。听止于耳，心止于符。气也者，虚而待物也者。"②其中所说的"听止于耳"，谓耳止于听，即耳朵不主动地去听，只是被动地作为接受声音的通道。《圆道》篇所说的"唯而听，唯止"，"唯"，指顺从。意谓顺从地听，顺从地停止，是耳朵顺应自然之义。"听而视，听止"，"听"，谓听从、顺从，意谓顺从地审视、顺从地听止，讲的还是顺从自然。人的听觉、视觉都顺从自然，精气就可以在人体流通无阻，这就是人的生命所体现的圆道。

从以上梳理可以看出，把精气的流动视为生命的正常状态，是生命力的源泉，这是《季春纪》五篇作品一以贯之的主要线索。篇首《季春纪》从天道自然的角度提出，季春是阳气发泄、萌者尽达的阶段，必须保持气流的畅通，而不能堵塞抑制。后面四篇作品从生命哲学的角度进行论述，与人的养生紧密联系在一起。《季春纪》对于后面四篇作品的统辖作用十分明显，该编在这个问题上呈现的是纲举目张的结构形态。

《尽数》篇还提到养护生命的诸多禁忌，其中写道：

> 何谓去害？大甘、大酸、大苦、大辛、大咸，五者充形则生害矣。大喜、大怒、大忧、大恐、大哀，五者接神则生害矣。大寒、大热、大燥、大湿、大风、大霖、大雾，七者动精则生害矣。……

---

① 陈奇猷：《吕氏春秋新校释》，上海古籍出版社 2002 年版，第 181 页。
② 郭庆藩：《庄子集释》，中华书局 1978 年版，第 147 页。

> 凡食，无强厚，味无以烈味、重酒，是以谓之疾首。食能以时，身必无灾。凡食之道，无饥无饱，是之谓五藏之葆。

以上论述涉及人体养生的许多方面，其中提到人所接触的味道、气候、食物、饮料，以及人的各种情感变化。总之，作者反复强调的就是不能过分、而要适中。无论是外界的因素，还是人自身的表现，超过限度都对人的生命有害。因此，要避免和去掉过分的东西。《尽数》篇的上述主张，是本于《季春纪》的政令而衍生出来的。时值季春，工师要监理各类工匠，提醒他们"无或作为淫巧，以荡上心"，不能把器具造得超过既定规格、过分诡怪巧异，从而摇荡主上之心。季春时节，"国人傩，九门磔禳，以毕春气。""傩"是驱鬼仪式，"禳"是祛灾之祭，都是要把危害生命的对象除掉。就此而论，《尽数》篇所说的"去害"，和《季春纪》所说的"傩礼禳祭"可谓异曲同工，两者的指向是一致的。

季春是阳气发泄、句者毕达的时段，与此相应，《季春纪》所列出的政务活动也以疏通为主：

> 天子布德行惠，命有司，发仓窌，赐贫穷，振乏绝，开府库，出币帛，周天下，勉诸侯，聘名士，礼贤者。
>
> 是月也，命司空曰："时雨将降，下水上腾，循行国邑，周视原野，修利隄防，导达沟渎，开通道路，无有障塞。"

无论是天子的布德行惠，还是天子命令司空所做的事情，都具有疏通的功能。天子布德行惠是疏通朝廷与百姓、士人的关系，司空巡视则是疏通水渠和道路。总之，疏导而使之畅通无阻是季春时节的要务。

《先己》篇的中心论点是："凡事之本，必先治身。"这是开篇即明确提出的主张。作品后半部分列举一系列历史事实来阐明这个道理，结尾假托孔子之口说道："不出于门户而天下治者，其惟知反于己身者乎！"这里说的天下治指的是政令通达、四方宾服，合乎《季春纪》提出的疏通为第一要务的理念。

《圆道》篇则从君臣关系方面来论述施政的顺畅："令出于主口，官职受而行之，日夜不休，宣通下究，瀸于民心，遂于四方，还周复归，至于主所，圆道也。"这里描述出政令畅通的流转渠道：君出臣受，施于百姓、播于四方，这是自上而下的通畅。然后再自下而上，将政令施行的良好效果反馈到君主那里。这是往复性的畅通无阻，中间没有任何障碍，和《季春纪》力主疏通的理念紧密相扣。

《论人》篇集中讨论对于人才的任用，前面提出美政理想："豪士时之，远方来宾，不可塞也。"四面八方的人才纷纷归附朝廷，中间没有拥堵障碍。后面提出"八观六验"、"六戚四隐"的考察人的方法，和前面提到的各类人才涌向朝廷相呼应。纳贤任能、扬举侧陋也是政治上的一种疏通方式，因此，《季春纪》把"聘名士、礼贤者"作为该时段重要的施政措施，《论人》篇对此作了回应。

其实，"八观六验"、"六戚四隐"作为考察人才的方式，它所体现的也是洞达、通透的理念。即通过上述方式的检验，使被考察者把自身的本然状态毫无隐瞒地显示出来，合乎"萌者尽达"的理念。

从上面事例不难看出，《先己》、《论人》、《圆道》篇有关治国理政方面的内容，都围绕疏导通达这个中心，通过大量具体事例和多方面论述回应《季春纪》提出的施政纲领。《季春纪》及后面所属的四篇作品，在理念上前后贯通，都以相同的理念作为统辖，强调人的生命精气和国家政令的周流无滞、畅通无阻。同时，这几篇作品的文脉也前后相连，构成一个有机的整体。《季春纪》接近结尾处提出的是："国人傩，九门磔禳，以毕春气。"紧接着出现的篇目是《尽数》，与"以毕春气"之语相承接。"大傩"、"磔禳"都是祛灾之举，与此相应，《尽数》篇谈养生首先提到的是"去害"，与《季春纪》的祛灾之举首尾相接。《先己》篇结尾称："不出于门户而天下治者，其惟知反于己身者乎！"紧接着，《论人》篇开头提出"太上反诸己"。这两篇作品也形成首尾相接的顶针形式。

再从《季春纪》后面四篇作品的设置来看，也体现出编者的匠心。《尽数》居前，主要论述怎样疏导精气养护生命，带有综论性质。《圆道》居于最后，主要论述如何政令畅通，也带有综论的性质。中间两篇是《先己》和《论人》，标题设置带有互补性，兼顾己与人。

可以说，《吕氏春秋》十二纪的总体结构是"春生夏长秋收冬藏"理念的体现，但是问题的关键是找到其结构的内在的、实在的线索。唯其如此，我们才能发现编撰者的结构理念。通过"三春纪"的分析能够清晰地看到这种内在的结构线索，以及在构架和编排中丰富的手法的运用。主旨的关联是最为直接的，但是除此之外相关事象的题材所涉也可以成为结构因素，有时会通过主要观点的提出实现结构呼应，有时还会从正反辩证等多角度进行关联。这些生动手法的运用再次体现出这种结构背后的恢宏理念："天人合一"。季节因素、天象变化、万物变迁、政令、人事行为、君臣关系等等都紧密关联在一起，多种写作手法的运用正是这种理念的反映。

"春生夏长秋收冬藏"的理念在《淮南子》的结构中并没有明显反映，但是其中有《时则训》，高诱："则，法也。四时、寒暑、十二月之常法，故曰时则，因以题篇也。"①《要略》："时则者，所以上因天时，下尽地力，据度行当，合诸人则，形十二节，以为法式，终而复始，转于无极，因循仿依，以知祸福，操舍开塞，各有龙忌，发号施令，以时教期，使君人者知所以从事。"②可见，本篇的主旨是明确的，以四时为法则，使君主"从

---

① 张双棣：《淮南子校释》，北京大学出版社 2013 年版，第 529 页。
② 张双棣：《淮南子校释》，北京大学出版社 2013 年版，第 2173 页。

事于"、"因天行事"是本篇的重要目的。关于其中的具体理念此处不论。所以，"春生夏长秋收冬藏"的理念在《淮南子》的结构中虽无体现，但是这种理念的存在确是毋庸置疑的。

第二节　"三才观"影响下的结构

天地人三才观的明确表述最早见于《易传》，《易传·系辞下》有："有天道焉，有人道焉，有地道焉。兼三才而两之，故六。六者非它也，三才之道也。"①将天地人统称为"三才"，用以解说六爻之道。《易传》认为《周易》广大无极、深广精微，因其包络天地人，方见其深伟。

可以说，三才观具有典型的战国中后期的时代特征。这种观念至迟在战国中后期成为重要的哲学理念并逐渐兴盛，它的影响至深至远。当然，这种理念深深影响了以《吕氏春秋》、《淮南子》为代表的秦汉杂家作品，在其结构中也能看到它的影响。

一、《吕氏春秋》总体结构中的"三才观"

《吕氏春秋·序意》有："凡十二纪者，所以纪治乱存亡也，所以知寿夭吉凶也。上揆之天，下验之地，中审之人，若此则是非可不可无所遁矣。天曰顺，顺维生；地曰固，固维宁；人曰信，信维听。三者咸当，无为而行。"②

《序意》位于十二纪末尾，可以看作吕不韦对十二纪的总结和阐述，

---

① 孔颖达：《周易正义》，见《十三经注疏》，上海古籍出版社1997年版，第90页。

② 陈奇猷：《吕氏春秋新校释》，上海古籍出版社2002年版，第654页。

有序或跋的作用，具有认识价值和指导意义。但从本文看，吕不韦所言只是针对十二纪而言。但是其中已然具备十分鲜明的三才意识。

这说明，吕氏结构十二纪时已有十分鲜明的天地人意识，是要全面考察天地人，从而描绘世间大道，指导治国与人生。

问题在于，八览六论与十二纪的成书时间并非同时，关于这一点本文也同意大多数学者的这一判断。至于孰先孰后，各有争论，但于本文结论影响不大，故不作深入辨析。只是，览论与十二纪错时成书，《序意》此论显然只是针对十二纪而言。所以，这并不代表编著者对览论就没有以这种观念加以结构。

吕氏这段论说反倒使我们坚信：《吕氏春秋》全书一定贯穿了明确的三才观念。是如何贯穿的，则需要多角度多层次探讨，此处将从纪览论三者结构，以及各部分中的结构入手分别探寻。

十二纪源于十二月，描述一年中十二个月，春夏秋冬的季节变迁。每一纪首篇均是对季节、节候、时令，以至政事的描绘，后次以四篇关联性很强的主题作品。这无疑体现的是天道决定人事的理论思路，同时，体现的同样也是吕不韦所言的三才理论。因为这种结构之下的这些篇目，所言关涉到了世间三才：季节变迁可看作天；节候变化物景变迁可看作地；而这之下的人事活动，包括每个单元中的四篇主题作品可以笼统看作人。这与天人合一的理论思路并不矛盾，只是表述方式的不同。或者说，十二纪的天人合一论本来就是把天地人看作一体的。这种观念在《周易》那里早有体现，关于这一点乌恩溥先生说："《周易》的天人合一论是把天地人看作是三位一体的，这种天地人三位一体的观念，就是把人和外部世界看作是一个统一体。"①

既然如此，则一旦将纪、览、论三大板块放到一起加以比对，便会隐

---

① 乌恩溥：《古代中国的世界图式—周易》，吉林文史出版社 1998 年版，第 73 页。

约感到这种三才观念在全书结构中的蔓延。这种隐约感觉是否有理？下面试作探究。

首先，十二纪代表天。古人历法主要依据观测天象所得，特别是日月星辰的转移变迁。如《孟春纪》"孟春之月，日在营室，昏参中，旦尾中"等等，每纪开篇均是从日月星辰变迁说起，然后才言及其他。十二月组成十二纪，正好是一年的春夏秋冬之轮回。关于这一点，乌恩溥先生曾有通俗明了的总结：

> 古代的人们通过观测，发现二十八宿是不断旋转的。仲春之日，房宿在东，星宿在南，昴宿在西，虚宿在北。仲夏之日，虚宿在东，房宿在南，星宿在西，昴宿在北。仲秋之日，昴宿在东，虚宿在南，房宿在西，星宿在北。仲冬之日，星宿在东，昴宿在南，虚宿在西，房宿在北。二十八宿的运动是向左旋转的，大约每三个月旋转九十度，全年十二个月旋转一周。二十八宿就是这样，年复一年地循环往复，以至无穷。[①]

十二纪对于这种天象变迁的记载是十分明确的，特别是关于二十八宿，更是自十二纪才有其详细记载和描述。《周礼·春官》、《周礼·秋官》都曾提到二十八宿，但是并未完整记载。《夏小正》记载了四宿、《诗经》记载过八宿、《左传》记载过六宿、《尔雅·释天》记载十七宿、《礼记·月令》记载的也并不完整，是二十五宿。可以说，《吕氏春秋》十二纪才首次完整记载了二十八宿。从这里也能够看出，十二纪实已十分严肃、十分明确地将天象视为理论和结构开端。而从总体上看，十二纪也完全可以代表三才中的天。这个方面异议不大。

[①]　乌恩溥：《古代中国的世界图式—周易》，吉林文史出版社1998年版，第92页。

其次，八览代表地。

从数字"八"看，《周易》已将八卦与八方相对，地之阔大以八代称。除此之外，《有始览》还有："何谓八风？东北曰炎风，东方曰滔风，东南曰熏风，南方曰巨风，西南曰凄风，西方曰飂风，西北曰厉风，北方曰寒风。"①

当然，《有始览》还有"九州"、"九山"、"九塞"、"九薮"、"六川"等表述，这与《吕氏春秋》以八览代表地并不矛盾。因为此处所言"八"隐喻"地"，并不是在具象层面上的代指，而是总体上的、理念性的。

《有始览》是八览的第一览第一篇，位置极其关键，可以看作统领八览的篇目，而这一篇的内容与主题则是本书以"八"代称"地"的极好内证。关于《有始览》，陈奇猷、高诱诸人曾有关于其属哪种家派的争论，这与此处的讨论关系不大，故不深究。关键在于，本篇的主要内容。本篇开篇说："天地有始。天微以成，地塞以形。天地合和，生之大经也。"②单从开篇看，其讲的是天地的初始和生成。但纵览全篇不难发现，《有始览》除对"天有九野"进行描述外，其余的描述全部关涉于"地"："地有九州，土有九山，山有九塞，泽有九薮，风有八等，水有六川。"在对这些地上的风物进行描绘后，本篇又探讨了天地、特别是地的尺寸范围：

> 凡四海之内，东西二万八千里，南北二万六千里。水道八千里，受水者亦八千里。通谷六，名川六百，陆注三千，小水万数。凡四极之内，东西五亿有九万七千里，南北亦五亿有九万七千里。极星与天俱游，而天枢不移。冬至日行远道，周行四极，命曰玄明。夏至日行近道，乃参于上。当枢之下无昼夜。白民之南，建木之下，日中无

---

① 陈奇猷：《吕氏春秋新校释》，上海古籍出版社 2002 年版，第 663 页。
② 陈奇猷：《吕氏春秋新校释》，上海古籍出版社 2002 年版，第 662 页。

影，呼而无响，盖天地之中也。①

不难看出，由于《有始览》处于一个单元的显要统领位置，为全面起见，作者以天地有始开端。但是，全篇的主要描述内容还是地之万象，这一点是确定的。

从这个内证就更能看出，编著者在理念中的意图与有意分工：将八览与十二纪分工，以八览代称地，以《有始览》主要阐述关于地的理论。

再次，六论代称人。

按照上述逻辑推理，纪、览分别代称天、地，则六论理应与人相关。事实是否如此？这需要从秦文化的深层价值取向，以及本书的内证加以证实。

从秦文化的深层价值取向看，数字六确实是秦的文化崇尚。《史记·秦始皇本纪》有：

> 始皇推终始五德之传，以为周得火德，秦代周德，从所不胜。方今水德之始，改年始，朝贺皆自十月朔。衣服旄旌节旗皆上黑。数以六为纪，符、法冠皆六寸，而舆六尺，六尺为步，乘六马。更名河曰德水，以为水德之始。②

秦始皇以五德终始为据，推演出秦代属水德，在数字上则以六为纲纪、法度。五德终始论起于邹衍，属于齐学，后辗转为秦文化所沿承。齐学此论早在《管子·幼官》就有相关记载：

---

① 陈奇猷：《吕氏春秋新校释》，上海古籍出版社 2002 年版，第 663 页。
② 《史记》，中华书局 1982 年版，第 237—238 页。

> 六行时节，君服黑色，味咸味，听徵声，治阴气，用六数，饮于黑后之井，以麟兽之火爨。①

可以明确看出，《管子》这里已经将"六"和"水"相配。《吕氏春秋》之十二纪成书当在秦统一之前，但是通过《孟冬纪》的记载可以看到：

> 其帝颛顼，其神玄冥。其虫介，其音羽。律中应钟，其数六。……是月也，以立冬。先立冬三日，太史谒之天子曰："某日立冬，盛德在水。"②

这里作者已经将水德与数字六进行了关联。看来，秦始皇在秦朝建立之后明确推行"五德终始论"，但实际上这种观念在秦地早已经生根发芽。有时这种观念的影响甚至表现在方方面面，除了如上所述的政治制度、人文规制等以六为纲外，甚至在文学作品的形式方面都有鲜明体现，代表作品就是李斯的《刻石文》。李炳海先生曾对此有专文论述：

> 李斯撰写的刻石文，采用的是以六为纪的结构模式。三句一节的作品六篇，三十六句的作品每篇六章，七十二句的作品每篇六段，所有作品均是每章六句，押韵也以六为基本单位。李斯刻石文以六为纪的结构模式，与秦朝的数字崇尚直接相关。③

这从侧面能够看出这种数字崇拜影响之深远。

----

① 黎翔凤：《管子校注》，中华书局 2004 年版，157—158 页。
② 陈奇猷：《吕氏春秋新校释》，上海古籍出版社 2002 年版，第 522 页。
③ 李炳海：《于特定结构模式中寓含深层文化思想——李斯刻石文的结构模式及其源流考论》，《西部学刊》2015 年第 9 期。

关于秦对于水德与数字六的崇尚，在《应同》篇能够找到明确的内证：

凡帝王者之将兴也，天必先见祥乎下民。黄帝之时，天先见大螾大蝼。黄帝曰"土气胜"。土气胜，故其色尚黄，其事则土。及禹之时，天先见草木秋冬不杀，禹曰"木气胜"。木气胜，故其色尚青，其事则木。及汤之时，天先见金刃生于水，汤曰"金气胜"。金气胜，故其色尚白，其事则金。及文王之时，天先见火，赤乌衔丹书集于周社，文王曰"火气胜"。火气胜，故其色尚赤，其事则火。代火者必将水，天且先见水气胜。水气胜，故其色尚黑，其事则水。水气至而不知，数备，将徙于土。①

这里既全面展示出五德终始的推演脉络，同时从最后一句也能看出作者带有较为鲜明的鞭策、警醒意图："水气至而不知，数备，将徙于土。"意谓现在水气必来而代火，若不自知将时过境迁错失良机。

总之，在《吕氏春秋》成书时，秦文化中已经全面接受了这一来自齐文化的五德终始理论，并已深入人心、生根发芽。既然如此，《吕氏春秋》六论之"六"也就有了文化依托。每论6篇作品，总共36篇。从总体结构上，编著者有意将之与十二纪、八览代表的天、地参配，形成天地人三才。六论代表人，而以六代表人事，显然显示出编著者们是以秦文化为中心的理念，用秦人来代表天地人三才中的一大要素：人。

还需要注意的是，八览每览8篇，总共64篇；六论每论6篇，总共36篇。两者合起来正是100篇，是个极为完整的数字。乌恩溥先生曾说：

《周牌算经》推出勾股玄定理之后，用河图、洛书的图示来说明

---

① 陈奇猷：《吕氏春秋新校释》，上海古籍出版社2002年版，第682—683页。

三角定理。用河图来说明勾股定理。是河图中央的成数 5 作为指教三角形的顶点，将东方的成数 8 和北方的成数 6 作为直角三角形底边的顶点，计算公式 $6^2+8^2=10^2$，这样就使河图和勾股玄的定理统一起来了。①

将勾股定理与易学关联，是汉代易学的研究成果。但是，以成数 6 与 8 以乘方的方式构成代表中央的成数 10，确实是《吕氏春秋》在结构上的不自觉暗示。这同样也能看出《吕氏春秋》编撰者对易学文化的吸收与利用。

所以，《吕氏春秋》的结构总体上可以表述为天人结构，这毫无问题。但是，更为确切则可以描述为：纪、览、论三部分分别代表天、地、人，三部分构成天地人一体的宏阔结构图景。天人合一和天地人三才虽是两种观念，但是在《吕氏春秋》中有时并非非此即彼的关系，而是可以相互贯通的。

二、《吕氏春秋》其他结构中的"三才观"

《吕氏春秋》除了在纪览论三部分之间总体展现出"三才观"之外，还集中体现在《有始览》和《孝行览》之间。

《有始览》称："天地有始，天微以成，地塞以形。天地合和，生之大经也。"《有始览》从天地生成切入。上文讲以《有始览》开端的八览代指的是"地"，此处又说其从天地生成切入，代指天地。表面上看来有所矛盾，其实这跟《吕氏春秋》结构的层次性有关系，从最大的层次上看总体结构，《有始览》为代表的八览是代指地，但是从次一级的结构关系上看，

---

① 乌恩溥：《古代中国的世界图式—周易》，吉林文史出版社 1998 年版，第 82 页。

它代指天地也是没有问题的。其中有明确的"天地有始"的论述。这种因为结构的层次性而导致的具体篇目的位置意义的稍变在《淮南子》结构中也可以看到，这不是笔者的随意附会，而是这类作品的应有属性。

《有始览》从天地生成切入。《孝行览》紧随其后，也处在相当重要的位置。《孝行览》则是由人发端："凡为天下、治国家，必务其本而后末。所谓本者，非耕耘种殖之谓，务其人也。"从《有始览》到《孝行览》，依次论述的是天地人三才，《孝行览》是要强调以人为本。那么，什么又是人之本呢？相传出于曾子之手的《孝经》回答了这个问题。《开宗明义章》称："夫孝，德之本也，教之所由生也。"①《三才章》又称："夫孝，天之经也，地之义也，民之行也。"② 既然孝是德之本，又是天经地义，因此，《吕氏春秋》在《有始览》之后紧接着出现的是《孝行览》，用以体现天地人三才俱备，以人事承接天地之事。

作者以《孝行览》承接《有始览》是有意对三才观的展现，这还可从《孝行览》名称设定的先验性看出。

《吕氏春秋·孝行览》除首篇，其余七篇都是以际遇、遭际为题材。那么，这类题材与孝行是如何勾连起来？这七篇作品与《孝行》的关系如何呢？这需要从相关的具体篇目中寻找答案。

曾参是孔子的入室弟子，以孝著称。《大戴礼记》自《曾子立事》至《曾子天圆》共十篇是曾子学派的著作，其中篇题有"孝"字者三：《曾子本孝》、《曾子立孝》、《曾子大孝》。这些作品写定于《吕氏春秋》之前，《吕氏春秋》以《孝行览》名篇，和曾子对于孝的重视有密切关系。

《曾子大孝》写道："故居处不庄，非孝也；事君不忠，非孝也；莅官不敬，非孝也；朋友不信，非孝也；战阵不勇，非孝也。"③ 这段话把庄、

---

① 《孝经》，见《诸子集成补编》（一），四川人民出版社1997年版，第4页。
② 《孝经》，见《诸子集成补编》（一），四川人民出版社1997年版，第5页。
③ 王聘珍：《大戴礼记解诂》，中华书局2004年版，第83页。

忠、敬、信、勇五种美德都纳入孝的范畴，所秉持的是大孝的理念，即广义的孝，而不是只局限于对父母长辈的孝。《曾子大孝》的如上论述全部为《吕氏春秋·孝行》篇所袭用，并且字句完全相同。《孝行》篇还以此为基础作了进一步发挥："人主孝则名章荣，下服听，天下誉；人臣孝则事君忠，处官廉，临难死；士民孝则耕芸疾，守战固，不罢北。"这是把孝说成是君臣庶民都应必备的美德，孝行应该涵盖修身、齐家、治国、理政各个领域。《吕氏春秋·孝行览》和《曾子大孝》一样，秉持的是广义的孝行观念，既然如此，就使得《孝行览》所属各篇作品在选材上具有广阔的空间，而不必局限于家庭伦理范围之内。

《孝行》篇在引述《曾子大孝》关于孝的论述之后，又相继两次援引曾子的相关论述，以及曾参弟子乐正子春伤足的故事。综观《孝行》篇，其中很多论述均取自曾子学派，篇名的由来源于《曾子大孝》。

《曾子大孝》还写道"民之本教曰孝"，"夫孝，置之而塞于天地，衡之而衡于四海，施之后世，而无朝夕"。[1] 曾子反复强调孝为本，是立国之本，也是教民之本。《吕氏春秋·孝行览·本味》写道：

> 求之其本，经旬必得；求之其末，劳而无功。功名之立，由事之本也，得贤之化也。非贤，其孰知乎事化？故曰："其本在得贤"。

《本味》篇把得贤说成是建立功名之本，同样强调固本。这样一来，把际遇、遭遇这类题材纳入作品就有其合理性和必然性，《本味》篇讲述的就是圣君贤臣遇合，以及高山流水遇知音的故事。《孝行览》所选择的多是和君臣遇合与否相关的题材，很重要的一个原因就是把举贤用贤看作成事与治国之本。

---

① 王聘珍：《大戴礼记解诂》，中华书局 2004 年版，第 84 页。

曾子以孝著称，他的事迹在《吕氏春秋》成书时期已经广为传播，并且为《吕氏春秋》的编撰者所熟知。《孝行览·必己》写道："亲莫不欲其子之孝，而孝未必爱，故孝已疑，曾子悲。"这里提到有关曾子的传说，把它置于《孝行览》的末篇，再次透露出《孝行览》篇名由来与曾子学派的关联。

《孝行览》篇名的由来虽然与曾子学派密切相关，但是该篇所贯穿的以遭际、际遇为题材的线索所表达的许多理念，也是曾子学派那里见不到或是不甚明显的。如此一来，就出现了总的篇题与具体作品内容相脱节的现象。也就是说，"孝行"这个外壳根本无法涵盖后面七篇作品丰富的题材和内容。尽管《孝行览》开篇秉持的是广义、宽泛的孝行观念，但是，后面7篇作品收录的以遭逢、际遇为题材的历史传说、故事，绝大多数还是无法纳入孝行的范畴，与之相游移。从总体结构上看，作为统领篇目出现的《孝行》篇，与后面七篇作品之间缺少有机的内在联系。这体现出《孝行览》首篇设定的先验性，这种先验性表明编著者有意将《孝行》置于《有始览》之后，形成稳固的三才结构。而至于我们认为的更为重要的首篇与其后七篇间的关联性，反倒没有被重视。通过这样安排，《有始览》和《孝行览》之间首先在结构上形成了明显的三才的结构，至于更加具体的内在结构作者并没有作为重点考量，只是较为松散地随在首篇之后。

三、《淮南子》结构中的"三才观"

《吕氏春秋》结构中体现出的三才观影响深远，《淮南子》也深受影响。其在《本经训》中有："天爱其精，地爱其平，人爱其情。天之精，日月星辰雷电风雨也；地之平，水火金木土也；人之情，思虑聪明喜怒也。"①

---

① 张双棣：《淮南子校释》，北京大学出版社2013年版，第873页。

这是十分鲜明地受到三才观影响而产生的理论，这充分说明了三才观对《淮南子》的影响。那么，这种观念在结构上有所体现吗？从总体看《淮南子》结构仍然没有摆脱天人模式，即人事决定于天。一切论述都从大道与天开始，结构上也是《原道训》等开头。但是再确切一点，不难从《吕氏春秋》的结构理念得到启发：《淮南子》也致力于构建天地人的结构图景。实际情况是否如此呢？试作分析如下：

> 从篇目和次序看，《原道训》、《俶真训》、《天文训》、《地形训》、《时则训》之后分别是《览冥训》、《精神训》……。相对于《吕氏春秋》的结构，《淮南子》的结构在这个意义上显然杂糅得多。关于天，《天文训》是最为直接的篇目；关于地，《地形训》是最为直接的篇目；关于人，其后篇目皆可如是视之。但是，《原道训》、《俶真训》论大道，《时则训》论四时变化，皆可以归入"天"的范畴。也就是说，在代指"天"的篇目中，《淮南子》实杂糅了多种观念和文献来源。《淮南子》全书对于天地人三者无一缺席，其参配三才的观念是毋庸置疑的。

《要略》篇对整书而言有序言和总目的性质，能够透露编撰者的总体指导思想，其对《时则训》的描述中说："所以上因天时，下尽地力，据度行当，合诸人则，形十二节，以为法式，终而复始，转于无极，因循仿依，以知祸福，操舍开塞，各有龙忌，发号施令，以时教期，使君人者知所以从事。"[1] 这一描述虽然只是针对《时则训》一篇，但是可以显见天地人三才观念的影响。上因天时，下尽地力、合诸人则的思想不仅仅体现在这一篇之中，在全书的总体构架中同样展现出来，如上所述。总体构架中的展现和《时则训》篇中的展现，体现的正是秦汉杂家著作在结构上的层

---

① 张双棣：《淮南子校释》，北京大学出版社 2013 年版，第 2173 页。

次性问题，如上文所及。

必须承认，《淮南子》并没有像《吕氏春秋》那样以十分规整的模块进行展现，在篇目的次序罗列中夹杂了多种思想因素。这种前后篇次直线排列的表层形式和《吕氏春秋》框架式结构势必造成结构上的这种差别，但是深层的结构理念其共通之处仍是昭昭若现的。

第三节　经传结构的变形展现

经传结构是先秦诸多著作中经常使用的结构理念。先秦时期以经传结构出现的论著，较早见于《墨子》，其中的《经上》、《经下》和《经说上》、《经说下》，形成经与解的关系，经说是对经的进一步阐释和展开。而"经说"的主要形式为进一步的展开性议论，少见寓言故事，章学诚将之定位为"经传关系"（《文史通义·经解上》）。章学诚又说：

> 当时诸子著书，往往自分经传，如撰辑《管子》者之分别经言，墨子亦有《经》篇，韩非则有《储说》经传，盖亦因时立义，自以其说相经纬尔，非有所拟而僭其名也。经固尊称，其义亦取综要，非如后世之严也。圣如夫子而不必有经，诸子有经以贯其传，其义各有攸当也。"①

《墨子·经》上、下之于《经说》上、下；《韩非子》之《内外储说》；《管子》之《形势》、《立政》、《版法》、《明法》之于《形势解》、《立政九败解》、《版法解》、《明法解》等，章学诚认为是经传结构，是有道理的。从较早的《墨

---

① 叶瑛：《文史通义校注》，中华书局1985年版，第94页。

子》始，基本可以给诸子的造经和作传勾勒一个大体的轮廓：《墨子》的《经说》上、下主要是对《经》上、下的议论性展开和阐释。而至《韩非子》的《解老》、《喻老》则是对《老子》的阐释，其运用的形式包括展开议论和列举寓言故事，寓言故事也成为解经的重要手段。《内外储说》的经传关系甚为明确，经列一处在前，说列一处在后，而说（传）的形式主要为寓言故事，同时也有少数展开议论的形式。

那么，《吕氏春秋》结构中是否也有经传结构？怎样展现的呢？

通过梳理能够看出，这种经传结构的确存在，但其具体展现在《有始览》和其他篇目之间的互见关系之中，这种互见关系正是经传结构影响下的具体表现：

《吕氏春秋·有始览》与其他七览以及六论的相关篇目存在互见关系。这种互见关系承自先秦时期论著的经传结构，《有始览》起着经的统摄作用。其在编撰时坚持了篇幅大体一致的原则，对寓言故事和议论性语言进行了平衡处理。一面扩展议论性语言，一面将寓言故事简省为互见关系，避免了重文过多也避免了篇幅过短。

由于《吕氏春秋》出于众人编撰，篇章之间的互见关系较为少见，而且历来也引起颇多怀疑（如梁玉绳就表示怀疑 ①），所以有必要首先对《吕氏春秋·有始览》与其他相关篇章的互见关系做一辨析确认。下面以《有始览》中的《务本》、《谕大》和《士容论》中《务大》的关系为例进行对比：

《务大》中的寓言故事正是《务本》、《谕大》省略所指的"解"，是完

---

① 梁玉绳认为："此篇（指《务大》——引者注）几及百字与《谕大》同，盖不韦集诸客为之，失于检照。高氏屡欲载咸阳之金，何以不纠之？"梁氏怀疑《务大》与《谕大》的重文是失于检照，是众客为之所致。也就是说，梁先生认为由于两篇出于不同人之手，没有统筹编排，本不该重复的内容出现了重复。梁先生的判断中暗含了一种推断：既然两篇的作者相互之间无知、并无沟通和参校，则重复内容应该有着共同的来源，两篇之间不存在先后承自关系，而是共同袭自一处，当然也就不存在互见关系。

全有道理的。《务本》、《谕大》和《务大》确实存在互见关系，这可以从其具体叙述中见出。《务本》："解在郑君之问被瞻之义也"，解见于《务大》：

> 郑君问于被瞻曰："闻先生之义，不死君，不亡君，信有之乎？"被瞻对曰："有之。夫言不听，道不行，则固不事君也。若言听道行，又何死亡哉？"故被瞻之不死亡也，贤乎其死亡者也。①

人物为"郑君"和"被瞻"；"义"在寓言中明确出现"先生之义"；《务本》借用这一寓言故事意欲阐述的寓意为："古之事君者，必先服能，然后任；必反情，然后受。"而《务大》这个故事的寓意为：被瞻有足够的才能使言听道行的国君大受其益，与《务本》篇的论述相吻合。

《谕大》："解在乎薄疑说卫嗣君以王术，杜赫说周昭文君以安天下"，解见于《务大》：

> 薄疑说卫嗣君以王术，嗣君应之曰："所有者千乘也，愿以受教。"薄疑对曰："乌获奉千钧，又况一斤？"杜赫以安天下说周昭文君，昭文君谓杜赫曰："愿学所以安周。"杜赫对曰："臣之所言者不可，则不能安周矣；臣之所言者可，则周自安矣。"此所谓以弗安而安者也。②

《谕大》和《务大》第一则故事，人物同为薄疑、卫嗣君，内容都是王术；第二则故事人物同为杜赫、周昭文君，主旨同为安天下。《谕大》通过这两个故事意欲阐述的寓意是："定贱小在于贵大"，而《务大》这两个故事阐述的道理是：举重若轻，以"大智之言"治周实为轻松，与《谕大》

---

① 陈奇猷：《吕氏春秋新校释》，上海古籍出版社 2002 年版，第 1714 页。

② 陈奇猷：《吕氏春秋新校释》，上海古籍出版社 2002 年版，第 1714 页。

相吻合。

《务本》、《谕大》和《务大》之间的互见关系是可以确定的。经过全面系统考察，其他各篇的互见关系也均可以成立。简明起见，将对应关系列表如下：

《有始览》的相关表述	形成互见关系的篇目
《应同》篇："解在乎史墨来而辍不袭卫，赵简子可谓知动静矣！"	《恃君览·召类》
《去尤》篇："解在乎齐人之欲得金也，及秦墨者之相妒也，皆有所乎尤也。"	《先识览·去宥》
《听言》篇"解在乎白圭之非惠子也，	《审应览·不屈》
公孙龙之说燕昭王以偃兵	《审应览·应言》
及应空洛之遇也，	《审应览·淫辞》
孔穿之议公孙龙，	《审应览·淫辞》
翟翦之难惠子之法。"	《审应览·淫辞》
《谨听》篇："解在乎胜书之说周公，可谓能听矣；	《审应览·精谕》
齐桓公之见小臣稷，魏文侯之见田子方也，皆可谓能礼士矣。"	《慎大览·下贤》
《务本》："解在郑君之问被瞻之义也，	《士容论·务大》
薄疑应卫嗣君以无重税。此二士者，皆近知本矣。"	《审应览》
《谕大》："解在乎薄疑说卫嗣君以王术，	《士容论·务大》
杜赫说周昭文君以安天下及匡章之难惠子以王齐王也。"	《开春论·爱类》

以上所列的对应篇目之间均能形成良好的互见关系，而《有始》篇的情况较为复杂，与之形成互见的篇目不易寻找。"解在乎天地之所以形，阴阳材物之精，人民禽兽之所安平。"经陈奇猷先生考证，其中"阴阳材物之精"当见于《尽数》："精气之集也，必有入也。集于羽鸟，与为飞扬；集于走兽，与为流行；集于珠玉，与为精朗；集于树木，与为茂长；集于圣人，与为夐明。精气之来也，因轻而扬之，因走而行之，因美而良之，因长而养之，因智而明之。"[①]而其他两处则仍未确认，陈先生怀疑其他两

---

① 陈奇猷：《吕氏春秋校释》，学林出版社 1984 年版，第 676 页。

处应当出于脱去的一篇（《有始览》共七篇，较之其他各览少一篇）。这种推断未尽合理，因为从其他各处的互见关系看，都是"解在乎"的省略语出现在《有始览》，而"解"则分列其他部分，并不出现在《有始览》；另外，《有始》的"解在乎"，其"解"与其他六篇的"解"也存在区别。杨树达先生也发现了这一问题，即本篇的解都是议论性语言，而其他六篇的解均为寓言故事。① 总之，《有始》情况较为复杂。可以确定的是，至少其余六篇和其他相关篇章之间的互见关系是完全成立的。

《吕氏春秋·有始览》与其他篇目的这种互见关系，当是承自先秦时期论著的经传结构。

《有始览》"解在乎"的提示语和其他相关篇章形成互见关系，是承自这种经传结构。首先，"解在乎……"的表述形式，明显将相关的寓言故事称为"解"，合于经传结构其一表达术语。其次，"解"（主要是寓言故事）对《有始览》的相关论述形成了阐释和说明。所以，可以确定这种互见关系承自"经传结构"。

但《吕氏春秋》中的"解"（寓言故事），和先秦诸子典型的"传"（"解"或"说"）的差异也是很明显的。《墨子·经说》上、下，《韩非子·解老》均可以独立成篇，具有相对独立性。《韩非子·内外储说》之"说"部分所列举的传说故事蔚为大观，依附于经而存在，与经同在一篇作品之中。而《有始览》的解均见于其他独立的篇章，是其他篇章的有机部分，不能与《有始览》形成专一的对应关系，也不具有相对的独立性。所以，将之称为"互见关系"更近合理，而没有称为"经传结构"，它是传统的"经传结构"的变形展现。

《有始览》和相关篇章虽然不属于典型的"经传结构"，但在一定程度上具有经和传的关系，《有始览》发挥的是"经"的功能，起到了"综要"

---

① 陈奇猷：《吕氏春秋校释》，学林出版社 1984 年版，第 676 页。

和提摄的作用。

《有始览》与其他篇章的互见关系体现了如下原则和特征：

第一，以寓言故事为解，而以议论为"经"。

《有始览》的七篇中，除《有始》"解在乎天地之所以形，阴阳材物之精，人民禽兽之所安平"，被认为其"解"属于议论性语言外，其余六篇的"解"均为传说故事。

从先秦诸子书的经传关系看，标示为"解"的传主要运用议论性语言，很少见到寓言故事，《管子·形势解》、《礼记·经解》等都是如此。而《有始览》所设计的具有作传性质的"解"则主要是寓言故事。《有始览》存在较为明确的意识：将寓言故事作为解、作为传；相应地，将议论性语言作为经，起到提摄和综要的作用。

这可以从《有始览》的文本形态得到验证：《有始览》的 7 篇文章中，除《去尤》之外，均没有出现寓言故事，均以议论性语言出现。据统计，《吕氏春秋》八览六论 99 篇中，以单纯议论形式出现的篇章共有 12 篇，除《有始览》6 篇之外，其余 6 篇为《审分》、《不二》和《上农》、《任地》、《辨土》、《审时》占 12%，《有始览》独占 6%，同时，《有始览》7 篇中 6 篇全为议论性语言，更是高达 86%。同时，还值得注意的是《不二》篇仅存 168 字，在《吕氏春秋》160 篇中属最少者，与除《有始览》之外七览每篇平均字数为 780 字相差甚远，前人多认为《不二》有脱文，这一判断是十分合理的；而《上农》四篇则历来被认为与农书相关，多合于《亢仓子》。所以综合看来，在八览六论中议论性篇章是十分集中的，集中在《有始览》中。《有始览》以议论性语言统摄其余相关篇章的目的是十分明显的。

《有始览》与其他篇章之间的重文很多，在整部《吕氏春秋》中是最为集中的区域，绝大多数的重文都出现在《有始览》和其他相关篇章之间。《应同》同《召类》有重文，《谨听》同《观世》有重文，《务本》与《务大》有重文，《谕大》与《务大》有重文。而通观这些重文可以看出，其内容大同小异，有一个共同特点：重复文字均为议论性语言。结合"解在乎……"的省略叙述形式，能够看出，《有始览》各篇议论性语言并不是以省略的形式出现①，从而使其他篇章中的议论性语言与《有始览》出现重文。《有始览》是将相关的寓言故事处理为"解在乎……"的省略形式，使相关篇章的寓言故事同《有始览》形成互见。可见，《有始览》的行文普遍先用议论性语言进行表述，形成文本的基本形态，而将寓言故事以省略的方式加以提示，与其他相关篇目形成互见关系。

通过重文的比较可以看出，《有始览》一般都会增加对古文献的引用。如《士容论·务大》为：

> 昔有舜欲服海外而不成，既足以成帝矣。禹欲帝而不成，既足以王海内矣。汤、武欲继禹而不成，既足以王通达矣。五伯欲继汤、武而不成，既足以为诸侯长矣。孔、墨欲行大道于世而不成，既足以成显荣矣。夫大义之不成，既有成已，故务事大。②

《有始览·谕大》的重文为：

> 昔舜欲旗古今而不成，既足以成帝矣；禹欲帝而不成，既足以正殊俗矣；汤欲继禹而不成，既足以服四荒矣；武王欲及汤而不成，既足以王道矣；五伯欲继三王而不成，既足以为诸侯长矣；孔丘、墨翟欲行大道于世而不成，既足以成显名矣。夫大义之不成，既有成矣已。《夏书》曰："天子之德广运，乃神，乃武乃文。"故务在事，事

---

① 这种形式在先秦诸子的经传关系中是存在的。如《韩非子·内储说下》"说一"："势重者，人主之渊也；臣者，势重之鱼也。鱼失于渊而不可复得也，人主失其势重于臣而不可复收也。古之人难正言，故托之于鱼。"就属于议论性的解。
② 陈奇猷：《吕氏春秋新校释》，上海古籍出版社 2002 年版，第 1714—1715 页。

在大。①

两相对比，除了大同小异的重文外，《谕大》明显增加了古文献引用。值得注意的是，这种情况在《有始览》中很普遍，没有出现重文的篇章同样也多有古文献的引用，《有始览》除《有始》之外的六篇均是如此。

《应同》有：黄帝曰："芒芒昧昧，因天之威，与元同气"和《商箴》云："天降灾布祥，并有其职"。共两处。

《去尤》有：《庄子》曰："以瓦注者翔，以钩注者战，以黄金注者殆。"共一处。

《听言》有：《周书》曰："往者不可及，来者不可待。"共一处。

《谨听》有：《周箴》曰："夫自念斯，学德未暮"。共一处。

《务本》有：《诗》云："有晻凄凄，兴云祁祁。雨我公田，遂及我私。"；《易》曰："复自道，何其咎，吉。"；《大雅》曰："上帝临汝，无贰尔心。"共三处。

《谕大》有：《夏书》曰："天子之德，广运，乃神，乃武乃文。"；《商书》曰："五世之庙，可以观怪，万夫之长，可以生谋。"共两处。

六篇中共有十处引文，引用的古文献包括《诗》、《易》、《书》、黄帝书以及《庄子》，这一手法运用的密度是其他单元无法比拟的。引用古文献一方面是为了展开论述，而最主要的原因还是为了增强篇章的经典性。

这里还需要进一步说明的是，《有始》的"解"是议论性的，而《去尤》则除了议论性语言外还列出一部分寓言故事，另一部分则以互见形式见于其他篇章。《有始》的主要内容是关涉天地生成、宇宙本体的哲学概括。"天地有始，天微以成，地塞以形。天地合和，生之大经也。"②其哲学意味和

---

① 陈奇猷：《吕氏春秋新校释》，上海古籍出版社 2002 年版，第 727 页。

② 陈奇猷：《吕氏春秋校释》，学林出版社 1984 年版，第 657 页。

抽象概括性十分浓厚。正因为如此，为之作传的"解"中不出现具象性的寓言故事是合理的，其"解"仍为议论性语言。而《去尤》在处理寓言故事的时候则列出一部分、隐去一部分，议论性的特征不很明显。究其原因，在于列出的一部分寓言故事在其他的篇章中见不到，无法使用"解在乎……"的省略形式。

总体上看来，《有始览》以与之相关篇目的寓言故事为"解"、而以本身议论为"经"的原则和特征是很明显的。

第二，篇幅规模大体一致。

《吕氏春秋》各篇和各单元的字数（篇幅）是有规律的，就八览各篇平均字数来看，《有始览》为 545 字，《孝行览》为 793 字，《审大览》为 795 字，《先识览》为 767 字，《审分览》为 729 字（其中有《不二》168 字，疑有脱文，所以本单元平均字数较少），《审应览》为 786 字，《离俗览》为 799 字，《恃君览》为 779 字。除《有始览》和较特殊的《审分览》（其中《不二》篇有逸文），平均字数的波动范围在 767—799 之间。这说明众人编撰时，其对每单元以及每篇的篇幅规模有大致的控制范围。

这里还需进一步说明的是，《有始览》平均字数为 545 字，于八览中最少，与六论和十二纪持平。这也正体现了经起到综要和提摄作用的特征。据统计，先秦诸子的经传关系中，经传的篇幅是有一定规律的，即经少传多。《墨子·经上》和《经说上》比例大约为 1∶4，《经下》和《经说下》比例大约为 1∶4，《韩非子·内外储说》经和传的比例大约为 1∶6，《管子·形势》和《形势解》的比例大约为 1∶6，《版法》和《版法解》的比例大约为 1∶3，《明法》和《明法解》的比例大约为 1∶11，至于《礼记·经解》、《韩非子·解老》其中经没有单独成篇，经传的比例就更为悬殊了。可见，先秦诸子"经传关系"中的经传篇幅比例虽有具体不同，但是经短传长却是规律。结合《有始览》和其他篇章的关系考虑，《有始览》平均字数较少却也正合"经传关系"的特征和规律。

按一般原理,"经"较短小而"传"则较长,《韩非子·内外储说》就是典型。其经和说的比例达到 1:6。而《吕氏春秋》必须要保证每篇独立成文,还要保证一定的篇幅。所以"经"的部分——《有始览》就不能过于短小,而是采取了一种加以平衡的方法:将议论性文字和寓言故事区分开来,一方面使议论性的文字尽量扩展,另一方面则把寓言故事以互见形式省略。

据统计,若把各篇的所省略的"解"全部还原到《有始览》,使《有始览》成为既有议论又有寓言故事的篇章,则本单元可扩展之平均每篇 886 字,远远超出其他各览。而如果把与其他各篇的重文全部省略,则本单元可缩之平均 420 字,又远远少于其他各览。可见,《有始览》是在议论性文字和寓言故事之间采取了一种平衡,避免了重文过多和篇幅过短。

《有始览》的这一特征明显体现在各篇中。以《务本》与《务大》为例:

《有始览·务本》:

> 尝试观上古记,三王之佐,其名无不荣者,其实无不安者,功大也。《诗》云:"有渰凄凄,兴云祁祁。雨我公田,遂及我私。"三王之佐,皆能以公及其私矣。俗主之佐,其欲名实也与三王之佐同,而其名无不辱者,其实无不危者,无公故也。皆患其身不贵于国也,而不患其主之不贵于天下也;皆患其家之不富也,而不患其国之不大也。此所以欲荣而愈辱,欲安而益危。安危荣辱之本在于主,主之本在于宗庙,宗庙之本在于民,民之治乱在于有司。《易》曰:"复自道,何其咎,吉。"以言本无异则动卒有喜。今处官则荒乱,临财则贪得,列近则持谀,将众则罢怯,以此厚望于主,岂不难哉![①]

---

① 陈奇猷:《吕氏春秋校释》,学林出版社 1984 年版,第 713—714 页。

《士容论·务大》：

　　尝试观于上志，三王之佐，其名无不荣者，其实无不安者，功大故也。俗主之佐，其欲名实也与三王之佐同，其名无不辱者，其实无不危者，无功故也。皆患其身不贵于其国也，而不患其主之不贵于天下也，此所以欲荣而逾辱也，欲安而逾危也。①

　　可以看出，《有始览》的《务本》为了篇幅的展开，运用的主要手法有两个：一是通过引用古籍展开论述，如对《诗经》和《易》的引用，以及引用后的解读阐述；二是顺接上文深入论述，如"安危荣辱之本在于主，主之本在于宗庙，宗庙之本在于民……"是对上文安危论述的顺接和深入探讨。通过不同的手法，《务本》将篇幅成功拉长，但是，这种扩展有时也会带来议论逻辑的脱节和跳跃。《务本》本段文字就表现出了这个特点：其在行文逻辑上显得不够自然。

　　第一，"尝试观上古记，三王之佐，其名无不荣者，其实无不安者，功大也。"基本同于《务大》，论述重点是"功劳"或者"功劳的大小"。但是后面笔锋一转，立即成了"公私"之论。两相对比，"《诗》云：'有渰凄凄，兴云祁祁。雨我公田，遂及我私。'三王之佐，皆能以公及其私矣。"一句《务本》多于《务大》，正是此句引用将话题转向了公私之论，这样原本可以工整对应的"三王之佐"与"俗主之佐"、"其名无不荣者，其实无不安者"与"其名无不辱者，其实无不危者"以及"功大"与"无功"（功小），在添加的一句的干扰下被打破了，"功大"与"无功"相对，被迫改变为"无公故也"。这样也就能够看出，比《务大》"皆患其身不贵于国也，而不患其主之不贵于天下也"多出的一句"皆患其家之不富也，而

---

① 陈奇猷：《吕氏春秋校释》，学林出版社 1984 年版，第 1705 页。

不患其国之不大也",将《务大》中的小大对比变成了公私对比,"患其身不贵于国"、"患其家之不富"是私,"患其主之不贵于天下"、"患其国之不大"是公。毕沅认为"公亦功也,古通用"①,实际是没有看清本文的行文逻辑。

第二,再联系后文,"今处官则荒乱,临财则贪得,列近则持谏,将众则罢怯,以此厚望于主,岂不难哉!"其批评的仍然是今官的敷衍塞责,应当属于"无功",而不能笼统地称为"无公"。从此再往后看,批评的仍然是"今功伐甚薄而所望厚"、"论人,无以其所未得,而用其所已得(攻伐)"等等,都是关于"功"的论述。所以,总体看来,中间引用《诗经》引出的公私之论的确在"功大"论的夹持下显得极不自然。

第三,"安危荣辱之本在于主,主之本在于宗庙,宗庙之本在于民,民之治乱在于有司"。从前文看,这里讲的"安"、"危"、"荣"、"辱",从行文上讲应该上承"三王之佐,其名无不荣者,其实无不安者"、"俗主之佐……名无不辱者,其实无不危者"、"此(俗主之佐)所以欲荣而愈辱,欲安而益危"。"安"、"荣"当对应三王之佐,"危"、"辱"当对应俗主之佐,总体言其应该对应人臣。但是"安危荣辱之本在于主,主之本在于宗庙,宗庙之本在于民,民之治乱在于有司"的论述,其主语明显已经不是指人臣而言,而是国家社稷。所以,这里相对《务大》多出的这一论述也显得很突兀,极不自然。

与《务大》相比,《务本》在称谓、论述的衔接、论述的重心、主题等方面都表现出一定的跳跃和前后不一致。

当然,这一结果是作者始料未及的,是材料扩展、论述塞加极易带来的客观后果。但从作者的主观性看,《务本》是有机统一的,有着一致的论题和一致的风格。

---

① 陈奇猷:《吕氏春秋新校释》,上海古籍出版社 2002 年版,第 721 页。

　　《有始览》的这种行文特点，也使之产生了与其后篇目不同的行文风格。《务本》与《务大》就有迥异的风格：《务本》繁复，《务大》简明；《务本》充分展开，《务大》点到为止；《务本》是铺张型的，《务大》是浓缩型的；《务本》雄辩，《务大》平实。同是议论，却出现如此鲜明的差异。《吕氏春秋》对《有始览》和其他七览六论在议论文字数量上的安排可以说是精心调遣、匠心独运，使得论文章节呈现出多种风格。《有始览》与其他相关篇目的互见关系，具有积极的文学功能，达到良好的效果，强化了它的文学性。

　　经传结构在《吕氏春秋》中有着较为鲜明的表现，在《淮南子》中则表现得不甚鲜明，再次展现出在结构方面《吕氏春秋》理念的丰富性。

第 二 章

结构理念与结构方法（下）

第一节　以题材为线索的结构编排

所谓题材，是指"构成文学和艺术作品的材料，即作品中具体描写的生活事件或生活现象"①，主要从历史故事和事件的情节方面说。它不同于主题，主题是指"文学、艺术作品所表现的中心思想，是作品思想内容的核心"②。主要从思想主旨说。一般来说，作品的主题有时候通过议论的方式展现，有时候也可以通过故事叙述展现，而作品题材则主要从故事情节角度而言。

叙事在《吕氏春秋》中占有极大的分量，田凤台先生曾将吕书的篇章形态分为"议论＋举例"、"全部议论"等八种③，其中除"全部议论"一种外，其余几类篇目之中均有叙事成分。据初步统计，《吕氏春秋》中涉及叙事

---

① 商务国际辞书编辑部：《现代汉语词典》（双色本），商务印书馆国际有限公司 2019 年版，第 769 页。

② 商务国际辞书编辑部：《现代汉语词典》（双色本），商务印书馆国际有限公司 2019 年版，第 1040 页。

③ 田凤台：《吕氏春秋探微》，台湾学生书局 1986 年版，第 341—355 页。

的篇章共有 110 多篇，约占吕书篇目总数的 70%。《吕氏春秋》在叙事中主要以抄录、选录历史故事为主，有的学者将其定义为类书，即是基于其抄录历史故事的特征。以往的研究中，多习惯于寻找篇章的主题，或通过故事归结其主题。这样，主题其实无形之中就成为以往研究作品（尤其是诸子作品，当然也包括《吕氏春秋》）的主要角度。其实，《吕氏春秋》作为一部众人编辑之作，其中有用以观点表达的议论性篇章，但更多的是对历史故事等的收录。当然，收录过程中有时会以议论性语言等稍作串联，但其收录历史故事的痕迹仍然十分明显。与之相伴，故事的题材就成为本书编撰中重要的考量。

至于《淮南子》，全书以议论为主，议论在全书中占主导地位。其中叙事或是为议论服务的语料，或与议论相配合，根本不存在纯粹叙事的篇目。故事题材在结构编排中的作用表现得并不明显。下面主要以《吕氏春秋》为中心，选择其中的几个单元进行集中分析。

一、《孝行览》的结构与题材

《吕氏春秋·孝行览》主要是围绕个人及群体遭逢、际遇为主导线索选择相应的历史传说及故事，并且加以解说，营造出一座遭逢、际遇事象的大观园。它所选择的题材是这座大观园的建筑材料，各篇的题目相当于各类建筑景观的牌匾，带有提示指引的性质。至于其中的议论，则相当于对这座建筑所作的解说。

《孝行览》由八篇作品组成，除首篇以议论为主，其余七篇的主体均由历史传说和故事组成，贯穿的是遭逢、际遇的线索。现将各篇选入的历史传说和故事，以及所属的题材类别列表如下：

序次	篇名	历史传说、故事梗概	题材类别
1	本味	商汤求伊尹、伊尹求商汤	君臣际遇
2		伯牙、子期高山流水结知音	知己遭逢
3		伊尹以至味说汤	君臣际遇
4	首时	姜太公钓于渭以观文王	君臣际遇
5		伍子胥见吴王子	君臣际遇
6		田鸠见楚王	君臣际遇
7	义赏	晋文公用咎犯之谋而赏雍季	君臣际遇
8		赵襄子出围首赏高赦	君臣际遇
9	长攻	越灭吴	国家兴亡、君臣际遇
10		楚灭息、蔡	国家兴亡
11		赵灭代	国家兴亡
12	慎人	舜遇尧	君臣际遇、人生命运
13		禹遇舜	君臣际遇、人生命运
14		百里奚遇秦穆公	君臣际遇、人生命运
15		孔子困于陈蔡	人生命运
16	遇合	孔子不遇明君	人生命运、君臣际遇
17		越王善野音	知己遭逢
18		为人妻者被休弃	男女婚姻
19		黄帝悦嫫母	男女婚姻
20		文王嗜昌蒲菹	人与外物的因缘
21		海上之人悦有大臭者	知己遭逢
22		陈有恶人得悦于陈而获罪于楚	君臣际遇、知己遭逢
23	必己	山木以不材得善终，雁因不能鸣被杀	人与外物的因缘
24		牛缺遇盗被杀	人生命运
25		船人遇孟贲而被杀	人生命运
26		宋王寻珠竭池而死鱼	人与外物的因缘
27		张毅好恭内热而死	人生命运
28		单豹深山养生而被虎吃	人生命运、人与外物的因缘
29		孔子失马，野人拒绝子贡而悦鄙人	知己遭逢

通过上面的统计可以看出《孝行览》在题材选择和排列方面有如下特点：

第一，《孝行览》所选择的遭逢、际遇事象，在所属类型上不是平均分配，而是有所侧重，主要关注两类题材：一是君臣际遇题材，在29个案例中，和君臣际遇直接相关者12例，占总数的41%；二是人生命运题材，共有9例，占总数的31%。这两项相加，占总数的72%。《孝行览》所录历史传说和故事以君臣际遇和人生命运为题材者接近总数的3/4，所占比例很高，是《孝行览》的基本题材。至于其他几类题材，每项多者5例，少者2例，在总量和所占比例上根本与无法与君臣际遇、人生遭遇两类题材相比。

第二，《孝行览》各篇对题材类型的排列具有基本明确的分工和顺序。排在前面的《本味》、《首时》、《义赏》、《长攻》所涉题材绝大多数都属于君臣际遇和国家兴亡两种类型。至于《本味》篇的"伯牙子期高山流水结知音"的故事，也是为了说明圣臣际遇而设。文中在讲述这个故事之后写道："非独琴若此，贤者亦然。虽有贤者，而无礼以接之，贤奚由尽忠？犹御之不善，骥不自千里也。"这番议论后面紧接着是商汤对伊尹以礼相接的故事，由伯牙子期传说引出君臣际遇故事。由此可见，《孝行览》排在前面的四篇作品可以说都是以君臣际遇和国家兴亡的历史传说、故事为题材。从《慎人》篇开始，所收录的历史传说和故事转向君臣际遇、国家兴亡以外的题材，和前面四篇的题材类型明显不同。《孝行览》所属七篇作品的题材分布表明，书的编撰者已经初步具有重大题材和普通题材相区分的观念。君臣际遇、国家兴亡关系到国家的命运，属于重大题材，所以排列在前面。其他类型的历史传说、故事则属于普通题材，故安排在后面的三篇作品中。在排列次序中所体现出的重大题材和普通题材的划分，是对已有文学传统的继承和发展。

如果再考察一下《有始览》各篇对历史传说和故事的编排，还可以发现这样的规律：题材类型的转移不是一步到位，而是按照循序渐进的方式实现的。从《本味》到《长攻》四篇作品所选的历史传说、故事均属重大题材。从《慎人》开始情况发生转变，其中既有重大题材又有普通题材，有些历史传说、故事兼有两种类型的属性。《慎人》是由重大题材向普通题材的过渡篇目，在此之后的《遇合》、《必己》所收录的历史传说、故事基本上见不到重大题材，《遇合》篇的"孔子不遇明君"、"陈国恶人得悦于陈而获罪于楚"主要是着眼于人的命运，君臣际遇是次要因素。《孝行览》从重大题材向普通题材的转移，《慎人》篇是过渡环节，起着桥梁的作用。

《孝行览》所选题材侧重于君臣际遇和人生遭遇，反映出从春秋后期到《吕氏春秋》成书期间世人关注的焦点和文学潮流，可以和其他先秦诸子著作及屈原的作品相互印证。至于对重大题材和普通题材的划分，则是《诗经》编定时就已经确立的传统，《大雅》、《小雅》很大程度上就是按照重大题材和普通题材进行划分。

二、《慎大览》的结构与题材

为了进一步说明题材和结构的关系，展示题材线索在《吕氏春秋》结构中的意义，此处再选《慎大览》为例分析如下。

从总体上看，《慎大览》收录的27则故事和传说以国家大事和因顺两大题材类型为主。当然，具体说来，其中还有其他题材的故事，但都可以纳入如上两大类别之中。现将《慎大览》所收录故事、传说及题材类型列表如下：

序次	篇名	历史故事和传说	附加说明	题材类别
1		桀为无道，商汤灭之	商汤信伊尹之盟	有德灭无道，国家兴亡，任用贤人
2	慎大	武王胜殷而大行德义	有一虏道出殷之无德	有德灭无道，国家兴亡
3		赵襄子攻翟	赵襄子忧德义之不及	重道义轻战果，国家兴亡

续表

序次	篇名	历史故事和传说	附加说明	题材类别
4	权勋	鄢陵之战，竖谷阳进酒，司马子反饮酒误事	小忠害大忠	因小失大
5		假虞灭虢	小利害大利	因小失大
6		智伯攻厹繇厹繇之君贪钟失国	小利害大利	因小失大
7		齐王不善待将军而败于五国之兵。	小贪害大利	因小失大，善待贤人
8	下贤	尧善善卷		礼贤下士
9		周公旦抱少主礼遇贫穷之士七十人		礼贤下士
10		齐桓公见小臣稷	君不傲臣，臣傲君	礼贤下士
11		子产见壶丘子林		礼贤下士
12		魏文侯见段干木	翟黄好利而傲慢	礼贤下士
13	报更	赵宣孟将上之绛救助饿人，饿人舍命救宣孟		礼贤下士，反报
14		昭文君礼遇张仪，张仪反报		礼贤下士，反报
15		孟尝君在薛礼遇淳于髡，淳于髡反报于孟尝君和薛		礼贤下士，反报，因人之急
16	顺说	惠盎见宋康王		因人之欲
17		田赞衣补衣见楚王		因人之疑
18		管子和役人唱和而行		因人之欲
19	不广	鲍叔、管仲、召忽三人分侍二主		尽人之智
20		齐攻廪丘	文武兼用	尽人之智
21		晋文公欲合诸侯	举事义且利	尽人之智
22	贵因	武王使人候殷		因人之败
23		武王攻殷而不欺胶鬲		因人之欲
24		武王问殷之长者，长者爽约	纣王因人之恶	因人之欲
25	察今	循表涉水		因时变法
26		刻舟求剑		因时变法
27		引婴儿游泳		因时变法

通观上表可以看出，《慎大览》收录的故事、传说在编排上有如下特点：

第一，在 27 则故事和传说中，"因顺"题材的故事最多，一共有 13 则（从第 15 至第 27 则），占总数的 48%。其次是礼贤下士题材的故事共有 9 则（从第 7 至第 15 则），占总数的 1/3。这两种故事是《慎大览》的基本题材。

第二，《慎大览》27 则故事在排列时有着明显的规律。即，国家兴亡题材的故事排列在前，继之是礼贤下士题材，因顺题材故事虽然所占比重甚高，但是却排列最后。《慎大》篇和《权勋》篇的 7 则故事中有 5 则故事都是直接关涉国家的兴亡，"鄢陵之战"和"齐王不善待将军而兵败"两则故事虽然没有直接讲到国家兴亡，只讲到战争，但是战争显然是关涉国家兴亡的重要因素。总体看，前两篇的 7 则故事都是国家兴亡题材。国家兴亡属于重大题材，所以排在前面，这可以与《孝行览》的编排相互印证。

继国家兴亡题材之后是礼贤下士题材，共有 9 则故事，主要出现在《下贤》、《报更》两篇中。礼贤下士之所以紧随其后，原因是礼贤下士与国家兴亡密切相关。国家兴亡和礼贤下士都是国家大事，《孝行览》也将"君臣知遇"题材作为重大题材排在前面。除此之外，整部《吕氏春秋》有多篇作品都曾专论任用贤人对于国家兴亡的重要性，如《爱士》、《知士》、《慎人》、《求人》等均是如此。另外，《下贤》、《报更》两篇的 8 则故事虽然有的没有直接关涉国家兴亡和战争，但是故事主角无一例外都是一国之主或重要政治人物。所以，《慎大览》仍然是将礼贤下士作为重大题材看待。出现在最后 4 篇中的因顺题材所占比重较大。这一题材的故事虽然也有的涉及国家安危，但总体看，情节内容十分驳杂，有的从善说的角度讲，有的从用人的角度看，有的从道德角度说，不一而足，是对如何成事的宽泛探讨。特别是末篇《察今》中的"刻舟求剑"和"引婴儿游泳"属于传说，所以置于最后。尽管《慎大览》题材广泛，但都置于安邦治国主题的统辖之下。

第三，从题材的演变看，《慎大览》27 则故事表现出十分明显的过渡性。也即从篇首的国家兴亡到最后的因顺成事并非毫无关联、生硬转变，而是逐步过渡的。

《慎大》与《权勋》两篇的七则故事都属于国家兴亡题材，其在向《下贤》与《报更》的礼贤下士题材过渡时，是通过《权勋》篇的最后一则故事实现的。"齐王不善待将军而败于五国之兵"，这既是因小贪而害大利的战争和国家兴亡故事，同时也有齐王不善待贤人的情节，齐王不善待将军导致兵败，说明善待贤人的重要性，使故事顺利过渡到《下贤》篇的礼贤下士题材。同样，礼贤下士题材在向最后四篇的因顺题材过渡时，则是通过《报更》篇的最后一则故事实现的。"孟尝君在薛礼遇淳于髡，淳于髡反报于孟尝君和薛"，是典型的礼贤下士和反报题材故事，但是其中淳于髡反报主上时采用了说服的手段，在说服齐王时他因齐王之急巧妙对答，使齐王放弃攻击计划，故事最后的议论总结也极力强调这一点："见人之急也，若自在危厄之中，岂用强力哉？"所以，这则故事同时带有明显的因顺色彩，使故事自然过渡到最后的因顺题材。

前两篇的国家兴亡题材和随后的《下贤》、《报更》中的礼贤下士题材同属重大题材，《慎大览》何以将国家兴亡题材放在最前边而将礼贤下士题材随其后？其原因除了"国家兴亡"是更直接的国家大事之外，还有一个原因便是，这样安排会使整个单元题材的过渡更加自然。因顺题材是本览的主要题材，在数量上占有优势。将礼贤下士题材置于国家兴亡和因顺之间，是看中了礼贤下士题材兼具两种题材的性质，一方面礼贤下士与国家兴亡同属国家大事，另一方面礼贤下士也隐含着因顺之意。因顺有借助已有条件、已有资源之义，礼贤下士便有较为明显的借助贤人之智、贤人之能的含义。而事实也证明，在后四篇作品中确出现了不少人主借助臣下之智、臣下之能的故事。如《不广》篇"齐攻廪丘"中孔青正是借助了

81

宁越的智谋，成功地将齐国置于两难境地，使自己占据主动。"晋文公欲合诸侯"的故事也是表现晋文公尽人之智，用贤人之谋。所以，《慎大览》中的礼贤下士题材一方面具有国家大事的性质，另一方面有因顺的含义，《下贤》《报更》两篇置于第三、四篇的位置，也是为了使《慎大览》由表现国家大事的重大题材自然过渡到表现因顺的题材。

从以上两个单元的具体分析能够看出，《吕氏春秋》在收录故事过程中对故事题材有着总体的规划和安排，编撰者会以故事题材为线索进行结构规划。相同相近题材往往安排在一起，前后排列上往往按照题材是否重大等因素进行规划。在题材转移时也尽量采用过渡手段，避免生硬转折。在题材的前后排列上，《吕氏春秋》所秉持的重大题材在前、普通题材在后，君主题材在前、臣属题材在后等理念具有普遍性，天道题材在前、人事题材在后等原则具有一定的普遍性。

但是实际情况往往比设想的复杂，因为《吕氏春秋》的结构具有层次性，既有全书的总体结构，又有各单元的总体结构，还有单元内的篇目间结构，当然还有篇目内结构。上述两节主要是"单元内篇目间结构"层面，当再上升一个层面时，问题就会变得更加复杂，这时编撰者会做出怎样的安排呢？下面就以八览之间的结构为例加以分析：

三、八览之间的结构与题材

八览的每一览都是有着一定结构的整体和单元，《吕氏春秋》的编撰者在安排这些单元的时候也并非随意堆砌，而是本着一定的结构原则，从而使八览之间在总体上也呈现出生动的结构形态。现分析如下：

（一）《有始览》的统摄作用

《有始览》是八览的第一览，其首篇是《有始》。《有始》篇以及整个《有始览》对其余各览有着统揽作用，其统揽作用具体表现在如下几个方面：

第一，从首篇《有始》看，《有始》篇作为首览的首篇，其主要内容是总论天地开辟。其开篇便讲道：

> 天地有始，天微以成，地塞以形。天地合和，生之大经也。以寒暑日月昼夜知之，以殊形殊能异宜说之。夫物合而成，离而生。知合知成，知离知生，则天地平矣。平也者，皆当察其情，处其形。①

其中讲到天地合和是万物生成的"大经"，高诱认为"大经"即是"大道"，是有道理的。所以，文章伊始便开论天地开辟和万物生成的大道，而且指出人当"察其情，处其形"。

《有始》篇将"天地合和"作为"生之大经"。"平"字高诱解释为"成"，而陈奇猷先生解释为"有秩序"。实际上两种说法相近，只是陈先生的说法较具体、准确，这里取陈说。而要达到"平"，就要"察其情，处其形"，"处"高亨先生注为"审"，陈奇猷同。②此说合理，也即成事就要认真审视天地运行的情实和其形态。

《有始》篇不仅有原论天道的大段文字，更有对天地结构的罗列，分别列举"九野"、"九州"、"九山"、"九塞"、"九薮"、"八风"、"六川"，共七组物象，是对天地之道的感性显现。

吕思勉说："此篇从天地开辟说起，亦可见《八览》当列全书之首。"③而刘咸炘对吕思勉的说法并不赞同，他说："吕说未是。此览自宇宙起论，首举大同众异之义，以明全书调贯众说之故。"④刘咸炘认为《有始》篇举

---

① 陈奇猷：《吕氏春秋新校释》，上海古籍出版社 2002 年版，第 662 页。
② 陈奇猷：《吕氏春秋新校释》，上海古籍出版社 2002 年版，第 666 页。
③ 王利器：《吕氏春秋注疏》，巴蜀书社 2002 年版，第 1219—1220 页。
④ 王利器：《吕氏春秋注疏》，巴蜀书社 2002 年版，第 1220 页。

大同众异，而不同意吕思勉"从天地开辟说起"的说法，但实际上两人的观点并不矛盾。两人都是对《有始》篇的客观描述，只是刘咸炘更为具体而已。两人的共同之处是，他们都承认《有始》篇作为首览的首篇对其后各览有统揽作用。

吕思勉先生"古人论政，原诸天道"的说法是有道理的，《吕氏春秋》有较为集中的反映。十二纪之"纪首"分十二月言各月所宜，实有以天道统摄人道之意，《有始》作为八览之首，也有此意。

所以，从首篇《有始》的内容看，其篇名"有始"，意为天地万物之始。内容是总论天地开辟和万物生成的大道，是编撰者有意将其置于首篇的位置，体现的是天地大道统摄万物、统摄人事的观念。

《有始览》的第二篇是《应同》，《应同》篇正是顺承《有始》篇以天地大道统摄万物和人事的理念而布置。《应同》篇开篇就提出主要论点："凡帝王者之将兴也，天必先见祥乎下民"[①]，从一般原理上将帝王之事同天祥紧密联系在一起，开始有意将虚在的、在上的天地之道通过"应同"和人事进行关联，使《有始》篇的天地之道平稳过渡到《应同》篇对于人事、帝王之事的阐述。

第二，《有始览》和其他各览论存在互见关系，这种关系承自先秦时期的经传关系，《有始览》起着统摄其他览论的经的作用。这一点上文曾有专论，此不赘述。

（二）《有始览》、《孝行览》之间的三才观

排在《有始览》之后的第二览是《孝行览》，《孝行览》的设置是按照"天地人三才"的结构理念进行的。这一点上文也有专论，此不赘述。

---

① 陈奇猷：《吕氏春秋新校释》，上海古籍出版社 2002 年版，第 682 页。

（三）各览间的结构形态

一般说来，八览各览的故事题材与主题并不是单一的。往往是每览都有多种题材，他们之间或者存在过渡，或者重合叙述，有时会有主题的转移等。虽然各览的故事题材与主题并不单一，但是每览都有自己独到的结构安排，编撰者心目中最为重要的题材和主题往往都被安排在每览的前边。在有的览中，安排在前边的重要题材和主题并不一定是本览所占比重最大的题材和主题，如《慎大览》的主要题材是因顺，但是这一题材并没有安排在最前边。这充分证明其中有编撰者的主观意图：将重要题材安排在前，而不是按照题材故事的比重顺次排下。

每览的首篇都是本览得以命名的篇目，同时绝大多数的览首篇对其后各篇都有统摄作用，只有《孝行览》较为特殊，未能很好地统摄其后各篇。虽然首篇对后篇的统摄往往存在统摄力逐渐减弱的现象，但是，编撰者对于首篇的安排是有一定主观目的的。这也是《吕氏春秋》结构中的重要理念。从篇首开始涉及和界定的故事题材与主题是本览的核心，题材和主题在结构编排中共同起着作用，但是题材仍然是主要因素。篇首和靠前篇目是编撰者心目中的重要题材。所以，这些居于重要位置的篇目也应当成为考察八览总体结构的主要参考对象。每览靠前篇目中的故事题材是这样分布和安排的：

览名	靠前篇目的故事题材与篇章主题	分布篇目
孝行览	君臣际遇、国家兴亡	《孝行》、《本味》、《首时》、《义赏》、《长攻》、《慎人》
慎大览	有德灭无道、国家兴亡	《慎大》、《权勋》
先识览	弃无道归有德、预见、礼贤下士	《先始》、《观世》
审分览	君道，君臣有分	《审分》、《君守》
审应览	诡诈狡辩、能言善辩，君道	《审应》、《重言》
离俗览	士节，臣道	《离俗》、《高义》、《上德》
恃君览	士节，臣道	《恃君》、《长利》、《知分》

从上表可以看出，从《孝行览》开始的七览在结构安排上有如下特点：

第一，国家兴亡题材在前，其他在后；君道在前，臣道在后。

《孝行览》和《慎大览》的靠前篇目都关涉到国家兴亡题材，而其他各览则对此题材的表现并不明显。《孝行览》是《有始览》之后的第一览，其将八览的故事题材和主题引向人事，国家兴亡无疑是最根本、最重大的人事，所以，前后相次的《孝行览》和《慎大览》均在重要的靠前位置对这一题材进行表现。其余各览虽在不同位置也对这一题材有所表现，但是显然没有处于重要的靠前位置，只是次要的表现对象。

君道是对君主为君之道的表现和阐释，《孝行览》、《慎大览》、《先识览》靠前题材和主题表现君道或臣道的意图并不明显，但是，《审分览》、《审应览》两篇靠前的篇目，其题材与主题则十分明显表现的是君道。《审分览》秉持的是形而上居前、形而下居后的理念，靠前篇目的主题侧重在君道，靠后则渐次涉及为君之术和得人方法等；《审应览》秉持的是君道居前、臣道居后的理念，虽然所谓的臣道表现得并不彻底，但是，《审应》、《重言》两篇明显侧重在阐释君道，与其后篇章对比明显。

《离俗览》靠前篇章的故事题材则没有继续沿承前几览的君道居前、臣道居后的理念，而是将士节题材放在靠前位置，其后的《用民》、《适威》、《为欲》、《贵信》、《举难》等篇目则涉及君德、用人等题材。与士节题材相比，这些题材显然更适于表述为君道，是对君主德行、君主行为的表现。由此看来，《离俗览》将臣道居前、君道居后，改变了前几览的一贯传统。《恃君览》靠前篇目涉及士节题材，而《达郁》、《行论》、《骄恣》等其后篇目则涉及主行、听谏等题材。很明显，《恃君览》也没有秉持君道居前的理念，而是将臣道居前、君道居后，这与前文《孝行览》、《慎大览》等有区别。

这一方面说明每一览在内部的结构安排上理念不同、形态各异，另一方面也说明，八览之间在结构上能体现编撰者的有意安排。编撰者对每览中以第一篇为代表的重要篇目，按其所表现的题材和主题进行比较安排，将表现君道的篇目置于前，而将表现臣道的置于后，八览之间总体上体现出来的仍然是君道先于臣道的理念。其结构可大致示以下表：

览目及次序	理念一	理念二	理念三	理念四
有始览	统摄八览	天地人一体		
孝行览			重大题材	
慎大览				
先识览			其他题材	君道
审分览				
审应览				
离俗览				臣道
恃君览				

可见，《吕氏春秋》八览的结构安排属多种理念叠加，这些结构理念又有层次区分，它们依次推进，最终造就了八览的结构特点。

编撰者对《离俗览》、《恃君览》的编排没有坚持常用的君在前臣在后的方式，而是相反。看似是对一贯结构方式的溢出，实际上从结构层次上看，恰恰是编撰者在更高层次结构上的安排和考量。从这里看，《吕氏春秋》秉持的是高层次结构优于低层次结构的理念，也就说，单元内篇章间结构虽是重要的方面，但是有些结构理念没有贯彻，显然是因为出于对高一级结构（八览之间结构）的考量。在这一结构中又同时叠加了多种理念，这些理念的叠用虽然复杂，但不驳杂，仍然能够看出从理念一到理念四的轻重使用。所以，《吕氏春秋》的结构理念是复杂的，但不是驳杂的，是有迹可循的，但不是单一的。这种结构层级更加指向上级的做法明显显示出《吕氏春秋》在总体结构上的自觉性。

第二节　辩证与互补的结构方式

上述结构理念和结构方法，由于两书存在的天然差异，有的并没有对等地体现在两部书之中，表现出各自的偏重。而辩证和互补是杂家作品的重要结构理念，这一特征则在两部书中都有所展现。

一、《孝行览》各篇间的结构关系

虽然《孝行览》与后面七篇作品相疏离，但是后面七篇作品却是作为一个有机的整体出现的。围绕遭逢、际遇所收录的历史传说、故事，每篇各有自己的侧重点，有的还出现前后两篇作品互补的结构。无论是单篇独立，还是两篇为一组，其所持的理念都具有辩证性，形成了合理的结构。

《本味》篇主要叙述商汤、伊尹君臣遇合的故事，是圣君贤臣遇合的典型事例。文中从君和臣两方面进行论述："故贤主求有道之士，无不以也；有道之士求贤主，无不行也。"这是强调圣主和贤臣相互需要，不可能独自建功成名。文中既讲述商汤对伊尹以礼相待，又用巨大篇幅叙述伊尹以至味讽喻商汤，体现出臣下的忠诚。这篇作品兼顾圣主贤臣两个方面，在观点及作品结构上都具有辩证的特点。

继《本味》篇之后是《首时》，文中写道：

> 水冻方固，后稷不种，后稷之种必待春，故人虽智而不遇时无功。……事之难易，不在小大，务在知时。

这是强调遇时是事情成功的关键，如果只有主观方面的条件，而没有遇到有利的时机，还是无法取得成功。文中又写道："天不再兴，时不久留。"这是强调充分利用到来的机遇，而不要错失良机。这两段话语一者强调待时，一者强调用时。《首时》篇对人生际遇的上述观点与《国语·越语》所载范蠡话语一脉相承："时不至，不可强生；事不究，不可强成。"①这是强调在条件不具备的情况下要等待时机、不可躁动。范蠡又称："得时无怠，时不再来。天予不取，反为之灾。"②这是强调充分利用到来的机遇，而不要使机遇丧失。由此看来，《首时》强调对时机的等待和把握，其基本观点和所用话语都和范蠡的论述极其相似，二者具有渊源关系。

篇名"首时"，另本又作"胥时"，"胥"为察看、等待之义。这是因为未能理解"首"字的特殊含义而作的妄改。"首"，有时做动词，指头脑所向。《楚辞·九章·哀郢》："鸟飞反故乡兮，狐死必首丘。"洪兴祖补注："古人有言曰'狐死正丘首，仁也。'"③洪兴祖所引古人之言见于《礼记·檀弓上》，对此，孙希旦作了如下解释："丘是狐窟穴根本之处，死时犹向此丘，是有仁恩之心。"④孙希旦释"首"为"向"，道出了"首"字在这里的特殊用法。这样看来，《首时》指的是头脑向着机遇，亦即关注机遇之义，篇题及其文中所选择的传说故事都贯穿这种理念，即对机遇的把握利用。既要等待机遇，又及时地利用机遇。

《义赏》所选择的两个故事都以君臣遇合为题材，展示的是两种类型的君臣遇合。晋文公在城濮之战中采纳咎犯的建议而取胜，战后赏赐的却是反对诈伪之道的雍季。晋文公与咎犯是在战术上和军事领域的君臣遇合，晋文公与雍季则是在战略上和道德层面上的君臣遇合。张孟谈为解赵襄子的晋阳之围立下大功，对敌方使用的是离间计。他和赵简子在战术上君臣遇合，高赦在战后得到首赏，因为他恪守君臣之礼，这是在政治、道

---

① 徐元诰：《国语集解》，中华书局 2002 年版，第 578 页。
② 徐元诰：《国语集解》，中华书局 2002 年版，第 584 页。
③ 洪兴祖：《楚辞补注》，中华书局 1983 年版，第 136 页。
④ 孙希旦：《礼记集解》，中华书局 1998 年版，第 184 页。

德层面上与赵襄子遇合。《义赏》篇出现两种类型的君臣遇合：一者着眼于现实、具体战术；一者关注长远、根本。作者对这两种类型的君臣遇合都持肯定态度，但更欣赏立足于长远、着眼于根本的君臣遇合，所持理念同样具有辩证性。

《孝行览》的《长攻》和《慎人》围绕际遇的天和人两方面进行议论叙事，构成互补互动的关系。《长攻》强调的是所遇在天，文中写道：

> 故桀、纣虽不肖，其亡遇汤、武也，遇汤、武，天也，非桀、纣之不肖也。汤、武虽贤，其王遇桀、纣也，遇桀、纣，天也，非汤、武之贤也。

这里是从两方面进行议论：从亡国之君夏桀、商纣方面来看，他们遇到商汤王和周武王是天命，因此亡国；从商汤王、周武王方面来看，他们遇到的对手是夏桀、商纣，这也是天命使得他们能够成功。文中选择楚王灭息、蔡，赵简子灭代，也是用以说明机遇来自天命。楚王、赵简子所灭掉的息、蔡、代的君主都是心理不设防、军事上无戒备的诸侯国，对于楚王、赵简子而言，这种幸运是从天而降。对于被灭掉的息、蔡、代三国君主而言，他们面对的都是以亲善面目出现的强敌，这是祸从天降。文中还以农业生产作比喻："始在于遇时雨，遇时雨，天地也，非良农所能为也。"这是强调天命的不可改变、不可抗拒，人的所作所为必须有天助才能成功。

《长攻》突出天命的重要，《慎人》则强调人的自身所为很重要，不能放弃自身的努力和持守。开篇写道："功名大立，天也。为是故因不慎其人，不可。"这段论述是承前篇《长攻》而来，起着相互照应的作用。开篇点出"不慎其人，不可"的主题，把叙事议论的重点由天转到人。后面列举的传说故事涉及舜、禹、百里奚、孔子，都是用以突出人自身所作所为的重要性。舜、禹是亲民利民的典型，百里奚、孔子是遭遇磨难而自强不息的角色，以此说明圣贤的成功与自身的砥砺磨炼密不可分。舜、禹传说取自《尚书》，百里奚传说由春秋时期晋灭虢衍生出来，而孔子传说则取自《庄子·让王》，带有明显的道家情调。篇名"慎人"一本作"顺人"，这是由于不理解本篇主旨而妄改，不可取。

《孝行览》最末两篇是《遇合》、《必己》，它们同样构成辩证的互补关系。《遇合》开篇写道：

> 凡遇，合也。时不合，必待合而后行。

讲到"遇"必须要等待时合，若是时不合则人之所遇就极难料定。这种情况下，人的遭逢、际遇不会因为人自身的素质和努力而改变，《遇合》篇的一系列故事正是说明了这个道理：孔子德能但是不遇明君，为人妻者贤良却遭到休弃，嫫母丑陋却得到恩宠，恶人在陈得到宠爱在楚却恰恰相反等等，都说明人生际遇实为难以料定，并无一定准则。

《必己》篇首先提出"外物不可必"的命题，然后用一系列历史事实加以印证。上面一段话出自《庄子·外物》，只有个别文字稍异，《外物》也是把这段论述置于篇首。这里的外物指在人本身之外的客观存在。对于"必"字，尹黎云先生有如下解说：

> 必……甲骨文与弋同字，可知必和弋古文是同字异词。弋用以象形，以其用来取准，古文从弋指事可表示准义。段玉裁云："极犹准也，"正得其义。……可见必的本义是准。《论语·子罕》："毋意，毋必，毋固，毋我。"何晏注："用之则行，舍之则藏，故无专必。"就是说人做事不要死守固定的标准。准则令人信服，故引申必有信义。①

----

① 尹黎云：《汉字字源系统研究》，中国人民大学出版社 1998 年版，第 214—215 页。

　　"必"指的是准则、信，"外物不可必"就是说外物不可信，对外物不能奉为准则。"外物不可必"的说法虽然出现在《必己》篇，但其实也同样可以用以总结《遇合》篇的主旨。《遇合》篇的七则历史传说、故事暗示的都是遇合无常的道理，其原因也就在于外物无定准、不可信。

　　既然外物不可信、不能奉为准则，那么面对与外物的遭际，人该如何处理呢？《必己》篇除明示了"外物不可必"的主题外，实际上还对这个问题进行了回答。《必己》列举一系列事象，继续证明"外物岂可必哉！"作品结尾给出如下结论：

> 　　君子之自行也，敬人而不必见敬，爱人而不必见爱。敬爱人者，己也；见敬爱者，人也。君子必在己者，不必在人者也。必在己无不遇矣。

　　这里明确提出"必在己"，指相信自己、本身有准则、有一定之规。以此处世则无所不遇，实际是不为外物所拖累。《遇合》的主旨是人生际遇难料定，《必己》除了阐述"外物不可必"还明确提出"必在己"，这两篇在探索物我关系过程中有重合的内容，同时也形成互补，带有鲜明的辩证性。

　　综上所述，作为《孝行览》主体的七篇作品，其主旨具有辩证的特点，或是同一篇的主旨兼顾事情的两个方面，或是上下两篇构成互补关系。对此，可列表明示如下：

篇名	主旨	与其他篇目的关联
本味	圣君用贤臣，贤臣求圣君	
首时	等待时机、不失时机	
义赏	君臣遇合的现实功用和长期效应	
长攻	成败在于天	与《慎人》篇互补
慎人	不慎其人不可	与《长攻》篇互补
遇合	人生际遇难料定	与《必己》篇互补
必己	君子必在己	与《遇合》篇重合、互补

上表表明，作为《孝行览》主体的七篇作品，它们的排列次序遵循既定的规则：辩证性题旨在同一篇作品中提出者排在前面，两篇形成互补结构的作品排在后面。在此过程中，还要兼顾重大题材与普通题材的区别，重大题材在前、普通题材在后。《孝行览》主体的七篇作品都是遵循上述原则进行选材、排列，形成独特的结构形态，从中可以看出编撰者的惨淡经营、匠心独运。

从对《孝行览》的分析可以看出，遭逢际遇的故事题材是贯穿本单元的主导线索。这些故事在排列的时候遵循重大题材在前、一般题材在后的原则，重大向一般题材的转变是以渐进的方式实现。首篇《孝行》与其后各篇之间有脱节现象，但是在求"本"一点上与后篇连接，同时对广义"孝"的论述也赋予其广阔的统摄能力。各篇作品有的在一篇内部存在辩证关系，有的是两篇之间形成辩证。

当然每单元的情况各有差异，有的单元题材较为驳杂，贯穿整个单元的线索也并非故事的题材一致，而是某种理念。首篇对其后各篇能形成良好的统摄关系；同时，多篇之间也会形成互补，而不止是两篇之间的两两辩证。下面以《慎大览》为例进一步分析。

二、《慎大览》各篇间的结构关系

《慎大览》八篇作品在结构上体现出十分明显的辩证性和互补性。有的是一篇之中从问题的两个方面展开叙事和议论，有的则是两篇之间形成辩证关系，还有的是三篇之间形成互补。

《慎大》篇是本览的首篇，在于强调人主当谨慎对待国家大事、当居安思危，《权勋》篇主旨在于圣人当权衡小大、去小取大。二者主旨一致，都在提示君主当谨慎于国家大事。但具体而言，如何做到谨慎于大事，《慎大》和《权勋》从不同角度作出了回答。《慎大》篇认为"有德"和"道

93

义"对君主而言十分重要，其中的三则故事均突出有德和行道义能兴国，而反之则会失败、亡国。《权勋》篇则认为处理好小与大的关系十分重要，君主切不可因小失大，其中的四则故事均是从反面讲君主因小失大、造成亡国败战，提示君主应去小取大，实现兴国重任。

这两篇是从不同角度对"慎大"的阐释，同时，每篇之中又存在着十分明显的辩证性。《慎大》篇的三则故事中前两则以有德者（汤、武王）和无道者（桀、纣）相对，既突出明君因有德而兴，同时也突出了昏君因无道而亡。最后一则故事"赵襄子功翟"则是突出了道义与临时战果的辩证关系。赵襄子取得了临时的战果，但是他更重视长远的道义，这显然也是编撰者的观点。所以，《慎大》篇的叙事与议论体现出十分明显的辩证性。

《权勋》篇的辩证性特点表现最为明显，即小与大的辩证，是在小功和大功之间考量得失，当然编撰者最终的意指是去小而取大。

《下贤》和《报更》二篇的辩证性表现得也十分明显。《下贤》篇的礼贤下士题材故事是从君与臣两方面进行叙述和议论的。"尧善善卷"、"周公旦礼贤士"、"子产见壶丘子林"侧重从君和用人者方面进行叙述，突出了上对下的礼遇。而"齐桓公见小臣稷"、"魏文侯见段干木"则同时从君臣两个方面进行叙述，一方面仍突出君对臣的礼遇，另一方面又突出了臣下不可傲君。桓公见小臣稷一日三至而不得见，小臣稷作为臣下确属傲慢；翟黄受实利颇多，但是对文侯也十分傲慢无礼，文侯最终还是礼遇了不受实利、更为高尚的段干木。可见，作者是在君臣之间探讨礼贤下士的问题。君应礼贤，臣也应该有相应的积极举动，而不应过于傲慢，实际上是强调了君臣相知。

《报更》篇的三则故事一方面突出上对下、用人者对被用者的礼遇，而另一方面强调下对上、被礼遇者对用人者的报答，是从施和报两方面进行叙述。

这里需要注意的是，《下贤》、《报更》两篇除每篇中体现出较为明显的辩证性，这两篇之间还体现出明显的互补。《下贤》篇虽然强调了君臣相知，但是其中的具体故事，更侧重于从君的角度叙述，篇名更是明显地体现出其侧重君主下贤的理念，侧重于施恩。而《报更》的篇名则透露出其有施必报的理念，是指得到恩惠的一方报偿施主。所以这两篇之间在总体上是形成了辩证互补。这种每篇内部、两篇之间同时相互补充的情况，可以称为双重辩证。

《慎大览》的最后四篇是因顺题材，收录的故事较为驳杂，但仍能看出这些篇章和故事之间形成了互补关系。

《顺说》篇三则故事突出的是"因人之欲"，其中第二则故事"田赞衣补衣见楚王"，田赞充分利用楚王的疑问和好奇心，以使其进一步发问。《不广》篇三则故事突出的是"因人之智"。《贵因》篇三则故事突出"因敌之败"和"因人之欲"。而《察今》篇则突出"因时变法"的重要性。所以，末四篇对因顺题材的探讨是照顾到了问题的各个方面。总体看，是因人和因时两大部类，具体看，因人又有"因人之智"、"因人之欲"、"因人之败"诸多情况。他们相互之间调剂互补，共同阐述了因顺的丰富内涵。对此，可列表明示如下：

篇名	主旨	辩证与互补的体现
慎大	谨慎于大，居安思危	有德与无道
权勋	去小取大，不可因小失大	小与大
下贤	圣主当礼贤下士	君与臣，与《报更》互补
报更	人主能爱士，则士必报偿	君与臣，与《下贤》互补
顺说	因人之力以自为力	与《不广》、《贵因》、《察今》互补
不广	不旷废人事	与《顺说》、《贵因》、《察今》互补
贵因	因则无敌	与《顺说》、《不广》、《察今》互补
察今	因时变法	与《顺说》、《不广》、《贵因》互补

上表显示，辩证性题旨在同篇中提出的排在前边，《慎大》、《权勋》属于这种类型。而两篇之间形成辩证的紧随其后，《下贤》、《报更》属于这种类型。多篇之间形成互补的则放在最后，《顺说》、《不广》、《贵因》、《察今》属于此种类型。《慎大览》篇目及其相关物类事象的排列，遵循着既定的规则，而这种规则是编者确定的。

通过对《慎大览》的分析可以看出，本单元仍然存在的结构特征包括：篇章所选取历史故事的题材由重大到一般的渐进式转变，篇章内部和篇章间的辩证关系，以及设置了一条主导性的线索。同时，其与《孝行览》的主要差异表现在：一是，本单元的主导线索是《慎大》所确立的"有德"与"道义"的理念，而不仅仅是故事的题材一致；二是，多篇作品间体现出互补关系，不仅仅表现为两篇间的辩证关系。

这样的结构在十二纪中也可以看到，比如《孟春纪》中《本生》、《重己》和后两篇《贵公》、《去私》形成的辩证。这种辩证关系和互补关系是《吕氏春秋》结构中较为普遍的现象，背后映射的是编撰者的辩证性思维和全面思维。这在《淮南子》中同样有所展现。

三、《淮南子》结构的辩证与互补

《要略》为我们提供了研究《淮南子》结构的重要依据和参照，但是这显然并非本书结构特征的全部。对于篇章间的关系，显然还有广阔的探索余地。本节对于《要略》已经提及的和较为鲜明的结构关系（如《原道训》到《时则训》形成的从天到地的理论基础构建等）将不再重复。将立足文本和篇目，着力探索《要略》未曾提及的篇章间结构关系。

（一）相同主题的辩证互补——《主术训》和《缪称训》的辩证互

补关系

《主术训》和《缪称训》列在《本经训》之后，《本经训》的主旨是宣扬天人和顺的太清之治，属于治国题材。《主术训》和《缪称训》沿承了这一题材，仍旨在讲述治国治理之事。但是在主题上却各有偏重，形成辩证与互补。

首先看《主术训》，高诱注："主，君也。术，道也。君之宰国统御臣下，五帝三王以来，无不用道而兴，故曰主术也。"[1]

《要略》讲：

> 主术者，君人之事也，所以因作任督责，使群臣各尽其能也。明摄权操柄，以制群下，提名责实，考之参伍，所以使人主秉数持要，不妄喜怒也。其数直施而正邪，外私而立公，使百官条通而辐辏，各务其业，人致其功，此主术之明也。[2]

高诱突出了本篇讲"道"的特点，《要略》则说得更加明了切实："明摄权操柄，以制群下"，认为此篇讲的就是君主的统摄驾驭之术。《要略》所言确更加切实，认为"主术"即是君主之术，高诱所言则有意将"术"与"道"结合，稍显玄虚。何以会有如此差异？纵观全文不难看出，本篇实有过渡：从上篇《本经训》的和顺太清之治，逐渐向君主统摄之术过渡，而全篇的重点则无疑在后。

《主术训》开篇讲：

> 人主之术，处无为之事，而行不言之教，清静而不动，一度而不

---

① 张双棣：《淮南子校释》，北京大学出版社 2013 年版，第 904 页。

② 张双棣：《淮南子校释》，北京大学出版社 2013 年版，第 2173—2174 页。

摇，因循而任下，责成而不劳。是故心知规而师傅谕导，口能言而行人称辞，足能行而相者先导，耳能听而执正进谏。是故虑无失策，谋无过事，言为文章，行为仪表于天下，进退应时，动静循理，不为丑美好憎，不为赏罚喜怒，名各自名，类各自类，事犹自然，莫出于己。①

《主术训》开篇讲了人主无为、不言、一任自然等观点，与上篇《本经训》一脉相连。因为这些观点严格讲来并不属于"术"的范畴，仍然与《本经训》中的天人和顺一脉相承。以至"昔者神农之治天下也，神不驰于胸中，智不出于四域，怀其仁诚之心，甘雨时降，五谷蕃植，春生夏长，秋收冬藏。……末世之政则不然……"② 对比神农与末世，同时突出神不外驰，也仍然是《本经训》的论证模式和主题。可以看出，《主术训》的前文是自然沿承了《本经训》。

沿着这一思路，《主术训》又顺次抛出了系列观点：

第一，"刑罚不足以移风，杀戮不足以禁奸，唯神化为贵，至精为神。"③ 主张君主诚心而施政，"至精入人"④，反对仅凭刑戮禁绝。所以，作者补充道："故太上神化，其次使不得为非，其次赏贤而罚暴。"⑤

第二，主张无为，而不十分提倡任才。"由此观之，无为者，道之宗。

① 张双棣：《淮南子校释》，北京大学出版社 2013 年版，第 904 页。
② 张双棣：《淮南子校释》，北京大学出版社 2013 年版，第 909 页。
③ 张双棣：《淮南子校释》，北京大学出版社 2013 年版，第 915 页。
④ 张双棣：《淮南子校释》，北京大学出版社 2013 年版，第 923 页。
⑤ 张双棣：《淮南子校释》，北京大学出版社 2013 年版，第 924 页。

故得道之宗，应物无穷；任人之才，难以至治。"①"不因道之数，而专己之能，则其穷不达矣。故智不足以治天下也。"②

这些观点与《本经训》以来讲求清净内守、以合天道的理论仍然是相承的。但很显然，作者对于无为的认识却没有止步于无所作为的"无为"。

《主术训》中对于任贤与否的论述是本篇的重要转折，其中貌似有诸多矛盾，但是反映出作者的变通与发展：

> 由此观之，无为者，道之宗。故得道之宗，应物无穷；任人之才，难以至治。

> 汤、武，圣主也，而不能与越人乘干舟而浮于江湖；伊尹，贤相也，而不能与胡人骑骐骥马而服骆駼……不因道之数，而专己之能，则其穷不达矣。……由此观之，勇力不足以持天下矣。智不足以为治，勇不足以为强，则人材不足任，明也。而君人者不下庙堂之上，而知四海之外者，因物以识物，因人以知人也。故积力之所举，则无不胜也；众智之所为，则无不成也。③

在前后相连的这几段文字中，作者时而讲人才不足任，时而又说众智之所为。表面看来，确有混乱。但这正反映出作者对"无为"的变通："无为"不是无所作为，"不任才"不是一点智力都不用。而是君主不能专任一己之才智，而应任用众人之智。"无为"成为"因道之数"地作为。

有了这一变通，下文中作者虽也时而论道，但主要笔墨都集中到了本篇的真正主旨上来：君主的驾驭之术。具体说来，文章列举如下几项君主之术：

---

① 张双棣：《淮南子校释》，北京大学出版社 2013 年版，第 929 页。
② 张双棣：《淮南子校释》，北京大学出版社 2013 年版，第 930 页。
③ 张双棣：《淮南子校释》，北京大学出版社 2013 年版，第 929—930 页。

第一，重为惠、重为暴，赏罚有明。"是故重为惠，若重为暴，则治道通矣。为惠者，尚布施也。……是故明主之治，国有诛者而主无怒焉，朝有赏者而君无与焉。"①

可以看出，这不同于一般意义上的赏罚分明，这一理论仍然是在其"无为"论的指导之下，明主赏罚的无为正体现在：虽有诛赏，但君主无怒、无与。不同于为惠、为暴之"为"。

第二，乘众势、御众智。

文中有："人主覆之以德，不行其智，而因万人之所利"②。

第三，君臣异道。"主道员者，运转而无端，化育如神，虚无因循，常后而不先也。臣道方者，论是而处当，为事先倡，守职分明，以立成功也。是故君臣异道则治，同道则乱。各得其宜，处其当，则上下有以相使也。"③《吕氏春秋·圆道》有类似论述：

> 天道圆，地道方。圣王法之，所以立上下。何以说天道之圆也？精气一上一下，圆周复杂，无所稽留，故曰天道圆。何以说地道之方也？万物殊类殊形，皆有分职，不能相为，故曰地道方。主执圆，臣处方，方圆不易，其国乃昌。④

可以看出，两者有鲜明的承续关系。

第四，慎言慎行。"是故人主之一举也，不可不慎也。"⑤《吕氏春秋·慎大览》等有相似论述：

---

① 张双棣：《淮南子校释》，北京大学出版社 2013 年版，第 941 页。

② 张双棣：《淮南子校释》，北京大学出版社 2013 年版，第 942 页。

③ 张双棣：《淮南子校释》，北京大学出版社 2013 年版，第 950 页。

④ 陈奇猷：《吕氏春秋新校释》，上海古籍出版社 2002 年版，第 174 页。

⑤ 张双棣：《淮南子校释》，北京大学出版社 2013 年版，第 957 页。

故贤主于安思危，于达思穷，于得思丧。《周书》曰："若临深渊，若履薄冰。"以言慎事也。①

也可看出，两者主张近同。

第五，善用法、术、势。

文中有关于"法"的论述："治国则不然，言事者必究于法，而为行者必治于官。上操其名以责其实，臣守其业以效其功，言不得过其实，行不得踰其法，群臣辐辏，莫敢专君"②。

关于"权势"的论述："权势者，人主之车舆；爵禄者，人臣之辔衔也。是故人主处权势之要，而持爵禄之柄，审缓急之度，而适取予之节，是以天下尽力而不倦。夫臣主之相与也，非有父子之厚，骨肉之亲也，而竭力殊死，不辞其躯者，何也？势有使之然也。"③

关于"术"的论述："故法律度量者，人主之所以执下，释之而不用，是犹无辔衔而驰也，群臣百姓反弄其上。是故有术则制人，无术则制于人。"④

法、术、势的治国主张先秦法家已经提出，在这里，作者显然有意将之涵盖在"道"和"无为"的大伞之下。在他的融通之下，法术势、慎言行、御众智等冷冰冰的政治手腕都有了形上的理论依据。用智还是不用智？赏罚还是不赏罚？用法还是不用法？这些看似矛盾的问题也随之迎刃而解。

《缪称训》紧随其后，在结构上与《主术训》形成辩证互补。论证如下：

关于《缪称训》的主题，根据《要略》说：

---

① 陈奇猷：《吕氏春秋新校释》，上海古籍出版社 2002 年版，第 850 页。

② 张双棣：《淮南子校释》，北京大学出版社 2013 年版，第 962 页。

③ 张双棣：《淮南子校释》，北京大学出版社 2013 年版，第 967 页。

④ 张双棣：《淮南子校释》，北京大学出版社 2013 年版，第 995 页。

> 缪称者，破碎道德之论，差次仁义之分，略杂人间之事，总同乎神明之德。假象取耦，以相譬喻，断短为节，以应小具，所以曲说攻论，应感而不匮者也。①

看来，本篇是要论仁义道德，并以神明之德涵盖统摄。本篇习惯性地在篇首冠以大道和体道的论说：

> 道至高无上，至深无下，平乎准，直乎绳，圆乎规，方乎矩，包裹宇宙而无表里，洞同覆载而无所碍。是故体道者，不哀不乐，不喜不怒，其坐无虑，其寝无梦，物来而名，事来而应。②

这预示着本篇仍将有意以大道统摄。随之，"主者，国之心。心治则百节皆安，心扰则百节皆乱。故其心治者，支体相遗也；其国治者，君臣相忘也。"③再次照应了《本经训》、《主术训》以来的至高的治国境界。但是，本篇显然没有仅仅重复《本经训》的主旨，更没有延续《主术训》指明帝王手段和治国之术，而是将治国话题引向了君主的自我修养。

在作者看来，道、德、仁、义出于不同的层次和境界：

> 道者，物之所导也；德者，性之所扶也；仁者，积恩之见证也；义者，比于人心而合于众适者也。故道灭而德用，德衰而仁义生。故尚世体道而不德，中世守德而弗坏也，末世绳绳乎唯恐失仁义。君子非仁义无以生，失仁义则失其所以生；小人非嗜欲无以活，失嗜欲则失其所以活。故君子懼失仁义，小人懼失利，观其所惧，知各殊矣。

---

① 陈奇猷：《吕氏春秋新校释》，上海古籍出版社 2002 年版，第 2174 页。
② 陈奇猷：《吕氏春秋新校释》，上海古籍出版社 2002 年版，第 1058 页。
③ 陈奇猷：《吕氏春秋新校释》，上海古籍出版社 2002 年版，第 1058 页。

易曰："即鹿无虞，惟入于林中，君子几不如舍，往吝。①

从层次上看，仁义是末世之政。但文中紧接便对君子和小人进行了区分，这里的君子显然是近仁义者，虽然是作者赞颂的对象，但显然也算不上其理想中的至高境界。

"君子"一词在《淮南子》中出现72次，仅《缪称训》就出现31次，是《淮南子》中出现频次最高的篇目。从此可见一斑：本篇实有退而求其次之意。除论至高的体道治国，实际更重论仁义修养。从仁义修养、君子品格等方面论说治国之要。

在作者看来，要达到良好的治国境界，需要君主的自我修养。具体说来，主要有如下几项内容：

第一，积善成德。文中有言：

圣人为善，非以求名而名从之，名不与利期而利归之。……积薄为厚，积卑为高，故君子日孳孳以成辉，小人日怏怏以至辱。②
君子不谓小善不足为也而舍之，小善积而为大善；不谓小不善为无伤也而为之，小不善积而为大不善。是故积羽沈舟，群轻折轴，故君子禁于微。③

劝诫统治者为善，积善成德，勿以善小而不为。这是本篇经常出现的内容，多处可见。当然，劝诫统治者谨言慎行、防微杜渐、见微知著也是其中的应有之意，相关论述并有很多。此处略论。

第二，情系于中，精诚以对，内求诸己。

---

① 陈奇猷：《吕氏春秋新校释》，上海古籍出版社2002年版，第1058页。
② 陈奇猷：《吕氏春秋新校释》，上海古籍出版社2002年版，第1080—1081页。
③ 陈奇猷：《吕氏春秋新校释》，上海古籍出版社2002年版，第1125页。

《缪称训》花了大量笔墨用以论述"情系于中"的重要性，粗略看来大概占了全篇三分之一的篇幅。

> 用百人之所能，则得百人之力；举千人之所爱，则得千人之心；辟若伐树而引其本，千枝万叶则莫得弗从也。慈父之爱子，非为报也，不可内解于心；圣王之养民，非求用也，性不能已；若火之自热，冰之自寒，夫有何修焉？及恃其力，赖其功者，若失火舟中。故君子见始斯知终矣。媒妁誉人，而莫之德也；取庸而强饭之，莫之爱也。虽亲父慈母，不加于此，有以为，则恩不接矣。故送往者，非所以迎来也；施死者，非专为生也。诚出于己，则所动者远矣。①

另如：

> 身君子之言，信也；中君子之意，忠也。忠信形于内，感动应于外。故禹执干戚，舞于两阶之间，而三苗服。②

作者看来，只有精诚以对，才能用人之才，才能服悦臣众。只有"内求诸己"的修养，方可服众。当然，上文所讲的积善成德也被作者涵盖在了这一理论之中，发乎真情地为善，方能动远服众。

本篇从表面看温情脉脉，具有十分明显的先秦儒家仁政色彩。以至于杨树达也说：

> 此篇多引经证义，皆儒家之说也。今校子思子佚文，同者凡七八

---

① 陈奇猷：《吕氏春秋新校释》，上海古籍出版社 2002 年版，第 1066 页。
② 陈奇猷：《吕氏春秋新校释》，上海古籍出版社 2002 年版，第 1074 页。

节之多，疑皆采自彼也。惜子思子不存，不得尽校耳。①

杨树达所言不假，此文多有引用儒家经典的地方，而且文章前半部分多用引经证义的方法，其中引用《周易》六次、引《诗经》三次、黄帝曰一次。从侧面可以看出，本篇与儒家之间的关联。

但需指出的是，本篇不能简单归为儒家之言。因为作者进行了诸多改造，是作者在自我理论统摄之下的融合，是对儒家学说、仁政主张的吸收与改造。具体论述可见第三章，此处仅从结构方面略说如下：

"诚信"或"情动于中"的理论在儒家那里并不鲜见。如《礼记·中庸》甚至将之上升到了天道高度："诚者，天之道也；诚之者，人之道也。"②儒家也普遍认为诚心、精诚是仁政的重要内涵。但是此篇又被赋予了新的内涵和色彩：情动于中，应该是完全忘我的：

> 圣人为善，非以求名而名从之，名不与利期而利归之。故人之忧喜，非为躹，躹焉往生也。故至至不容。③

也即，作者认为所谓的仁义、善行都应当是完全忘我而神化的，它与人精神内守以通天道是一脉的理论。

表面看，此处与儒家均主张君主当为善而诚信、精诚。但是此篇显然对于那种为善而善、为仁义而仁义、为名利而仁义的儒家行为是排斥的。

再回到结构问题上来，两者的关系就较为明晰了。如上所论：《主术训》主要抛出治国的诸多手段和手法，《缪称训》主要宣扬统治者当注重内在的自我修养。《主术训》的手段脱胎法家的思想较多，显得冷酷；《缪

① 陈奇猷：《吕氏春秋新校释》，上海古籍出版社 2002 年版，第 1059 页。
② 朱熹：《四书集注》，岳麓书社 2004 年版，第 35 页。
③ 陈奇猷：《吕氏春秋新校释》，上海古籍出版社 2002 年版，第 1080 页。

称训》脱胎儒家的较多、显得温情。两者相前后，一外一内、一冷一暖。将治国理论和手法构建得辩证而又全面。

当然，从《本经训》开始的治国理论大讨论，虽然色彩各有不同、情景各有侧重，但是总体看，以天地大道为起点、讲求精神内守、和顺天地的"太清之治"这样的理想并没有改变过。

另外，清楚了如上问题，如果再将《本经训》、《主术训》、《缪称训》连在一起，看三篇之间的结构关系，也大致能勾勒其轮廓了：

《本经训》显然从题旨层次上更高一层，更有形而上的理论性。以"太清之治"开端，综论社会变迁，极力强调"神明藏于无形，精神反于至真"①的至高社会理论。通过对帝王霸君等不同统治之道的分殊，指明和顺天道的至高境界。它没有抛出具体的治理手段，但是《淮南子》治国理论的总纲领和至高理想。

《主术训》、《缪称训》虽也从理论层次论起，但文章的笔触显然已经移动至对手段手法的讨论。另外，《主术训》和《缪称训》中的治国理论特别是手段，作者有退求其次的意味，是在理想之下，对当下治国的探讨。有时，并非作者心目中的至高社会境界和治理方法。所以，三篇之间是从形上到形下的关系，是纲领到手法的关系，是从至高层次到下级层次的推进。

（二）《道应训》、《泛论训》和《诠言训》之间的辩证互补

《道应训》许慎注曰："道之所行，物动而应，考之祸福，以知验符也。"②《要略》讲：

---

① 陈奇猷：《吕氏春秋新校释》，上海古籍出版社 2002 年版，第 873 页。

② 陈奇猷：《吕氏春秋新校释》，上海古籍出版社 2002 年版，第 1237 页。

> 道应者，揽掇遂事之踪，追观往古之迹，察祸福利害之反，考验乎老、庄之术，而以合得失之势者也。①

应该说，本篇从题目看其题旨也是较为明显的。即探讨冥冥之中统摄一切、高尚玄远的大道和纷繁芜杂的现实世界之间的对应与关系问题。

本篇共有 56 个段落，每个段落基本行文结构为：历史故事＋经典之言（故"老子曰"为主）。56 个段落中 54 个段落用以对应故事的均为老子言，另有两段曾用管子和慎子之言。

从表面看，作者叙述历史故事，以代表万事之踪、人事之迹，以老子言与之对应，形成互证，用以表明大道和万事之间的对应。作者以"故事＋老子曰"的形式，想直接表述的理念为：天道与人事、形上与形下是对应符验的。

但是，再具体探究，追问作者秉持的是什么样的天道理念？其思想有何特征？等问题时便会发现：作者显然并不是简单地以老子之言等同于天道，也并非如表面所示其思想均是老子思想之下的道家特色。关于这一点第二章第六节有专章论述。

简言之，作者用最简单的 1+1 模式，完美实现了远大于 2 的文学效果。实现了故事与老子理论对接的同时，也实现了故事多重主旨的展现，实现了众多故事和众多主旨以形而上统摄，还成功展现了老子理论超强的涵容力。呈现的是世界之本统摄下，万事万物和众家诸说融会贯通的境界。

如果说《道应训》表达的题旨是：天道与万事万物对应符验，《泛论训》则重在阐说权宜之变，本篇处处体现出因时而变、不可固守的思想：

> 百川异源而皆归于海，百家殊业而皆务于治。王道缺而诗作，周

---

① 陈奇猷：《吕氏春秋新校释》，上海古籍出版社 2002 年版，第 2174 页。

室废、礼义坏而春秋作。诗、春秋，学之美者也，皆衰世之造也，儒者循之，以教导于世，岂若三代之盛哉！以诗、春秋为古之道而贵之，又有未作诗、春秋之时。夫道其缺也，不若道其全也。诵先王之诗、书，不若闻得其言；闻得其言，不若得其所以言。得其所以言者，言弗能言也。故道可道者，非常道也。①

在这里，作者的思想表达的十分明确，在整部《淮南子》中也较有代表性。

首先，作者认为各家殊业其根本都在于"治"。除了看见作者一如既往的追寻纷繁世界之上的根本、体现着明显的本末意识外，还能看出作者对于治道（社会治理、政治生活）的特别关注。

其次，只是固守古人之言实在不足嘉，同样，已经脱离了圣人制礼作乐的时代，而仍然固守礼乐也是不知变通的愚蠢行为。

再次，作者明明表示"道可道者，非常道也"，表明万事万物之上的大道本身就是不可言说的，谨守那些传世的所谓道理和言论，不如追寻这些言论主张背后的根源。

隐藏背后而又统摄万物的道和我们目见的万事万物之间的关系是怎样的呢？《泛论训》也有较为明确的阐述：

故圣人所由曰道，所为曰事。道犹金石，一调不更；事犹琴瑟，每弦改调。故法制礼义者，治人之具也，而非所以为治也。故仁以为经，义以为纪，此万世不更者也。若乃人考其才，而时省其用，虽日变可也。天下岂有常法哉！当于世事，得于人理，顺于天地，祥于鬼

_____

① 陈奇猷：《吕氏春秋新校释》，上海古籍出版社 2002 年版，第 1378—1379 页。

神，则可以正治矣。①

　　圣人遵循的是道，所做的是事。道虽不变，但事却不居，两者表里，是统摄与被统摄的关系。但是事只有变动不居方可更好体现道。

　　关于这一点，实际是《淮南子》关于道的一种更为特别的表述，也可以说是一种艰难表述。道到底是什么？《淮南子》很多篇目曾经描述其神伟等等，它是万事万物背后的统摄力量，不可违逆、不可忽视。但是关于道是什么？作者显然也陷入了表述的困难境地。因为，作者认为的道显然不只是那种神伟的固定存在，它还是不可言说的（如《泛论训》、《原道训》等都曾提及），它还是变动的（《泛论训》、《原道训》等都曾提及）。

　　那么《淮南子》中的道到底什么特征？《淮南子》确实面临着艰难的处境。所以，我们看见在《道应训》中作者运用了最为简单的1+1的方式，以故事与老子言对应，不加任何评论和弥合。老子言并非就是作者心目中的那个"本"或大道。作者更加清晰地认识到万物有"本"，不可本末混淆、逐末弃本，其更加有意地以形而上的"本"对繁杂的世间事物（也包括各种学说、思想）进行统摄和涵容。基于此，《道应训》选择了论述形而上和"本"最为权威的经典《老子》用以对证。作者无意用《老子》改造各家学说，只是以其为手段、借用其权威性和形上性的理论特点，实现其兼收并蓄的目的。

　　而在《泛论训》中，其表述的困难则主要体现在：道到底是不是一成不变的？作者说"道犹金石，一调不更"，但同时他又认为道和事相表里，是统摄与被统摄的关系。圣人为事都是因时而变，那么我们自然可以推断，作者心目中那个真正的道其实并不是什么一成不变的法宝或规律。可以这样说，追寻变动不居的大道，这是个不变的道。到底存在几个道？道

---

① 陈奇猷：《吕氏春秋新校释》，上海古籍出版社2002年版，第1379页。

到底怎样？我们权且这样通俗表述，这也正是《淮南子》对道的言说困境。

把握了《泛论训》的这一基本理念，其中的诸多评论就不难理解了：

其中曾论说"礼乐"，也曾论说"法治"，还曾论说百家争鸣。这些在作者看来，固守礼乐、法治，而不知追寻礼乐、法治背后的根本，都是不合于道的。各家之说都有自己的成立语境，不必计较于某家，追寻各说之后的根本才能合于道。

此处，还需指出的是，作者在论述权变之时，还是提出了一些根本性的观点，作者认为这些是礼乐、法治、为事等的根本，如：

> 当于世事，得于人理，顺于天地，祥于鬼神，则可以正治矣。①
> 天地之气，莫大于和。和者，阴阳调，日夜分，而生物。春分而生，秋分而成，生之与成，必得和之精。故圣人之道，宽而栗，严而温，柔而直，猛而仁。②

其中能看出作者透露出较为明显的爱民思想以及宽猛相济的辩证思想。不管什么样的治国思想和方略，具有爱民意识的"得于人理"以及充满辩证的"和"都是对作者考察的附带发现。

总之，权变而不固守才是本篇的主旨。

从《道应训》和《泛论训》看，《道应训》表面上展现的大道与万事万物的对应符验，它容易让人产生误解：上有不变的天道，道与万物对应，万事万物只是依道而行。而《泛论训》被安排在其后，明显为了弥补这一误区：万事万物并不是一成不变的，没有永恒不变的信条，懂得权变是遵循大道的应有之意。两篇对道的阐释没有矛盾，但是在主题上形成良

① 陈奇猷：《吕氏春秋新校释》，上海古籍出版社 2002 年版，第 1379 页。
② 陈奇猷：《吕氏春秋新校释》，上海古籍出版社 2002 年版，第 1396 页。

好互补和辩证。

再说《诠言训》。

《道应训》以来，特别是到《泛论训》所阐释的权变理论，足以给人以变动不居、变幻莫测、大道隐没又不可固守难以捉摸的感觉。如果真的这样，人该怎么办？这是《泛论训》以来依照这一思路自然摆出的结构趋势。因为，《泛论训》的最后作者已经将行文转向这一思路：

> 是故圣人审动静之变，而适受与之度，理好憎之情，和喜怒之节。夫动静得，则患弗过也；受与适，则罪弗累也；好憎理，则忧弗近也；喜怒节，则怨弗犯也。故达道之人，不苟得，不让福；其有弗弃，非其有弗索；常满而不溢，恒虚而易足。①
>
> 圣人心平志易，精神内守，物莫足以惑之。②

很明显，到文章末了，作者在有意探索人的应对方略，面对纷繁芜杂的世界，除了文章前部分所言的因时应变之外，人更应向内内求：人应当喜怒节、受与适，精神内守、心平志易。这种内功修养的要求与《览冥训》、《精神训》等篇目以来的主张一脉相承。

《泛论训》的最后已经开始转向，开始将人的内守、内在修养作为应对世界、体合于道的重要内容，而《诠言训》正是承接了《泛论训》的这一行文趋势，继续展开。《要略》说：

> 诠言者，所以譬类人事之指，解喻治乱之体也。差择微言之眇，诠以至理之文，而补缝过失之阙者也。③

① 陈奇猷：《吕氏春秋新校释》，上海古籍出版社2002年版，第1472页。
② 陈奇猷：《吕氏春秋新校释》，上海古籍出版社2002年版，第1478页。
③ 陈奇猷：《吕氏春秋新校释》，上海古籍出版社2002年版，第2174页。

正是表明本篇有意应对芜杂的人事和社会，有意探索至理，让人防止过失。

《诠言训》有言：

> 为治之本，务在于安民；安民之本，在于足用；足用之本，在于勿夺时。勿夺时之本，在于省事；省事之本，在于节欲；节欲之本，在于反性；反性之本，在于去载。去载则虚，虚则平。平者，道之素也；虚者，道之舍也。①
>
> 能有天下者，必不失其国；能有其国者，必不丧其家；能治其家者，必不遗其身；能修其身者，必不忘其心；能原其心者，必不亏其性；能全其性者，必不惑于道。②
>
> 能成霸王者，必得胜者也；能胜敌者，必强者也；能强者，必用人力者也；能用人力者，必得人心也；能得人心者，必自得者也；能自得者，必柔弱也。强胜不若己者，至于与同则格。柔胜出于己者，其力不可度。故能以众不胜成大胜者，唯圣人能之。③

这三处议论共同之处在于：其将治国之事，步步倒推，追根溯源，最终都将根源和要义归结为反性之本、虚、平，归结为全其性和柔弱。都是向人的内在修养、内守诉求。

以此为线，文章顺势推出本文的核心主旨："无为"。

> 夫无为，则得于一也。一也者，万物之本也，无敌之道也。④

---

① 陈奇猷：《吕氏春秋新校释》，上海古籍出版社 2002 年版，第 1502 页。
② 陈奇猷：《吕氏春秋新校释》，上海古籍出版社 2002 年版，第 1502 页。
③ 陈奇猷：《吕氏春秋新校释》，上海古籍出版社 2002 年版，第 1502—1503 页。
④ 陈奇猷：《吕氏春秋新校释》，上海古籍出版社 2002 年版，第 1523 页。

显然，作者认为无为并非什么都不做，而是循天而行、不依仗智力；是善于因循而为；是善节欲望不扰于外物。这些内涵在《诠言训》中都有系统阐述：

> 故不为善，不避丑，遵天之道；不为始，不专己，循天之理。不豫谋，不弃时，与天为期；不求得，不辞福，从天之则。①

> 三代之所道者，因也。故禹决江河，因水也；后稷播种树谷，因地也；汤、武平暴乱，因时也。故天下可得而不可取也，霸王可受而不可求也。②

> 原天命，治心术，理好憎，适情性，则治道通矣。原天命则不惑祸福，治心术则不妄喜怒，理好憎则不贪无用，适情性则欲不过节。不惑祸福则动静循理，不妄喜怒则赏罚不阿，不贪无用则不以欲用害性，欲不过节则养性知足。凡此四者，弗求于外，弗假于人，反己而得矣。③

可以看出，"无为"被作者进行了详尽而具体的阐释，其内涵将内求、内守与因循而为、合于天道有机融合起来。"无为"虽然内涵丰富，但是其内求修养、合于自然天道，却成为作者宣扬的一种处世原则。

这样，《诠言训》就在主旨上为人们提供了应对这个纷繁世界的方法。

综合考察《道应训》、《泛论训》和《诠言训》，可以看出三篇形成了小的结构单元，集中阐释道与世界的关系问题。三篇之间又形成良好的辩证互补：《道应训》在阐说大道与世界的对应符验，充分展现了大道的统摄与恢宏；《泛论训》则对道与世界的复杂性多变性进行阐述，展现权变

---

① 陈奇猷：《吕氏春秋新校释》，上海古籍出版社 2002 年版，第 1512 页。
② 陈奇猷：《吕氏春秋新校释》，上海古籍出版社 2002 年版，第 1531 页。
③ 陈奇猷：《吕氏春秋新校释》，上海古籍出版社 2002 年版，第 1500 页。

的重要意义；《诠言训》在《泛论训》给人以繁杂和变动不居的体验之后，转笔论述人的处世原则，又给人以应对万变的法宝。《道应训》体裁独特，展现大道恢宏；《泛论训》、《诠言训》议论文体，论说道的多变与不变，形成辩证。《泛论训》重权变，《诠言训》重不变，变与不变形成辩证。《泛论训》重论外在世界的纷繁和应对手段的多变，《诠言训》转向精神内守、内在修养，外与内形成辩证。

所以，可以看出《道应训》、《泛论训》、《诠言训》形成辩证与互补结构。

（三）《说山训》、《说林训》、《人间训》之间的辩证互补

关于《说山》、《说林》两篇，《要略》言：

> 说山、说林者，所以窍窬穿凿百事之壅遏，而通行贯扃万物之窒塞者也。假譬取象，异类殊形，以领理人之意，解堕结细，说捍抟困，而以明事埒事者也。①

其中讲到《说山》、《说林》两篇的主旨意图和行文特征，其主旨意图是"穿凿百事之壅遏"、"通行贯扃万物之窒塞"，也就是罗列世间百事万态，并使之通达明了。其行文特征则是假譬取象。

结合文本可以看出，《要略》所言基本符合实际。

首先，关于这两篇的基本行文特征。这两篇是由若干短章组成，短章类型包括结论＋具象、具象＋结论、胪列具象哲理隐含、寓言体等（关于这一点第二章第五节有详细论述）。可以看出，其基本行文特征是：具象性。也就是《要略》所言的"假譬取象"。

---

① 陈奇猷：《吕氏春秋新校释》，上海古籍出版社2002年版，第2174页。

其次，关于这两篇的主旨意图。综观文本可以看出，很难找到篇目的集中或相对集中的论点，所涉事象纷繁芜杂，其所表理路也是纵横蔓延，充分展现了世界的驳杂与广大。有的短章说精诚、有的说权宜、有的说利益、有的说学习……等等不一而足。有的学者企图总结各篇的中心议题，其实都不能涵盖篇目。即使存在主题相对集中的聚落，但从全篇看，作者其实无意设计每篇集中的论题。这正是《要略》所说的"异类殊形，以领理人之意"，通过芜杂事象，加以适当总结，引导人的认知。

从《说山训》、《说林训》两篇的关系看，两篇属于姊妹篇，前后相连，差别不大。虽然高诱等人对每篇都各自解题，认为《说山》为"山为道本，仁者所处；说道之旨，委积如山"①；认为《说林》为"木丛生曰林，说万物承阜，若林之聚矣"②。但是纵观两篇，其差别并不大，实为篇幅所限分为两篇。《要略》在分述每篇时将《说山》、《说林》放在一处总说，足以证明两篇的姊妹关系。山与林都有丛生、广大、众多之意，均指众多之"说"。

《说山》、《说林》展示的是世界的驳杂广大，而《人间训》被安排在其后，有意探讨万变中的不变和人的应对之技。这一结构思路与《道应训》、《泛论训》、《诠言训》相似。

关于《人间训》，高诱注曰："人间之事，吉凶之中，征得失之端，反存亡之几。"③《要略》则说：

> 人间者，所以观祸福之变，察利害之反，钻脉得失之迹，标举终始之坛也。分别百事之微，敷陈存亡之机，使人知祸之为福，亡之为得，成之为败，利之为害也。诚喻至意，则有以倾侧偃仰世俗之间，

---

① 陈奇猷：《吕氏春秋新校释》，上海古籍出版社 2002 年版，第 1661 页。

② 陈奇猷：《吕氏春秋新校释》，上海古籍出版社 2002 年版，第 1763 页。

③ 陈奇猷：《吕氏春秋新校释》，上海古籍出版社 2002 年版，第 1873 页。

而无伤乎谗贼螫毒者也。①

其对《人间训》的描述与高诱相同，都认为其主旨在于使人得吉凶存亡之几。其开篇就讲：

> 清净恬愉，人之性也；仪表规矩，事之制也。知人之性，其自养不勃；知事之制，其举错不惑。发一端，散无竟，周八极，总一筦，谓之心。见本而知末，观指而睹归，执一而应万，握要而治详，谓之术。居智所为，行智所之，事智所秉，动智所由，谓之道。②

其中指出，只有做到"知人之性"、"知事之制"，才能做到以不变应万变。然后作者从不同层面对这一原则进行分殊和命名，分别称之为"心"、"术"、"道"。这三者命名不同，称谓角度不同，但是核心精神一致。这三者被认定是祸福转换、趋利避害、应对万变的法宝。

世事多变、纷繁多伪，文中讲道："故物或损之而益，或益之而损"、"或欲以利之，适足以害之；或欲害之，乃反以利之"，全文利用大量篇幅罗列各种似是而非、欲利反害、祸福相反的事象，充分展现了世事波谲、祸福无常。

显然，作者没有局限于仅仅展现这种无常、变迁，而是又进一步探讨人之对应。人当如何？《人间训》从多个方面提出了看法：

第一，布德施惠而无主观欲求。

文中有："圣王布德施惠，非求其报于百姓也；郊望禘尝，非求福于鬼神也。山致其高而云起焉，水致其深而蛟龙生焉，君子致其道而福禄归

---

① 陈奇猷：《吕氏春秋新校释》，上海古籍出版社 2002 年版，第 2175 页。
② 陈奇猷：《吕氏春秋新校释》，上海古籍出版社 2002 年版，第 1872 页。

焉。"① 作者认为，布德施惠而无主观欲求，这对于作为圣王十分重要。

第二，见本知末，不为表象迷惑，敬小慎微。

作者认为一时利益和表面现象都是迷惑，应该抓住根本方可。其对没有被一时利益所惑，而未取地的行为表示赞赏："得地不取者，见其本而知其末也。"同时，也认为"圣人敬小慎微，动不失时，百射重戒，祸乃不滋"，时刻防微杜渐十分重要。

第三，知足。

文中有："是故忠臣之事君也，计功而受赏，不为苟得；积力而受官，不贪爵禄。"② 讲的正是知足节制欲望的重要性。

第四，静安待时。

文中有言："患祸之所由来者，万端无方。是故圣人深居以避辱，静安以待时。"③ 静安待时而不乱心妄动是关键。

第五，注意时变。

文中讲述了徐偃王只知施行仁义，却不顾时变，最终导致葬身楚国刀下的故事，作者对徐偃王的评价十分明确："知仁义而不知世变者也。"④ 这里说的是时移世易，人当变通。

第六，审近怀远。

"圣人行之于小，则可以覆大矣；审之于近，则可以怀远矣。"⑤ 世界再大、再纷繁，人还是要审之于近，方可不乱方寸、不为所乱。

《人间训》针对祸福无常、世事变迁，指出的应对方略可谓丰富。但从本质看，其与本书前些篇目的观点仍然是相互印证呼应的。作者认为应

---

① 陈奇猷：《吕氏春秋新校释》，上海古籍出版社 2002 年版，第 1897 页。
② 陈奇猷：《吕氏春秋新校释》，上海古籍出版社 2002 年版，第 1926 页。
③ 陈奇猷：《吕氏春秋新校释》，上海古籍出版社 2002 年版，第 1941 页。
④ 陈奇猷：《吕氏春秋新校释》，上海古籍出版社 2002 年版，第 1958 页。
⑤ 陈奇猷：《吕氏春秋新校释》，上海古籍出版社 2002 年版，第 1962 页。

该从自我修养开始，注意静安内守、节制欲望（《俶真训》、《精神训》、《本经训》等都有相关观点）。应注意因时而变，这也是合道的应有之意，（《俶真训》、《泛论训》等都有相关观点）。当然，还应该防微杜渐（《缪称训》、《诠言训》等有相关观点）。其实，这些都是要求抓住根本、不为末节所惑，体现的仍然是全书一贯的本末精神，这与《诠言训》的无为主张也是一致的。

所以，《说山》、《说林》、《人间》三篇前后相连，《说山》、《说林》姊妹相接，共同展示世界的驳杂多变、大千世界之广博复杂；《人间训》紧随其后，则着重展示了祸福无常背景下人的应对方略。这一结构理念在《道应训》、《泛论训》、《诠言训》三篇组成的聚落那里曾出现过，这里属于再现。

不难看出，《淮南子》以直线方式排列各篇，其结构层次没有《吕氏春秋》那样丰富，但是其仍然体现出十分鲜明的辩证和互补的结构特征。当然，《淮南子》结构体现的辩证和互补所使用的理念，除了具体题旨之间辩证互补外，还经常使用形上与形下、理论与方法的理念。说明《淮南子》的编撰者更加注重理论与实际的结合，更加注重观念和方法的互补，具有更强的理论性也具有更强的现实指导意义。

第三节　务求宏阔的结构理念

杂家的产生有特定的时间，如绪论所言。在战国中后期特定时段中，百家争鸣，然而"殊途而同归"（《庄子·天下》）已然成为一种趋向。加之吕不韦的强大政治野心和政治目的，其编撰《吕氏春秋》也绝非作为某种专门书籍，而是作为新政权的文化统领。在这样的背景下，包罗天地、森罗万象就成为杂家的内在需求，集中表现在结构营建上。而这种观念也毋庸置疑地影响到《淮南子》。

一、《吕氏春秋》结构的宏富性

《吕氏春秋·序意》说："上揆之天，下验之地，中审之人，若此则是非可不可无所遁矣。天曰顺，顺维生；地曰固，固维宁；人曰信，信维听。三者咸当，无为而行。"[①] 这段话是吕不韦针对十二纪而言，但是并不妨碍其对于整书具有指导和参考价值。吕不韦的意指是"上揆之天，下验之地，中审之人，若此则是非可不可无所遁矣"，说明编撰本书的目的不是作为某种职业用书或专门书，网罗天地人，让世间的万物是非均罗列其中。吕不韦的这段话具有指导意义，其务求宏阔包罗万象的意图昭然若揭。可以说，这一意图在多个方面和层面有所展现，当然在结构层面也突出地展现出来，甚至可以说结构安排是本书实现这一目的的重要手段。《吕氏春秋》的结构是严整的，同时也是宏富的。具体说来表现在如下几个方面：

第一，从总体结构上看，纪、览、论三部分按照天地人三才观念搭建，关于这一点，前文已有详述。这样的结构使得整部书在总体上就展现出包罗天地人的宏阔气象。《易传·说卦》：

> 昔者圣人之作《易》也，将以顺性命之理，是以立天之道曰阴与阳，立地之道曰柔与刚，立人之道曰仁与义。兼三才而两之，故《易》六画而成卦。[②]

按照《说卦》的说法，《周易》当初为了穷尽天地奥秘，六爻正是分别指代天地人，这种思维直接影响了《吕氏春秋》，所以其三才观在结构

---

① 陈奇猷：《吕氏春秋新校释》，上海古籍出版社 2002 年版，第 654 页。
② 高亨：《周易大传今注》，齐鲁书社 1979 年版，第 609—610 页。

中常有体现。另一方面则说明,《吕氏春秋》的结构也是意在构建一个网罗天地包罗万象的体系。

第二,从下一层结构看,天人合一和天地人观念仍是其宏富性的展现。在总体结构上《吕氏春秋》意在以纪览论分别代表天地人,但是要做到每一部分单一纯粹地代指某一方面显然是不可能的,而且,如果真的做到单一纯粹,那将带来一个严重的后果:由于天地人三部分的悬隔,势必造成三部分之间的关联变成虚幻的关联。这样,反倒消解了天地人一体或天人合一的理念。所以编撰者通过具体的手段,包括重要位置设置代表篇目等方法实现总体结构理念的展现,同时也给每一部分的丰富性留出了足够的空间。

在纪览论每一部分的结构中,我们仍然能够看到天人合一和天地人一体观念的展现。如十二纪,从总结构上说是代指天,但是从这一单元说,每一月的篇首代指天,后四篇则是人事,首篇统摄后四篇,展现的是天人合一、人依天动的理念。

同样,在八览中也是如此。《有始览》统摄其他各览,同时它和《孝行览》形成观念上的天地人三才结构。体现出十分明显的以形上的理论(《有始览》将天地生成等)统摄形下(人事政治等)的观念。

所以,这种多层次结构展现出了天地人三才共生、天人合一的观念,这种观念正是编撰者要网罗天地的意图表现。

第三,《吕氏春秋》结构的宏富性还表现在其结构理念的多层次性和复杂性上。《吕氏春秋》的结构有四层:总体纪览论之间的结构,各单元的结构,每单元内各篇之间的结构,以及篇章内结构。这种复杂性不唯在先秦子书中,即在中国典籍中亦属鲜见。这种多层次结构留给编撰者使用多种结构理念充足的空间,他们没有选择使用单一理念结构所有层次,而是使用了多种结构理念。最为典型的表现在八览的结构中,正如上文所论,八览在结构中使用了至少四种结构理念:第一种,《有始览》对于其他各览的统摄，秉持的是天人合一理念或叫作经传理念；第二种，《有始览》、《孝行览》形成的天地人结构；第三种，题材重大程度为理念；第四种，君臣先后为理念。

这些理念叠加在一起，一方面能够看出一个复杂的体系建构的惨淡经营，另一方面则展现出编撰者的良苦用心：尽力体现出包罗万象的结构。通过多种理念叠加使用，就保证了世间万象在不同哲学层次上都得以展现。如代指形上的理论（对应形下的人事），重大的事件（对应非重大事件），君主主题（对应臣属主题）等都得以展现。

这样，一个恢宏阔大的结构首先展现在我们面前，它包罗天地人；再细下一层，会看到每一单元中仍然有对天人合一、天地人一体的展现，使得整部书在最高的结构层面上体现出明显的形上、形下对应，万象森罗的气象。再继续深入分析，又展现出下一层面的万象：重大与非重大、君主与臣属等等。所以，《吕氏春秋》结构的多层次性，以及多种结构理念的叠加使用，集中体现出其结构的自觉性，体现出其结构理念的宏富性追求。

二、《淮南子》"大者江河"结构的营造

《要略》篇是窥见《淮南子》创作意图、结构法式等系列问题的重要窗口，研究《淮南子》结构，学者多关注《要略》中对各篇创作意图的分析，但对其中另一段论述注意不足。恰是这段论述，对我们理解《淮南子》的结构营造具有重要意义：

> 今专言道，则无不在焉，然而能得本知末者，其唯圣人也。今学者无圣人之才，而不为详说，则终身颠顿乎混溟之中，而不知觉寤乎昭明之术矣。今易之乾、坤足以穷道通意也，八卦可以识吉凶、知祸

福矣，然而伏羲为之六十四变，周室增以六爻，所以原测淑清之道，而逐万物之祖也。夫五音之数，不过宫、商、角、徵、羽，然而五弦之琴不可鼓也，必有细大驾和，而后可以成曲。今画龙首，观者不知其何兽也，具其形，则不疑矣。今谓之道则多，谓之物则少，谓之术则博，谓之事则浅，推之以论，则无可言者，所以为学者，固欲致之不言而已也。

夫道论至深，故多为之辞以抒其情；万物至众，故博为之说以通其意。辞虽坛卷连漫，绞纷远缓，所以洮汰涤荡至意，使之无凝竭底滞，卷握而不散也。夫江、河之腐胔不可胜数，然祭者汲焉，大也。一杯酒白，蝇渍其中，匹夫弗尝者，小也。诚通乎二十篇之论，睹凡得要，以通九野，径十门，外天地，捭山川，其于逍遥一世之间，宰匠万物之形，亦优游矣。若然者，挟日月而不姚，润万物而不秏。曼兮洮兮，足以览矣！藐兮浩兮旷旷兮，可以游矣！①

作者在一一胪列各篇的创作主旨与意图后，又进行了如上论述。作者认为只有圣人才能得本知末，然而现今学者不具备圣人之才，所以，必须为之详说。这里充分指出《淮南子》一书详说、博论的特点。

怎样才能使本书达到"庶后世使知举措取舍之适宜"②，也即指导现实的重要作用，其认为不可单论道、也不可单列事，而是"多为之辞以抒其情"、"博为之说以通其意"，最终造成一种如江河一般蔚为大观的景象。因为作者认为，只要有这样才能最大可能达到"无凝竭底滞，卷握而不散"的效果。

作者采用这一编著原则的背景和原因有三：第一，今学者无圣人之

---

① 张双棣：《淮南子校释》，北京大学出版社 2013 年版，第 2193—2194 页。

② 张双棣：《淮南子校释》，北京大学出版社 2013 年版，第 2193 页。

才，需要详说通论方可；第二，"原测淑清之道"，也即通过事与道的广泛勾连，探究世界之本；第三，矫正时弊。作者认为，当时说到"道"的，就会谈得很多；说到万物的，就会谈得很少，谈到统治之术的，就会议论很广泛；而谈到事情的，就很浅薄。如果用理论来推求，那么便觉得无话可说了。所用来从事教学的人，本来想指引他们，也只好不说罢了。

基于以上原因，编著者决定在本书中采用既言道又言事、道事统一的方法，同时，尽力造成大者江河的大观。这样，即便有小的瑕疵也会瑕不掩瑜。

"辞虽坛卷连漫，绞纷远援，所以洮汰涤荡至意，使之无凝竭底滞，卷握而不散也。"充分揭示了本书在以上原则指导下形成的行文特征和创作意图。博论详说、大者江河造成的行文特征就是：坛卷连漫，绞纷远缓。李明哲认为"此状其辞之曲折而广博也"[1]，基本准确。"坛卷"意谓不舒展、"连漫"意谓蔓延接续；"绞纷"意谓交叉重叠、"远援"则有续断远接引申发挥之意。作者充分认识到本书本着"大者江河"的原则进行创作所造成的独特行文形态，但是同时也指出其意图在于："洮汰涤荡至意"。许慎认为"洮汰"为"润也"[2]，基本正确；张双棣先生认为"洮汰与涤荡义近，为涤除也"[3]。则不尽合理。实际上，此处"荡"可释为"通"，这可以从先秦文献中找到例证。《周礼·地官·稻人》："以沟荡水"[4]，杜子春释为"以沟行水"，即以沟通水。"涤"《说文解字》解为"洒也"[5]。"涤荡"这里解释为"润泽汇通"更为合理。所以，编著者虽然认识到会造成

---

① 张双棣：《淮南子校释》，北京大学出版社 2013 年版，第 2196 页。

② 张双棣：《淮南子校释》，北京大学出版社 2013 年版，第 2197 页。

③ 张双棣：《淮南子校释》，北京大学出版社 2013 年版，第 2197 页。

④ 贾公彦：《周礼注疏》，见《十三经注疏》，中华书局 1982 年影印本，第 746 页。

⑤ 许慎：《说文解字》，中华书局 1963 年版，第 236 页。

文章舒卷续断，但是最终也可以通过这一特征实现润泽汇通大道至意的目的，而不会造成凝滞枯竭。

从本书结构、议论、叙事等多方面看，作者指出的这一特征和意图，都有具体展现。然而，其"大者江河"结构的营造是对本书的一级规划，其他方面都在这一规划下展开。弄清本书这一结构的表现、形态、营造等系列问题至关重要。

（一）《淮南子》"大者江河"结构的基本形态

编著者要造成一种江河大者的效果。多、博是基本的方法，其目的是洮汰涤荡至意、润泽汇通。但同时也承认了一个事实：这种多又博的方法，会造成坛卷连僈、绞纷远援的行文特征。就《淮南子》结构的事实看，其确实呈现出了编著者所描述的基本形态，大致有如下四种：

第一种："坛卷"。

"坛卷"一词，马宗霍先生认为是"舒卷"，张双棣先生认为是"叠韵联绵字，不舒展之貌"①。"壇"字，中"亶"《说文解字》解为："多谷也，从亶旦声"，可以看出本字之义主要来自"亶"，"亶"《说文解字》解为"从入，回象屋形"②。但是相比之下尹黎云先生的辨析更为有理："甲骨文作𠱾，非从入，回象屋形，而是象露天场地堆谷之形，许慎所谓从入，其实是苫盖形的讹舛。从字形看，亶本义是指存放在外面的粮囤，仓廩义系后世的转义。"③ 这一辨析很有道理。这样，"亶"便有粮囤、围拢、阻止散落之意。与这一字形相关的字多有这一本义的影子。如"稟"字下方增加"禾"字，为了凸显粮足意。"亶"的作用是收谷，"一方收，则另一方是给，施受同词"④；

---

① 张双棣：《淮南子校释》，北京大学出版社 2013 年版，第 2197 页。
② 许慎：《说文解字》，中华书局 1963 年版，第 111 页。
③ 尹黎云：《汉字字源系统研究》，中国人民大学出版社 1998 年版，第 288—289 页。
④ 尹黎云：《汉字字源系统研究》，中国人民大学出版社 1998 年版，第 289 页。

"啬"，《说文》解为"从来从亩，来者亩而藏之，故田夫谓之啬夫。"① 又如"牆"，同样取"粮囤的围拢、阻止之意。"壇"有盛物器皿义，也是来自"亩"的引申，有围拢盛装之意。

这样，就不难看出"坛卷"一词实际是同意连用。《要略》描述的这一行文特征实际是指：较为集中地纠缠于某论题，或者对某一论题的反复回环。

从《淮南子》的结构看，这一形态的确存在。

从本书的各篇构成的总体结构看。某些篇章之间形成了聚落式结构，它们围绕相同相近论题展开。如《原道训》和《俶真训》分列第一二篇，"原道"主旨在于阐述道之精深，托小以苞大，守约以治广。"俶真"即是推原自然之道、推原人之本性。两篇都是对世界之本的集中论述，是小型聚落。

《本经训》、《主术训》、《缪称训》前后相连。《本经训》的主旨是宣扬天人和顺的太清之治，属于治国题材。《主术训》和《缪称训》沿承了这一题材，仍旨在讲述治国治理之事。只是在主题上却各有偏重，形成辩证与互补，但是在题材上保持一致：都是治国题材。呈现聚落式结构。

另外如《说山》、《说林》同样也属于类似小聚落。它们对相同论题纠缠论述，或者主题一致，或者主题互补、但题材一致，呈现纠缠"坛卷"的特征。关于这一点下节"《淮南子》篇章间关系探微"论述详尽，可参考。

从各篇内在结构看，这种情况出现的更为普遍，纠缠行文的情况基本每篇作品都会出现，具体表现为连续多段围绕同一主题展开。

而各篇行文中对论题的回环则更能描述本书结构上的"坛卷"特征。

---

① 许慎：《说文解字》，中华书局 1963 年版，第 111 页。

如，《原道训》其中连续几段，列表如下：

连续的段落	议论主题	备注
夫喜怒者，道之邪也；忧悲者，德之失也；好憎者，心之过也；嗜欲者……通于神明者，得其内者也。	内外之辨	
是故以中制外，百事不废，中能得之，则外能收之……是谓至德。至德则乐矣。	内外之辨、至乐	延伸
古之人有居崖穴……	乐	延续上段
所谓乐者……吾所谓乐者，人得其得者也。	乐	延续上段
夫建钟鼓，列管弦……不以内乐外	内外之辨、乐	回环至内外之辨
是故内不得于中		
故天下神器，不可为也，为者败之……	治国之论	由原来的人性之论转换到了治国之论
故虽游于江浔海……不失其所以自乐也。	内外之论和乐	再次回旋到内外之论和乐

不难看出，作者对论题进行了回环，有延续、有延伸，更有对论题的回环。这就是《要略》所言的"坛卷"。

第二种："连侵"。

"连侵"有勾连、蔓延之意，在《淮南子》的结构中表现为从一个论题逐渐蔓延延伸到另一个主题。

从篇章间的总体结构看，这种"连侵"一般依循如下三种逻辑进行蔓延延伸：

一是，从形上到形下。如《览冥训》位列《时则训》之后，后启《精神训》。十分明显，从《原道训》到《时则训》均在阐释世界之道与天地四时，属形上范畴。而关于《览冥训》的意图《要略》有言：

所以言至精之通九天也，至微之沦无形也，纯粹之入至清也，昭昭之通冥冥也。乃始揽物引类，览取拣掇，浸想宵类，物之可以喻意象形者，乃以穿通窘滞，决渎壅塞，引人之意，系之无极，乃以明物类之感，同气之应，阴阳之合，形埒之朕，所以令人远观博见者也。①

其主旨在于讲天地万物的感应，开始从天道无形过渡到人之精神。其后的《精神训》主题便是本原人之所生，探讨人之精神的本原、特征，立足大道，最终达到"使人爱养其精神，抚静其魂魄，不以物易己，而坚守虚无之宅者也"的目的。它们之间形成明显的过渡蔓延，而且是从形上到形下的逐渐过渡与推进。

二是，从世界观到方法论。《道应训》、《泛论训》和《诠言训》三篇之间的延伸推进属此类。如前所论，《道应训》探讨冥冥之中统摄一切、同时又高尚玄远的大道和纷繁芜杂的现实世界之间的对应与关系问题。《泛论训》则重在阐说权宜之变；《诠言训》则有意探索人的应对方略。面对纷繁芜杂的世界，除了文章前部分所言的因时应变之外，人更应向内内求。

如果说《道应训》探讨的是对世界的总体看法、世界观问题，那么《泛论训》、《诠言训》则明显属于方法论，探讨的是人如何应对世界的问题。它们之间形成连偎的渐进关系。

三是，前后篇章之间在论述行文上上下相接。这种连偎结构更明显地体现出篇章间的勾连连续。

《说山训》、《说林训》可说是姊妹篇章，前后相继。在行文上特征基本一致、没有明显差异，是勾连连续关系。

另如《精神训》、《本经训》和《主术训》前后相继，其在行文上更是勾连甚多。如《精神训》文末对儒家进行批驳："今夫儒者，不本其所以

---

① 张双棣：《淮南子校释》，北京大学出版社 2013 年版，第 2173 页。

欲而禁其所欲，不原其所以乐而闭其所乐，是犹决江河之源而障之以手也。"①"故儒者非能使人弗欲，而能止之；非能使人勿乐，而能禁之"②。认为儒者解决的都是表面问题，而不能从根本上达到治理。《本经训》前半部分有："是故仁义礼乐者，可以救败；而非可以通治之至也。"这实际是延续了对于儒者的批判，而批判的重点仍然在于：仁义礼乐只是救败的手段，而绝然达不到根本的治理。可谓前后相承、上下呼应。

《本经训》宣扬天人和顺的太清之治，《主术训》开篇讲了人主无为、不言、一任自然等观点，这与上篇《本经训》一脉相连。因为这些观点严格讲来并不属于"术"的范畴，仍然与《本经训》中的天人和顺一脉相承。所以，这些篇章之间的结构关系属于前后勾连、依次蔓延。

从篇章内部看，这种连侵结构也十分常见。集中表现为行文中论题的蔓延、推进。如《原道训》中连续的几段，列表如下：

《原道训》中连续的段落	论题	备注
天下之物，莫柔弱于水，然而大不可极，深不可测……	对水的唱颂	从水转移到下文对于无形的论述。承接蔓延
夫无形者，物之大祖也。……所谓无形者，一之谓也。所谓一者，	无形，并对这一概念进行阐释	通过阐释概念，承接蔓延，引入"一"的概念
音之数不过五……是故一之理，施四海，一之解，际天地。	说一	
是故圣人之治也，掩其聪明，灭其文章……是故圣人一度循轨，不变其宜，不易其常，放准绳墨，曲因其当。	说一	

通过上表可以显见：论题在不断蔓延，从水说到相关的"无形"；又通过对"无形"的阐释，引到"一"的概念。内涵相关的概念与理论一路引

① 张双棣：《淮南子校释》，北京大学出版社 2013 年版，第 804 页。
② 张双棣：《淮南子校释》，北京大学出版社 2013 年版，第 805 页。

申蔓延，连僈结构可见一斑。

所以，《淮南子》各篇之间确实存在着连僈结构，它们或从形上到形下、或从世界观延伸到方法论，又或在行文上上下相接。构成了本书勾连蔓延、渐次推进的结构特征。篇章内部也存在对于论题的蔓延式论述，环环相扣、枝蔓相生。

第三种："绞纷"。

指的是《淮南子》在结构上的扭结、重叠。具体说来本书结构上的绞纷主要有如下两种形态：

一是，不同主题、不同论题的扭结。

从总体结构看，这种情况确实较为明显。全书 20 篇文章，所涉主题十分驳杂：从天道到精神，从治国到修身，从兵事到习俗，从常识到学习。它们虽然大概遵循着结构理念，但是从论题看，仍然呈现出扭结驳杂的特征。

从篇章内部看，这种情况也不少。表现为大多数篇目都有一个较为集中的论题和论点，但仍有论题较为驳杂的篇目和论题溢出的篇目。如《说山训》、《说林训》，属论题较为驳杂的篇目；而在诸如《泰族训》中则同时可见多种论题。这都典型反映出本书结构上"绞纷"的特点。

二是，同一主题的互补性存在。

从全书的总体结构看，很多主题相同或相近的篇目之间往往形成辩证、互补关系。如前文所论，《道应训》、《泛论训》、《诠言训》之间便是如此。

《道应训》体裁独特，展现大道恢弘；《泛论训》、《诠言训》议论文体，论说道的多变与不变，形成辩证。《泛论训》重权变，《诠言训》重不变，变与不变形成辩证。《泛论训》重论外在世界的纷繁和应对手段的多变，《诠言训》转向精神内守、内在修养，外与内形成辩证互补。

《说山》、《说林》、《人间》三篇前后相连，《说山》、《说林》姊妹相接，共同展示世界的驳杂多变、大千世界之广博复杂；《人间训》紧随其后，则着重展示了祸福无常背景下人的应对方略。这些都是篇章之间形成的相同或相近主题的辩证与互补。

从篇章内部结构看，这一结构方式体现最为明显的莫过《人间训》。本篇的基本结构形式都是辩证互补的。"故物或损之而益，或益之而损。何以知其然也？……"①"事或欲以利之，适足以害之；或欲害之，乃反以利之。……"② 全篇共编制十余则辩证关系，分别从两个方面进行议论和叙事。是同一主题的互补性存在。

所以，《淮南子》在结构上确实存在扭结、重叠的绞纷结构。

第四种：远援。

是指相距较远后，同一论题或观点的再次论及，形成前后呼应。

从总体结构看，《原道训》在论道后《道应训》再次提及。虽然两者体裁不一，但都是关于道的论题。

《泰族训》处于正文最后一篇。实是对前文各篇观点的总结，关于这一点将是下节所欲详述的内容，此略。展现的是前后呼应。

从篇章内部结构看，这种呼应也确实存在。如关于"性命之情"，分别出现在《原道训》、《俶真训》、《精神训》和《本经训》中；关于感应和精诚的论述较为集中地出现在《览冥训》中，但是《主术训》再次出现："故至精之所动，若春气之生，秋气之杀也，虽驰传骛置，不若此其亟。故君人者，共犹射者乎！于此毫末，于彼寻常矣。故慎所以感之也。"属于前后呼应。

另外，如关于精神不外越等一般性基础论点，在本书中更是经常出现，不仅见于《精神训》、《本经训》、《主术训》，还可见于《诠言训》、《泛

---

① 张双棣：《淮南子校释》，北京大学出版社 2013 年版，第 1878 页。
② 张双棣：《淮南子校释》，北京大学出版社 2013 年版，第 1886 页。

论训》等篇目。所以，远援也是本书的重要结构形态。

综上所述，《要略》所说的"坛卷连偈，绞纷远援"的确在《淮南子》的结构上都有如实体现。

（二）"无凝竭底滞"结构的营造

作品的确具有"坛卷连偈，绞纷远援"的特征，但是编著者的意图显然不是使作品仅限于此，杂乱无章地展现这几种形态显然不是目的，其目的实际是要达到"无凝竭底滞"的效果。也就是要形成如大江河一样融会贯通、遍取无碍的大观景象，而不是凝滞枯竭、偏狭细小的形态。

那么，编著者是如何达到这一目的的呢？

首先，就是通过多和博。本书取材之广、主题之博可以显见。《淮南子》的大观景象首先就是通过这种广博的取材和主题达到的。

总览篇目即可看出，从大道到天地四时、从精神到行为、从治国到修身、从兵事到习俗、从常识到学习，基本包含了天地世界和人类生活的关键方面。使各个阶层、各种身份人等都能从中找到适用自身的宝藏。

其次，是通过"连偈"、"远援"等实现理论概念等的延续与贯通。

《淮南子》中将许多概念和理论进行了贯通融合，如《原道训》中，将"水"融入对"道"的阐释中。先秦时期，《老子》创造了"道"的概念，并对"道"进行了相关阐述，其中第 8 章和 78 章曾赞扬水的德行："上善若水。水善利万物，又不争。处众人之所恶，故几于道。居善地，心善渊，与善人，言善信，政善治，事善能，动善时。夫唯不争，故无尤。""天之柔弱莫过于水，而攻坚，强莫之能先。其无以易之。故弱胜强，柔胜刚，天下莫能知，莫能行。"赞扬其柔弱、不争的特征。这种特征合于道，但是，《老子》显然没有将之上升至形上层面。郭店楚简《太一生水》表明，水已经进入形上层。《管子·水地》则集中论述了水的功用、德行等，可以说是一篇水颂。最后得出结论："故曰：水者何也？万物之本原也，诸生之宗室也，美恶贤不肖愚俊之所产也。"①这样，水实际已经进入形上层，成为万物的本原。

但是，"道"和"水"基本还是两线并行，分别出现在不同的语境中，都承担着世界本原的地位，并没有很好融合和对接。

《原道训》集中论述"道"，但是文中有意将"水"这一世界之源也融合进来：

> 天下之物，莫柔弱于水，然而大不可极，深不可测，修极于无穷，远沦于无涯，息耗减益，通于不訾。上天则为雨露，下地则为润泽；万物弗得不生，百事不得不成。大包群生，而无好憎；泽及蚑蛲，而不求报；富赡天下而不既，德施百姓而不费；行而不可得穷极也，微而不可得把握也。击之无创，刺之不伤，斩之不断，焚之不然，淖溺流遁，错缪相纷，而不可靡散。利贯金石，强济天下。②

若与本篇对于"道"的描述相对照：

> 夫道者，覆天载地，廓四方，柝八极，高不可际，深不可测，包裹天地，禀授无形；原流泉浡，冲而徐盈；混混滑滑，浊而徐清。故植之而塞于天地，横之而弥于四海；施之无穷，而无所朝夕。舒之幎于六合，卷之不盈于一握。③

实在不难看出，两者如出一辙。可以说，《原道训》将先前两线并行的两个世界本原融合到了一起，做到了融会贯通。

---

① 黎翔凤：《管子校注》，中华书局 2004 年版，第 831 页。
② 张双棣：《淮南子校释》，北京大学出版社 2013 年版，第 80 页。
③ 张双棣：《淮南子校释》，北京大学出版社 2013 年版，第 1 页。

同样，《原道训》论道还融合了其他相关概念，作者不仅提到这些概念，还将这些概念进行理论对接。如"无形"与"一"：

> 所谓无形者，一之谓也。所谓一者，无匹合于天下者也。卓然独立，块然独处，上通九天，下贯九野。员不中规，方不中矩。大浑而为一，叶累而无根。怀囊天地，为通九天。……道者，一立而万物生矣。[1]

作者用"一"阐释"无形"，进行连侵式论述，最后又引入"道"的概念。这样，作者就成功将"道"、"水"、"无形"、"一"等相关概念和理论都进行了融合。打破了各个概念之间的语境壁垒，实现了融会贯通。

（三）"卷握而不散"的保证

作者十分清楚：多与博的创作手法，以及"坛卷连侵，绞纷远援"的行文与结构形态，会很大程度上实现其大者江河的景象，但同时也会造成散漫不整。也即，"坛卷连侵，绞纷远援"本身就存在着使文本散漫不整的风险。此时，实现"卷握而不散"就显得尤为重要。那么，编著者们怎样保证本书的"卷握而不散"呢？

首先，全书有一以贯之的重要理念。

全书的内容风云万千，体裁有差异、题材有分殊、论题有不同，但是能够看到全书一以贯之的重要理念：本末观。即，世间万事万物都决定于本，本高于末，应积极追寻万物之本。

毫不夸张地说，这种理念在每篇中都有明显展现。且不说论道和天地四时的篇目，只简选各篇片语就可看出：

---

[1] 张双棣：《淮南子校释》，北京大学出版社 2013 年版，第 96 页。

《览冥训》："凿五刑，为刻削，乃背道德之本，而争于锥刀之末，斩艾百姓，殚尽太半，而忻忻然常自以为治，是犹抱薪而救火，凿窦而出水。"①

《精神训》："譬犹本与末也，从本引之，千枝万叶，莫不随也。"②

《本经训》："今背其本而求其末，释其要而索之于详，未可与言至也。"③

《主术训》："不直之于本，而事之于末，譬犹扬堁而弭尘，抱薪以救火也。"④

《缪称训》："辟若伐树而引其本，千枝万叶则莫得弗从也。"

《齐俗训》："夫乘奇技、伪邪施者，自足乎一世之间；守正修理，不苟得者，不免乎饥寒之患，而欲民之去末反本，是由发其原而壅其流也。"⑤

《道应训》体裁特殊，但其主旨即在于阐释本末对应。第二章第六节将有详述，此略。

《泛论训》："及至韩娥、秦青、薛谈之讴，侯同、曼声之歌，愤于志，积于内，盈而发音，则莫不比于律而和于人心。何则？中有所本主，以定清浊，不受于外，而自为仪表也。"

《诠言训》："见所始则知终矣。席之先藿蕈，樽之上玄酒，俎之先生鱼，豆之先泰羹，此皆不快于耳目，不适于口腹，而先王贵之，先本而后末。"

《兵略训》："下至介鳞，上及毛羽，条修叶贯，万物百族，由本至末，莫不有序。"

---

① 张双棣：《淮南子校释》，北京大学出版社 2013 年版，第 721 页。
② 张双棣：《淮南子校释》，北京大学出版社 2013 年版，第 729 页。
③ 张双棣：《淮南子校释》，北京大学出版社 2013 年版，第 834 页。
④ 张双棣：《淮南子校释》，北京大学出版社 2013 年版，第 915 页。
⑤ 张双棣：《淮南子校释》，北京大学出版社 2013 年版，第 1227 页。

《人间训》："见本而知末，观指而睹归，执一而应万，握要而治详，谓之术。"①

《修务训》："若此而不能……可以为法则，穷道本末，究事之情，立是废非，明示后人，死有遗业，生有荣名。"

《泰族训》："是以天心呋唤者也，故一动其本而百枝皆应，若春雨之灌万物也，浑然而流，沛然而施，无地而不澍，无物而不生。"

作者反复申述：纷繁芜杂、甚至杂乱无章的万事万物背后都有一个形上的决定因素："本"。因而，认识世界、行动为事一定要厘清本末，不可舍本求末。甚至可以说：整部《淮南子》就是一部致力于厘清本末的智慧书。

需要指出的是，这里的"本"与"道"的概念并不等同。从全书看，"本"的范畴远远大于"道"，"道"经常被用以代表作者所认知的"本"，但是并不能完全替代"本"的概念。这在《道应训》中也有证实，详细论述见第二章第六节，此略。

正是有了这一理念，全书始终沿着这条大者江河的主河道前行。河面虽宽，甚至时有漫延，但不至决堤散流。面对纷繁复杂的主题和题材，读者仍然能够找到不散的精神：舍末而求本。

其次，对带有一定家派倾向的思想进行同向化改造。

家派思想集合在一起容易形成对立冲突、指向分散的情况。作为杂家作品的《淮南子》也吸收了一些具有一定家派倾向的思想或论题。但是能够看出，作者有意进行的同向化引导，使这些思想、论题的家派色彩变淡，共同指向本书自家的学术体系。

以《主术训》为例，作者通过将理进行层级分化、对概念弹性化处理等手法，将带有较强家派色彩的概念和理论熔为一炉。经过融合的理论显

---

① 张双棣：《淮南子校释》，北京大学出版社2013年版，第1872页。

然已经不是先前诸子的家派观点,而是具有了同向化。处于最高层级的理论统摄了各个层级的概念,同时也统摄引导了家派色彩的观点。这样,面对这些概念理论时,读者便不会产生矛盾异向的混乱。详细论述见第三章第四节。此略。

这种大者江河的结构形态与《吕氏春秋》相比,有所差异:《淮南子》以议论见长,《吕氏春秋》篇幅严整短小,不能充分展开论述。所以,《吕氏春秋》通过议论进行的加工明显少得多,更多是通过篇章之间的互补、辩证关系实现其哲学理念的阐释。如,既有《贵生》、《重己》,同时又有《贵公》、《去私》,篇章之间形成辩证,通过这种结构关系阐释出作者的哲学理念:既要注重自身,同时也要注重贵公。而《淮南子》的议论展开充分,很多理念在行文中实现改造和融合。

编著者致力于营造一种大者江河的大观景象,通过"坛卷连僈,绞纷远援"的行文,致力于达到"无凝竭底滞"的效果。当然编著者们也注意到可能会带来的散漫不整的问题。但可以肯定:《淮南子》基本做到了"卷握而不散",因为我们能看见全书有一以贯之的理念,有对家派概念和思想的同向化引导等。这些体现出较为鲜明的对于结构务求宏阔的特点。

这里能够看出,《淮南子》务求宏阔的结构理念,其应有之义还包括"卷握而不散",也即整体性。《淮南子》不同于《吕氏春秋》的结构形式,他没有采用规整的框架结构,而是传统的直线串联方式。这使得其在全书层面要达到整体性就更加困难,除了以上的手法对整体性作出重要贡献之外,《淮南子》也是费尽心机,一方面展现宏阔性,另一方面又尽力保证其整体性。为了说明问题,这里选取《淮南子》中有代表性的几篇进行分析。① 因为这几篇集中体现了作者的宏阔构想和结构理念,有的还能看到作者的用心总结。

---

① 当然,中间篇目间的结构关系可以参考前文论述。

（四）从普通理论到治国理论——《精神训》、《本经训》之间的演进

《淮南子》前五篇分别为《原道训》、《俶真训》、《天文训》、《地形训》、《时则训》，显然作者秉持了从天道自然和形而上的理论高度论起的原则，其中涉及天道、天、地、四时。在形而上的理论支撑抛出后，第六篇就是专论天人感应的《览冥训》，又显然是在将视线从天道逐渐引向人事，本篇可以看作过渡。

《精神训》紧跟其后，高诱注："精者，人之气；神者，人之守也。本其原，说其意，故曰精神。"①

《要略》称：

> 精神者，所以原本人之所由生，而晓寤其形骸九窍，取象与天，合同其血气，与雷霆风雨，比类其喜怒，与昼宵寒暑并明，审死生之分，别同异之迹，节动静之机，以反其性命之宗。所以使人爱养其精神，抚静其魂魄，不以物易己，而坚守虚无之宅者也。②

正如以上所言，本篇主题是本原人之所生，探讨人之精神的本原、特征，立足大道，最终达到"使人爱养其精神，抚静其魂魄，不以物易己，而坚守虚无之宅者也"的目的。

《精神训》开篇就高屋建瓴地指出人、人的精神是如何生成的：

> 古未有天地之时，惟像无形，窈窈冥冥，芒芠漠闵，澒蒙鸿洞，莫知其门。有二神混生，经天营地，孔乎莫知其所终极，滔乎莫知其所止息，于是乃别为阴阳，离为八极，刚柔相成，万物乃形，烦气为

---

① 张双棣：《淮南子校释》，北京大学出版社 2013 年版，第 729 页。
② 张双棣：《淮南子校释》，北京大学出版社 2013 年版，第 2173 页。

虫，精气为人。①

人由天地阴阳而生，而人的精神和骨骸各有所归："是故精神，天之有也；而骨骸者，地之有也。精神入其门，而骨骸反其根，我尚何存？"基于这样的理论依据，作者自然引出了后文关于人之精神特征、如何守住精神等系列论述：

> 是故圣人法天顺情，不拘于俗，不诱于人，以天为父，以地为母，阴阳为纲，四时为纪。天静以清，地定以宁，万物失之者死，法之者生。夫静漠者，神明之宅也；虚无者，道之所居也。是故或求之于外者，失之于内；有守之于内者，失之于外。譬犹本与末也，从本引之，千枝万叶莫不随也。②

作者认为人的精神禀受于天、自然，人包括的人的精神在内都应顺乎天地。如何顺乎天地呢？作者接着提出：

> 是故血气者，人之华也；而五藏者，人之精也。夫血气能专于五藏而不外越，则胸腹充而嗜欲省矣。胸腹充而嗜欲省，则耳目清、听视达矣。耳目清、听视达，谓之明。五藏能属于心而无乖，则教志胜而行不僻矣。教志胜而行之不僻，则精神盛而气不散矣。精神盛而气不散则理，理则均，均则通，通则神，神则以视无不见，以听无不闻也，以为无不成也。是故忧患不能入也，而邪气不能袭。③

---

① 张双棣：《淮南子校释》，北京大学出版社 2013 年版，第 729 页。
② 张双棣：《淮南子校释》，北京大学出版社 2013 年版，第 729 页。
③ 张双棣：《淮南子校释》，北京大学出版社 2013 年版，第 741 页。

　　这里并没有单纯空讲精神静漠云云，而是从五脏六腑血气的机理说起，使本于天道的生理机制与精神关联，自然抛出其观点："精神盛而气不散矣。精神盛而气不散则理，理则均，均则通，通则神。"

　　当然作者也认真探讨了阻碍精神内守的原因与因素：

> 　　夫孔窍者，精神之户牖也；而气志者，五藏之使候也。耳目淫于声色之乐，则五藏摇动而不定矣。五藏摇动而不定，则血气滔荡而不休矣。血气滔荡而不休，则精神驰骋于外而不守矣。精神驰骋于外而不守，则祸福之至，虽如丘山，无由识之矣。①

　　显然，耳目声色之淫、欲虑充起才是精神不得内守的罪魁。那么如何内守精神呢？关于这一点，作者显然下了一番功夫论述。

　　首先，他指出圣人当不越心神。

> 　　故心者，形之主也；而神者，心之宝也。形劳而不休则蹶，精用而不已则竭，是故圣人贵而尊之，不敢越也。②

　　《庄子·刻意》有："形劳而不休则弊，精用而不已则劳，劳则竭。"③当是本文所本。都强调不要劳形，不可无度用精。

　　其次，他指出看待万物当齐生死、同变化、细万物、轻天下。

> 　　轻天下，则神无累矣；细万物，则心不惑矣；齐死生，则志不慑

---

① 张双棣：《淮南子校释》，北京大学出版社 2013 年版，第 741 页。
② 张双棣：《淮南子校释》，北京大学出版社 2013 年版，第 755 页。
③ 郭庆藩：《庄子集释》，中华书局 2004 年版，第 542 页。

矣；同变化，则明不眩矣。①

这一点也深受《庄子》齐物论之影响。与之相关，作者自然生发出尊生意识："尊势厚利，人之所贪也。使之左据天下图而右手刎其喉，愚夫不为。由此观之，生尊于天下也。"② 这与《庄子》属同样的生贵于天下的思想。

再次，当做到适而不贪。

> 圣人食足以接气，衣足以盖形，适情不求余，尢天下不亏其性，有天下不羡其和。有天下，无天下，一实也。③

这里，"适情不求余"成了守住精神与人之得欲之间的可操作的界限。
最后，超越喜怒。

> 人大怒破阴，大喜坠阳，大忧内崩，大怖生狂。除秽去累，莫若未始出其宗，乃为大通。④

作者看来，喜怒和欲虑是内守精神的最大障碍，要守住精神就要超越喜怒、齐同万物、贵生不贪。
值得注意的是，本篇还特意对儒家的禁欲主义进行了批评：

> 衰世凑学，不知原心反本，直雕琢其性，矫拂其情，以与世交，

---

① 张双棣：《淮南子校释》，北京大学出版社 2013 年版，第 775 页。
② 张双棣：《淮南子校释》，北京大学出版社 2013 年版，第 791 页。
③ 张双棣：《淮南子校释》，北京大学出版社 2013 年版，第 791 页。
④ 张双棣：《淮南子校释》，北京大学出版社 2013 年版，第 797 页。

故目虽欲之，禁之以度；心虽乐之，节之以礼。趋翔周旋，诎节卑
拜，肉凝而不食，酒澄而不饮，外束其形，内总其德，钳阴阳之和，
而迫性命之情，故终身为悲人。……今夫儒者，不本其所以欲而禁其
所欲，不原其所以乐而闭其所乐，是犹决江河之源而障之以手也。①

作者看来，原心反本才是根本，只知以礼仪法度禁止欲望是不可取
的，像儒家那样只是禁欲而已。借此，作者也挑明了自己内守精神学说和
儒家禁欲主义的界限。

所以，本篇是专论精神内守以通大道的篇目。

《本经训》紧随其后，高诱注曰："天经造化出于道，治乱之由，得失
有常，故曰本经。"②

指出本篇意在阐释政治治理的根本和常道，《要略》言：

本经者，所以明大圣之德，通维初之道，埒略衰世古今之变，以
褒先世之隆盛，而贬末世之曲政也。所以使人黜耳目之聪明，精神之
感动，樽流遁之观，节养性之和，分帝王之操，列小大之差者也。

《要略》所言更加直截了当，明确道出了本篇的主旨与内容。除了褒
贬先世隆盛、末世曲政，本篇更重要的是阐释社会变迁的根源与根本；通
过分列帝王大小之差，阐明黜耳目聪明的太清之治：

太清之治也，和顺以寂漠，质真而素朴，闲静而不躁，推移而无
故，在内而合乎道，出外而调于义，发动而成于文，行快而便于物，

---

① 张双棣：《淮南子校释》，北京大学出版社 2013 年版，第 804 页。

② 张双棣：《淮南子校释》，北京大学出版社 2013 年版，第 816 页。

其言略而循理，其行倪而顺情，其心愉而不伪，其事素而不饰，是以不择时日，不占卦兆，不谋所始，不议所终，安则止，激则行，通体于天地，同精于阴阳，一和于四时，明照于日月，与造化者相雌雄。是以天覆以德，地载以乐，四时不失其叙，风雨不降其虐，日月淑清而扬光，五星循轨而不失其行。当此之时，玄元至砀而运照，凤麟至，著龟兆，甘露下，竹实满，流黄出，而朱草生，机械诈伪莫藏于心。①

不难看出，《本经训》开篇就抛出的"太清之治"正是其孜孜以求的政治理想，这种盛景的基本特征是"和顺"，具体而言就是"通体于天地，同精于阴阳，一和于四时，明照于日月，与造化者相雌雄"。是人类社会与天地阴阳之间的和谐共处，是人类社会顺乎自然天道的结果。

《本经训》对于治理天下的层次和境界有着明确的认识，将之分为四个层次：帝道、王道、霸道、君道，层次依次落低。他们之间的区别在于：

帝者体太一，王者法阴阳，霸者则四时，君者用六律。秉太一者，牢笼天地，弹压山川，含吐阴阳，伸曳四时，纪纲八极，经纬六合，覆露照导，普泛无私，蠕飞蠕动，莫不仰德而生。阴阳者，承天地之和，形万殊之体，含气化物，以成埒类，嬴缩卷舒，沦于不测，终始虚满，转于无原。四时者，春生夏长，秋收冬藏，取予有节，出入有时，开阖张歙，不失其叙，喜怒刚柔，不离其理。六律者，生之与杀也，赏之与罚也，予之与夺也，非此无道也，故谨于权衡准绳，审乎轻重，足以治其境内矣。②

---

① 张双棣：《淮南子校释》，北京大学出版社2013年版，第815页。
② 张双棣：《淮南子校释》，北京大学出版社2013年版，第863页。

作者一方面为治国者提供不同的政治选择，另一方面也明确显示帝道才是治理的至上追求和境界。

随着议论的深入，作者进一步提出更加具体的治理方式，也即作为帝王者，如何才能达到这种治理境界？文中讲道：

> 天爱其精，地爱其平，人爱其情。天之精，日月星辰雷电风雨也；地之平，水火金木土也；人之情，思虑聪明喜怒也。故闭四关，止五遁，则与道沦。是故神明藏于无形，精神反于至真，则目明而不以视，耳聪而不以听，心条达而不以思虑，委而弗为，和而弗矜，冥性命之情，而智故不得杂焉。精泄于目则其视明，在于耳则其听聪，留于口则其言当，集于心则其虑通。故闭四关则身无患，百节莫苑，莫死莫生，莫虚莫盈，是谓真人。①

讲到这里，《本经训》与《精神训》的关联和递进已经十分鲜明地展现出来。《精神训》从一般层面阐释精神内守以合于道的重要性，而此篇显然是在治国理政领域对此理论的递进和具体展示。要达到理想的"太清之治"，帝王则必须"神明藏于无形，精神反于至真"。

为了深入强调这一点，文章还进一步从金木水火土五个方面讲述享受、沉溺对于这一境界的具体阻碍和破坏：

> 凡乱之所由生者，皆在流遁。流遁之所生者五：大构驾，兴宫室，延楼栈道，鸡栖井干，标林檽栌，以相支持，木巧之饰，盘纡刻俨，赢镂雕琢，诡文回波，淌游溧减，菱杼紾抱，芒繁乱泽，巧伪纷

---

① 张双棣：《淮南子校释》，北京大学出版社2013年版，第873—874页。

挈，以相摧错，此遁于木也。……此五者，一足以亡天下。①

这与《精神训》关于精神不得内守的因素阐释也是一致的。《精神训》认为喜怒欲虑都是精神不得内守的重要原因，《本经训》将此演进到此处，阐释了统治者对抗私欲以求"太清"的重要性。

《本经训》与《精神训》的内在关联还不止于此。在对以儒家为代表的"仁义礼乐"进行批评时，也能看出两篇之间的内在关联和递进。

《本经训》讲道：

> 逮至衰世，人众财寡，事力劳而养不足，于是忿争生，是以贵仁。仁鄙不齐，比周朋党，设诈谞，怀机械巧故之心，而性失矣，是以贵义。阴阳之情，莫不有血气之感，男女群居杂处而无别，是以贵礼。性命之情，淫而相胁，以不得已，则不和，是以贵乐。是故仁义礼乐者，可以救败，而非通治之至也。②

作者认为儒家的"仁义礼乐"都是用以止纷争、戒巧故、阻淫乱的手段，而不是根治，并不能使人性归善、天地和谐。这些手段和"太清之治"有着明显的层次上的差别，在作者看来两者是本与末的区别："今背其本而求其末，释其要而索之于详，未可与言至也。"

《精神训》在对待儒家的态度上与此前后一贯。《精神训》同样批评儒者："不本其所以欲而禁其所欲，不原其所以乐而闭其所乐，是犹决江河之源而障之以手也。"③"故儒者非能使人弗欲，而能止之；非能使人勿乐，

---

① 张双棣：《淮南子校释》，北京大学出版社 2013 年版，第 874 页。
② 张双棣：《淮南子校释》，北京大学出版社 2013 年版，第 833 页。
③ 张双棣：《淮南子校释》，北京大学出版社 2013 年版，第 804 页。

而能禁之。"① 批评他们属于末节，而非根本；也同样指责他们只是禁欲而不能解决根本问题。

所以，《精神训》、《本经训》两篇前后相连，属于递进关系。《精神训》从一般层面讲精神内守以合于道德的重要性，《本经训》从治国理政方面具体展示，主张和顺的"太清之治"，倡导内守精神的统治之道。《本经训》是《精神训》的演进和在治国方面的具体化。

通过这几篇之间的过渡和演进，清楚地展示出《淮南子》从天道过渡到人事，从一般精神层面过渡到具体理政治国方面的思维逻辑。如果说《原道》、《俶真》、《天文》、《地形》、《时则》五篇是形上的天地之道，那么这几篇能够清楚展示出编撰者网络天地的结构意图。既照顾到天道，又不落人事，既照顾虚在精神，又不乏具体理政治国。这是本与末、虚与实兼顾的辩证性思维，也是包罗性思维，集中体现了结构的宏阔性。

当然，上文还讲到，其宏阔性的应有之义是对整体性的关注。这可以从《泰族训》的总结性特征明显看出。

（五）《泰族训》的总结——严整：结构宏阔的应有之义

《要略》是《淮南子》的最后一篇，但是严格讲来《要略》并非正文，是编者的总结与序言。《泰族训》实际上才是本书正文的最后一篇，本篇充满了对正文的总结之意。各位注家也隐约认识到这一点，对"泰族"进行相应诠注。许慎说："泰言古今之道，万物之指，族于一理，明其所谓也。"② 曾国藩的说法更为明确："群道众妙之所聚萃也。泰族者，聚而又聚者也。"③ 认为本篇就是众道的萃集、聚合。当然从结构角度看看，本篇其实就是全书的总结。

① 张双棣：《淮南子校释》，北京大学出版社 2013 年版，第 805 页。
② 陈奇猷：《吕氏春秋新校释》，上海古籍出版社 2002 年版，第 1076 页。
③ 陈奇猷：《吕氏春秋新校释》，上海古籍出版社 2002 年版，第 2076 页。

纵观全文，本篇先后抛出如下议论：

第一，关于精诚。

文中有许多相关论述，如："故寒暑燥湿，以类相从；声响疾徐，以音相应也。"①"故圣人养心，莫善于诚，至诚而能动化矣。"②

这是《泰族训》较早抛出的观点，其中多处引自《文子·精诚》，与《览冥训》有着共同的文献来源。除此之外，《俶真训》、《本经训》、《缪称训》、《说山训》等多篇文章均对精诚理论进行过论述。可以说，精诚理论是《淮南子》全书的重要线索，《泰族训》作为最后一篇的总结，再次重申。

第二，关于"因"。

如："故因其性，则天下听从；拂其性，则法县而不用。"③ 其实，"因"是从首篇《原道》就提出的重要的基础性的哲学理念，"因"成为自然和无为的应有之意。《原道训》就有："是故天下之事，不可为也，因其自然而推之。""所谓无不为者，因物之所为。"其后，多篇曾有相关论述，如《本经训》："所谓无不为者，因物之所为。"《主术训》："不因道之数，而专己之能，则其穷不达矣。"等等均是。

《泰族训》再次提及，属于总结和重申。

第三，关于三五。

《泰族训》讲道："昔者，五帝三王之莅政施教，必用参五。何谓参五？仰取象于天，俯取度于地，中取法于人……此之谓参。制君臣之义，父子之亲，夫妇之辨，长幼之序，朋友之际，此之谓五。"④

除了主张天地人协调参用，还主张君亲之义、人伦关系。《淮南子》对君亲之义、人伦关系并不否定，前边的篇目也多有提及。如《泛论训》：

---

① 陈奇猷：《吕氏春秋新校释》，上海古籍出版社 2002 年版，第 2075 页。
② 陈奇猷：《吕氏春秋新校释》，上海古籍出版社 2002 年版，第 2086 页。
③ 陈奇猷：《吕氏春秋新校释》，上海古籍出版社 2002 年版，第 2095 页。
④ 陈奇猷：《吕氏春秋新校释》，上海古籍出版社 2002 年版，第 2098 页。

"故仁以为经，义以为纪，此万世不更者也。"① 所以，此处也属重申和总结。

第四，关于应时而变。

《泰族训》讲道:"故圣人事穷而更为，法弊而改制，非乐变古易常也，将以救败扶衰，黜淫济非，以调天地之气，顺万物之宜也。圣人天覆地载，日月照，阴阳调，四时化，万物不同，无故无新，无疏无亲，故能法天。"②

主张应时而变，这也是《淮南子》的一贯理论线索。《主术训》、《诠言训》都曾有过相关阐述，较为明显，从略。

每五，关于兼用天下。

《泰族训》说:"夫天地不包一物，阴阳不生一类。海不让水潦以成其大，山不让土石以成其高。夫守一隅而遗万方，取一物而弃其余，则所得者鲜，而所治者浅矣。"③善于兼用天下之才，是其主张。这一点在《淮南子》之前篇目中也多有提及，以《主术训》为代表，如"故积力之所举，则无不胜也；众智之所为，则无不成也。"《泰族训》再次提及，属总结重申。

第六，关于神清志平。

《泰族训》讲道:"治身，太上养神，其次养形；治国，太上养化，其次正法。神清志平，百节皆宁，养性之本也；肥肌肤，充肠腹，供嗜欲，养生之末也。民交让争处卑，委利争受寡，力事争就劳，日化上迁善而不知其所以然，此治之上也。利赏而劝善，畏刑而不为非，法令正于上而百姓服于下，此治之末也。"④

① 陈奇猷:《吕氏春秋新校释》，上海古籍出版社 2002 年版，第 1379 页。
② 陈奇猷:《吕氏春秋新校释》，上海古籍出版社 2002 年版，第 2102 页。
③ 陈奇猷:《吕氏春秋新校释》，上海古籍出版社 2002 年版，第 2106 页。
④ 陈奇猷:《吕氏春秋新校释》，上海古籍出版社 2002 年版，第 2119 页。

其中认为神清志平既是养生的基本要求，同时也是治国的理想境界。让人清宁是治理的至高境界，而禁止惩罚欲望则是下策。这一主张在《本经训》、《主术训》中多有提及，这里进行重申。

第七，关于法与礼义。

《泰族训》对法和礼义、仁义的关系也进行了辨析："民无廉耻，不可治也；非修礼义，廉耻不立。民不知礼义，法弗能正也；非崇善废丑，不向礼义。无法不可以为治也，不知礼义不可以行法。"①"故仁义者，治之本也，今不知事修其本，而务治其末，是释其根而灌其枝也。且法之生也，以辅仁义，今重法而弃义，是贵其冠履而忘其头足也。"②

其认为，仁义才是治之本，法只是辅助手段，两者属于本末关系。

第八，关于任用贤能。

《泰族训》行文近尾时，提出："故圣主者举贤以立功，不肖主举其所与同。"③认为任用贤人对于治理十分重要。《主术训》等也曾有很多相关论述，主张兼用贤人之才，这里属重申总结。

第九，关于仁义、信义。

《泰族训》还讲道："故善言归乎可行，善行归乎仁义。"④"诗曰：'恺悌君子，求福不回。'言以信义为准绳也。"⑤对仁义、信义进行了倡言。

第十，关于"性命之情"。

《泰族训》接近最后又讲道：

欲成霸王之业者，必得胜者也。能得胜者，必强者也。能强者，

① 陈奇猷：《吕氏春秋新校释》，上海古籍出版社2002年版，第2123页。
② 陈奇猷：《吕氏春秋新校释》，上海古籍出版社2002年版，第2149页。
③ 陈奇猷：《吕氏春秋新校释》，上海古籍出版社2002年版，第2124页。
④ 陈奇猷：《吕氏春秋新校释》，上海古籍出版社2002年版，第2129页。
⑤ 陈奇猷：《吕氏春秋新校释》，上海古籍出版社2002年版，第2129页。

必用人力者也。能用人力者，必得人心者也。能得人心者，必自得者也。故心者，身之本也；身者，国之本也。未有得己而失人者也，未有失己而得人者也。故为治之本，务在宁民；宁民之本，在于足用；足用之本，在于勿夺时；勿夺时之本，在于省事，省事之本，在于节用；节用之本，在于反性。未有能摇其本而静其末，浊其源而清其流者也。故知性之情者，不务性之所无以为；知命之情者，不忧命之所无奈何。①

其对霸王之业进行系统论述，追本溯源，涉及众多概念和理论。而最终归结为知性命之情。

讲到此处，一切皆明："性命之情"正是本书经常出现的字眼。知性命之情，正是《淮南子》的重要理论线索，其在《原道训》、《俶真训》、《览冥训》、《本经训》、《诠言训》等多篇均有提及，这里当然又是总结和重申。

其实，说到这里基本可以断定《泰族训》在结构上的作用与地位，其总结之义昭然若揭。但再深入一步看，《泰族训》当然也并非只有一项总结功用。上文论及的第七、八、九、十条，能看出作者的思想倾向及有意调节。

七、八、九三条，宣扬任用贤人、礼义、仁义、信义等，虽不能因宣扬这些理论就断言为儒家思想而非其他。但是，我们说这与儒家之间的关系十分明显、或明显受到儒家思想影响，是毋庸置疑的。很多学者也都表达过此篇与儒家关联密切的意见，如刘康德："本卷所主张的治政之道，实际上是融合儒道政治思想的'仁政'。"②

儒家痕迹较重的现象在《淮南子》其他篇目中并不十分多见，在有的

---

① 陈奇猷：《吕氏春秋新校释》，上海古籍出版社2002年版，第2134页。
② 刘康德：《淮南子鉴赏辞典》，上海辞书出版社2012年版，第145页。

篇目中儒家观念，如仁义道德等还经常成为被指点的对象。如《本经训》："逮至衰世，人众财寡，事力劳而养不足，于是忿争生，是以贵仁。仁鄙不齐，比周朋党，设诈谞，怀机械巧故之心，而性失矣，是以贵义。"①

　　何以出现这种现象？首先，所谓的儒家痕迹，确实只是痕迹，不是原原本本照搬先秦的儒家思想，其显然是作者改造和改装过的儒家思想。关于这一点第一章第五节有详述，此不赘述。其次，本篇相对于其他篇章而言，儒家痕迹浓重确也能对整部书起到补充作用。从思想倾向上看，这部书道家思想（很多篇目这一倾向明显）、法家思想（《主术训》等）、儒家思想等这些主流思想均有糅合，自然在立足上就更为稳妥。再次，木篇与《本经训》同属对于治国理政思想的阐述，但从内容看，与《本经训》有差别。《本经训》侧重在理想状态的阐释，其"太清之治"的理想是治国至高层次。而《泰族训》虽也有至高境界的阐释，但是更多是当下性的选择，论述层次上与《本经训》有别。层次下降，本篇所提及的儒家色彩浓重的思想自然就是情理之中的了。

　　从《泰族训》本篇结构看，以精诚论开端，中间论及治国思想，最终又结以"性命之情"，这暗示着本文也绝对不是简单的倡言一番儒家言论而已。

　　总之，《泰族训》作为正文最后一篇，总结是其基本功用。而总结之外，其较为浓重的儒家色彩对整部书起到一定的补充辩证作用。

　　至此，整部《淮南子》的内部结构便可较为清晰的勾勒出来：《原道训》、《俶真训》是理论伞帽，两篇之间虽为姊妹，但又有分工；《天文》、《地形》、《时则》是一个结构单元，共同构成天地四时以决定人事的理论前提。

　　《览冥训》是从天到人的过渡。《精神训》是对人的总体要求，《本经训》

---

① 　陈奇猷：《吕氏春秋新校释》，上海古籍出版社 2002 年版，第 833 页。

是《精神训》的演进，由总体精神要求推进到治国理政领域。《主术训》、《缪称训》是对同一主题的辩证互补，文章的笔触移动至对手段手法的讨论。这两篇与上一篇《本经训》三篇之间又形成的是：从形上到形下、从纲领到手法、从至高层次到下级层次的推进。

《道应训》、《泛论训》和《诠言训》三篇形成结构单元。集中阐释道与世界的关系问题，之间形成良好的辩证互补。《道应训》展现大道恢宏；《泛论训》重权变，《诠言训》重不变。

《说山》、《说林》、《人间》三篇前后相连形成结构单元。《说山》、《说林》姊妹相连，共同展示世界的驳杂多变；《人间训》展示祸福无常背景下人的应对方略。这一结构理念属于再现。

能够看出，《泰族训》其实就是全书的正文总结，其意在使全书宏阔的结构有个规整的展现，防止漫衍无际。这与结构的宏阔性不仅不矛盾，而且还是其应有之义。因为如果仅仅宏阔而无规整，意味着这部书类似丛书一般漫无边际无所不包，但是如果将规整作为其应有之义，则意味着本书是一部学有宗旨的书，结构的宏阔、内容的包罗不是杂糅的表现，而恰恰是杂家的表现。这展现了其作为家派的特征。

通过以上两章的论述能够看出，虽然两书作为杂家的代表作品，其天然形态有着较大差异，有的结构理念和结构方式也有偏重表现，但是仍然能够看到秦汉杂家一般性结构理念和结构特征。

首先，两者都存在明显的辩证互补，有时通过篇章间主旨体现出来，有时则通过篇章内部思想表达直接体现出来。

其次，两书都存在主题聚落。关于某一主题聚落式排列在一起，它们形成辩证互补。

再次，结构理念存在层次性。作者有意进行篇章结构，但是结构线索显然并非单一，而是体现出一定的层次性。也即，有较高层次的统摄，有次等的统摄等等。如《吕氏春秋》八览，《有始览》开端形成的天道统摄

151

人事理念，是较高层次的；在每一览中君事在前、臣事在后则属于上一理念之下的次等统摄。同样，《淮南子》也是如此，从《原道》到《览冥》到最后《泰族》，是天道四时统摄人事的理念，属高级层次；而每个聚落中又有理念在前、具体应对方略在后，这是次等统摄理念。

最后，结构的宏阔性是秦汉杂家的重要特点，也可以说通过宏阔的结构实现更多学说的融合应当是秦汉杂家的重要手段。

当然，两书在结构上的差别也是显而易见的：

首先，《吕氏春秋》分为三大部分：纪、览、论，每一部分都有较为独立的结构理念和体系；《淮南子》则无此种情况，它的结构理念均在篇章间的行进中展现。实际情况看，《吕氏春秋》比《淮南子》的结构层次更为复杂。

其次，《吕氏春秋》篇目编排时，除考虑主题外，篇目的故事题材也是重要的考量（前已有述）。但《淮南子》的篇章规划，在这一点上显然并不明显。因为，它以议论为主，每篇都极尽展开，尽量以议论充分展现自己的主张，除个别篇目如《说山》、《说林》外，对故事题材考量不多。故事往往只是其议论的语料和论据，缺乏积极的结构功能。

以上是对两书结构的异同考察。另外，还需说明的是，从《淮南子》结构可以看出，治国理政的目的性是本书的重要特征。从道说起，过渡到治国理论和方法（《本经》、《主术》、《缪称》），中间虽然广言宇宙人事，但最终立足和总结仍然以治国理政为要（《泰族训》）。这与汉志的描述相吻合。

第三章

对历史故事及历史文献的处理

《吕氏春秋》和《淮南子》都有些篇目中采用了历史故事或历史文献，当然《吕氏春秋》表现得十分明显，而《淮南子》因为行文以议论为主，所以表现得不很明显，但是也有个别篇目采用了历史文献。考察它们对历史故事和历史文献的处理方式，有助于探清秦汉杂家的行文特征、编撰理念等系列问题。

第一节　照抄为主和稍作编排

两书都存在对历史故事和历史文献照抄为主的处理方法，当然《淮南子》还有两篇较为特殊的篇章——《说山训》和《说林训》，是以具象为主的短故事和名言短章，其文献来源虽然不甚明了，不能算是照抄，但是这些短章大多数应该是业已流传的名言警句或广为传播的短故事，其把这些短章罗列在一起，只是稍作编排，没有太明显的结构和处理。

一、《吕氏春秋》的照抄为主

《吕氏春秋》大量采录历史故事，有的篇目中历史故事成为文章的主体。

在采录历史故事过程中，是原样袭用，还是对它加以剪裁润色，这是两种不同的处理方式。对于采用的历史故事还有怎样编排的问题，是按照一定规则进行编排，还是无序陈列，这也是两种不同的处理方式。《吕氏春秋·先识览》收录的历史故事较多，通过对这些历史故事来源及在文章中排列方式的梳理，可以从一个侧面揭示《吕氏春秋》叙事及文本结构的某些特征。

《先识览》共由八篇组成，各篇均有历史故事。由于篇目不同，各篇所选录的历史故事数量也存在差异。现将各篇所选录的历史故事列表显示如下：

序号	篇名	历史故事
1	先识	夏太史令终古出其图法，执而立
2	先识	殷内史向挚载其图法出亡之周
3	先识	晋太史屠黍以其图法归周
4	先识	白圭之中山
5	观世	太公钓于滋泉，文王得之
6	观世	晏子礼遇越石父
7	观世	列子辞子阳粟
8	知接	管仲病而桓公问言
9	悔过	蹇叔哭师、秦缪公悔过
10	乐成	孔子始用于鲁，鲁人诵之
11	乐成	子产治郑，民相与诵之
12	乐成	魏文侯以乐羊攻中山
13	乐成	魏襄王用史起治水
14	察微	子贡赎鲁人，不取其金
15	察微	子路拯溺者受牛
16	察微	吴楚因女而战
17	察微	华元杀羊不与羊斟
18	察微	鲁季氏与郈氏斗鸡而致大乱
19	去宥	谢子见秦惠王
20	去宥	楚威王疏远沈尹华
21	去宥	邻人伐树
22	正名	尹文说士

从上表可以看出，《先知览》各篇所选录历史故事的数量多寡不等，有的还差别很大。选录历史故事最多的是《先识》、《去宥》，各选录三则。《知接》、《悔过》选录的历史故事数量最少，每篇只有一则。

《先识览》八篇作品，平均每篇 767 字。（对吕书各部分篇幅字数的统计详见文末附录）其中《乐成》篇最长，921 字；《去宥》篇最短，计 555 字。其余六篇字数在 650 字到 850 字左右，差别不是很大。按照各篇所选录的历史故事衡量，每篇所选录的历史故事数量少，那么，对历史故事的叙述就比较具体详细；反之，单篇选录的历史故事数量多，对每个历史故事的叙述就相对简略。也就是说，《先识览》所选录的历史故事就单独每则而言，彼此之间存在着繁简之别。

那么，造成《先识览》历史故事之间繁简之别的原因是什么呢？这要从它的材料来源加以考察。

《知接》篇的主体只有一则历史故事，即管仲病而桓公问言。这是一则在先秦时期广泛流传的历史故事，《吕氏春秋》之前的典籍多有记载，主要见于《管子》的《戒》、《小称》，《韩非子》的《十过》、《难一》，其中《管子·小称》和《韩非子·十过》篇的记载尤为详细。除此之外，《说苑·权谋》也记载了这个历史故事。《吕氏春秋·知接》篇的编者所可利用的有关管仲临终遗嘱的材料极其丰富，而这个故事本身就有很强的说服力，如果把其中的重要情节加以删剪，势必影响作品的效果。由此而来，《知接》篇的编者也就充分利用已有材料，使这个历史故事成为历史的主体，而无须再选择其他历史故事。

《悔过》篇的主体也只有一则历史故事，即蹇叔哭师、秦缪公悔过的前后经过。这个历史故事的具体记载见于《左传》的僖公三十二和三十三年，《悔过》篇选录了其中的主要情节，如蹇叔哭师、王孙满观师、弦高犒师、秦缪公悔过等，只是个别处少有不同。《左传》对于这个事件的记载已经很详细，《悔过》篇的编者对此加以充分利用，只是对个别地方有所增减。这篇作品虽然只收录一则历史故事，但篇幅已经接近《先识览》各篇的平均字数，其他相关历史故事不再有编入的必要。

《先识览·正名》篇也是只选录一则历史故事，即尹文说士，是以尹文与齐宣王对话的形式展开。双方多次问答，而以尹文的话语为主，把道理阐释得非常深入，显得很雄辩。《公孙龙子·迹府》篇也有尹文与齐宣王的这篇对话，文字大体相同、篇幅相当。公孙龙子在引用这个历史故事之后写道：

> 故龙子之言有似齐王，子之难白马之非马，不知所以难之说以此。犹知好士之名，而不知察士之类。①

公孙龙子引录尹文与齐宣王的对话，为自己白马非马的命题进行辩解。《吕氏春秋·正名》篇则是用这个历史故事证明循名责实的必要性。这两篇作品编者所依据的是同一个历史故事，他们基本是照录全文，很少有改动。原故事篇幅较长，他们都没有进行过多删剪。

综上所述，《吕氏春秋·先知览》每篇收录三四则历史故事的文章，其中每个历史故事篇幅较短。这些历史故事很少被编者压缩，而更多是以其本来的面目出现，很大程度上保留了它们的原貌。《察微》篇有四则历史故事，其中"华元杀羊不与羊斟"的主要情节如下：

> 郑公子归生率师伐宋。宋华元率师应之大棘，羊斟御。明日将战，华元杀羊飨士，羊斟不与焉。明日战，怒谓华元曰："昨日之事，子为制；今日之事，我为制。"遂驱师入于郑师。宋师败绩，华元虏。

① 《公孙龙子》，见四川大学古籍整理研究所、中华诸子宝藏编纂委员会：《诸子集成补编》三，四川人民出版社1997年版，第222—223页。

这个故事出自《左传·宣公二年》：

> 将战，华元杀羊食士，其御羊斟不与。及战，曰："畴昔之羊，子为政；今日之事，我为政。"与入郑师，故败。①

两相对照可以看出，《左传》对羊斟以私败国的记载很简要。与此相应，《吕氏春秋·察微》篇选录这则历史故事时所用的篇幅也较小，与《左传》的文字量大体相当，《察微》的编者没有对这个历史故事作添枝加叶的处理。

再如，《先识览·乐成》篇收录四则历史故事，每则篇幅都较短，其中"魏文侯以乐羊攻中山"主要情节如下：

> 魏攻中山，乐羊将。已得中山，还反报文侯，有贵功之色。文侯知之，命主书曰："群臣宾客所献书者，操以进之。"主书举两箧以进。令将军视之，书尽难攻中山之事也。将军还走，北面再拜曰："中山之举，非臣之力，君之功也。"

这个历史故事在先秦时期广为流传，除此篇的记载之外，还见于《战国策·秦策二》、《新序·杂事二》、《说苑·复恩》等典籍。其中《战国策·秦策二》的记载如下：

> 魏文侯令乐羊将，攻中山，三年而拔之，乐羊反而语功，文侯示之谤书一箧，乐羊再拜稽首曰："此非臣之功，主君之力也。"②

---

① 杨伯峻：《春秋左传注》，中华书局1981年版，第652页。
② 《战国策》，上海古籍出版社1990年版，第149页。

这则记载很简略，《新序·杂事二》所录文字与此完全相同。《说苑·复恩》篇对这个历史故事的记载，则与《先识览·乐成》篇的文字基本相同。由此可见，乐羊攻中山而得到魏文侯保护的历史故事，尽管流传版本存在差异，但都比较简略。正因为如此，《先识览·乐成》篇在选录这则历史故事的同时，还记载了其他三则同类历史故事。

除此之外，《先识》篇的"晋太史屠黍以其图法归周"、"白圭之中山"见于《说苑·权谋》。《观世》篇的"列子辞子阳粟"，见于《列子·说符》、《新序·节士》。《乐成》篇的"子产治郑"则出自《左传·襄公三十年》。这些历史故事或繁或简，但《先识览》所录文字与相关文献的记载大体一致，没有出现明显的差异。

综上所述，《吕氏春秋·先识览》各篇文章对历史故事的选录，在数量上没有固定的规则，而是根据历史故事的篇幅长短而定，原有历史故事篇较长，每篇文章所选录的数量就较少，反之则多。《先识览》的编者对于所选录的历史故事未作大的改动和加工，或长或短，基本保持原有的风貌。所以，《先识览》各篇所选录的历史故事，在数量上不是均等的，而是存在较大差异，从而使各篇在历史故事的编排方面呈现出多种结构形态。有的连类相次，把几个相关的历史故事排列在一起；有的则是一枝独秀，每篇文章的主体部分由一个历史故事独自支撑。其在对历史故事和历史文献进行处理的时候基本是以照抄为主，当然，每篇作品的规模篇幅也是重要的考量，选择故事的多少要看它们的长短。稍长的故事在每篇中就较少，反之则较多。

《吕氏春秋》对历史故事的引录照抄现象，前代学者对此已有关注。陈奇猷先生对《慎大览·权勋》篇有如下评论：

> 此篇主要系袭用《韩非子·十过》文。考韩非后吕不韦二年卒，

《十过》可能是韩非早年之著作，流传在外，为吕氏门客袭用。不然，
则是韩非与吕氏门客同抄一书所致。①

　　陈先生的这种推断是合理的。《吕氏春秋》援引历史故事确实多采用
抄书的方式，即对所引文献不做大的改动。所抄之书的历史故事或长或
短，一仍其旧，从而使得繁简错杂。在对所抄历史故事进行编排过程中，
又往往缺乏可供遵循的规则，因此不时出现次序混乱的现象，呈现出的是
有序与无序并存的结构形态。

二、《淮南子》的照抄为主

　　《淮南子》以议论为主，除了《说山训》、《说林训》以罗列故事为主，
其他篇目基本都有明显的议论行文脉络。相比之下，《道应训》对历史故
事和历史文献的借用还比较明显，可以作为与《吕氏春秋》对照的篇目。
　　从行文形态和形式看，《道应训》共有 56 章，与现有文献对比可以看
出，其袭用其他文献的特征也十分明显。通过梳理统计，具体说来有三种
结构，第一种：“故事叙述 + 经典（故老子曰为主）”，第二种“故事 + 议
论 + 故老子曰”、第三种：“故事 + 故老子曰 + 议论”。
　　其中第一种，也就是严格意义上的“故事叙述 + 故老子曰”结构的章
节共 35 章，占总数的 61%。
　　第二种“故事 + 议论 + 故老子曰”结构章节共 17 章。但是必须指出
的是，这 17 章中还有相当一部分，表面上属于这种结构，但是通过与现
存文献的对照发现，其议论部分实为袭自之前文献。如“白公胜得荆国”
一章：

---

① 　陈奇猷：《吕氏春秋新校释》，上海古籍出版社 2002 年版，第 875 页。

白公胜得荆国……十有九日而擒白公。夫国非其有也，而欲有之，可谓至贪也。不能为人，又无以自为，可谓至愚矣。譬白公之啬也，何以异于枭之爱其子也？故老子曰："持而盈之，不知其已。"①

其中，此段故事袭自《吕氏春秋·分职》篇，其中"夫国非其有也，而欲有之，可谓至贪也。不能为人，又无以自为，可谓至愚矣。譬白公之啬也，何以异于枭之爱其子也？"属于议论。但是此段文字为《吕氏春秋·分职》篇原有，并非作者所论。此类结构的章节共有八章，占14%。

议论袭自前代文献，稍有修改的有两章。就现存文献看，非袭自前代的只有七章。

第三种"故事＋故老子曰＋议论"所占比例也很小，只有四章。作者也只是在引用经典后稍作论述。一般都是对老子言论的简要解读，也有意通过这一解读使经典语录与故事更好对接。如"宁越欲干齐桓公"一段，齐桓公不避嫌疑坚决启用贤人宁越，之后引《老子》语："天大，地大，道大，王亦大。域中有四大，而王处其一焉。"（25章）最后，作者稍加解读："以言其能包裹之也。"②作者对语录解读很简洁，也有意与故事中齐桓公冲破阻挠、不避嫌疑用人的情节对接。

可以看出，《道应训》最主要的行文形态还是"故事叙述＋故老子曰"。故事往往袭自前代（有时连同议论文字一起袭用），作者较少出面新加议论，以故事和经典语录进行直接对接。

综上所述，《吕氏春秋》和《淮南子》中均有以照抄为主的处理方式，但这绝不能简单理解为编撰者的懒惰，或简单的罗列，其背后更为深刻的编撰理念需要我们深入剖析。《吕氏春秋》的照抄一方面是为了最大限度

---

① 张双棣：《淮南子校释》，北京大学出版社2013年版，第1244—1245页。
② 张双棣：《淮南子校释》，北京大学出版社2013年版，第1264页。

保持历史文献的原貌，另一方面则鲜明地展现出作为杂家的面貌和特征。当然，这都是在故事本身的规模适中的情况下，如果故事过长《吕氏春秋》当然会进行删节改造处理，以适应其篇章大概一致的篇幅规模。《淮南子》的照抄是为了给故事和经典的对证提供更大的空间，同样展现了作为杂家的独特面貌。关于这一点，后文将有详述。

三、《说山训》、《说林训》的稍作编排

《说山训》、《说林训》是《淮南子》中形态较为独特的两篇作品，也是叙事特征相对明显的篇目，故放在此章论述。《说山训》、《说林训》集中大量类似名言警句的短章，与《韩非子》之《内储说》和《外储说》、《列子·说符》、《说苑》、《新序》、《韩诗外传》等有区别。具象性是这两篇的核心特征。《说山训》、《说林训》两篇属于前后相连的姊妹篇，均以集合短小精悍的警句为主。但是这两篇的行文显然与其他篇目有别，有着鲜明的特征。从总体看，其中集合了众多事象，这些事象或为自然规律，或为生活常识，或为历史典故。它们或者独立存在承载哲理，或者作为材料组成议论，形成若干相对独立的段落。

具体说来，这两篇的行文有如下几种形态：

第一种，议论在前，具象在后。前边表述较为抽象的道理，或者作者的哲理意图；后边接以具体事项，用以类比和证明。如：

以非义为义，以非礼为礼，譬犹裸走而追狂人，盗财而予乞者，窃简而写法律，蹲踞而诵诗、书。（《说山训》）

以一世之度制治天下，譬犹客之乘舟，中流遗其剑，遽契其舟栀，暮薄而求之，其不知物类亦甚矣！（《说林训》）

善用人者，若蚈之足，众而不相害；若唇之与齿，坚柔相摩而不

相败。(《说林训》)

这类行文经常以"譬犹"、"若"等作为连接，作者以具体事象作为类比以证明哲理的意图十分明显。

第二种，具象在前，结论在后。通过具体事项见出一般规律和结论。如：

> 受光于隙照一隅，受光于牖照北壁，受光于户照室中无遗物，况受光于宇宙乎？天下莫不藉明于其前矣！由此观之，所受者小则所见者浅，所受者大则所照者博。(《说山训》)
>
> 泰山之容，巍巍然高，去之千里，不见埵堁，远之故也。秋豪之末，沦于不测。是故小不可以为内者，大不可以为外矣。(《说山训》)

当然，偶尔也会见到具象与抽象交替多次出现的情况，属于以上两种类型的杂合。如：

> 神龟能见梦元王，而不能自出渔者之笼。四方皆道之门户牖向也，在所从窥之。故钓可以教骑，骑可以教御，御可以教刺舟。(《说山训》)

神龟属具体事象，"四方皆道之门户牖向也，在所从窥之"则是抽象哲理，之后再次以具象的钓、骑等对这一哲理进行佐证。但是这种情况在两篇中并不多见。

第三种，胪列具象为主，哲理隐其中。整段行文只有具体事象，但是这些事象明显都有潜在的哲理，只是这些哲理作者并没有明言，而是隐藏其中。如：

鬻棺者欲民之疾病也，畜粟者欲岁之荒饥也。(《说林训》)

此段叙述两个常识，但显然有哲理隐藏其后。作者有意表达：虽是常人之所不欲，却仍有正欲者。只是这一哲理是隐在其中，并没有明言。

但是，作者胪列具体事象只是手段，其真正目的还是通过这些类近事象阐述某种哲理。所以，我们经常看见作者虽然并未专意展示哲理和结论，但是这些事象胪列后自然会带出一定的总结。这种情况可以看作哲理半隐其中。如：

耀蝉者务在明其火，钓鱼者务在芳其饵。明其火者，所以耀而致之也；芳其饵者，所以诱而利之也。欲致鱼者先通水，欲致鸟者先树木。水积而鱼聚，木茂而鸟集。好弋者先具缴与矰，好鱼者先具罟与罛，未有无其具而得其利。(《说山训》)

作者罗列耀蝉、钓鱼、鱼聚、鸟集等事象，意在阐明欲得利应先有所准备。但是作者并没有明言，或出面展开阐释。只是最后一句"未有无其具而得其利"，让这一哲理若隐若现。又如：

江出岷山，河出昆仑，济出王屋，颍出少室，汉出嶓冢，分流舛驰，注于东海，所行则异，所归则一。(《说山训》)

这段中的"所行则异，所归则一"是事象的总结，但是也部分隐藏了更为普遍的哲理。

第四种，寓言体。作者将抽象的哲学道理寄以具体形象进行阐释，使抽象的哲理表述有了具象的外壳。如：

　　魄问于魂曰："道何以为体?"曰："以无有为体。"魄曰："无有有

形乎?"魂曰："无有。""何得而闻也?"魂曰："吾直有所遇之耳! 视

之无形,听之无声,谓之幽冥。幽冥者,所以喻道,而非道也。"魄

曰："吾闻得之矣! 乃内视而自反也。"魂曰："凡得道者,形不可得而

见,名不可得而扬。今汝已有形名矣,何道之所能乎!"魄曰："言者,

独何为者?""吾将反吾宗矣。"魄反顾,魂忽然不见,反而自存,亦

以沦于无形矣。(《说山训》)

　　作者虚构了魂、魄两个形象,让他们开口讲话。抽象的哲理通过两个

形象展现,一是通过它们的语言,其所对言即是抽象的哲理表述;二是通

过两个形象的所为,魂、魄最终沦于无形展现的是无无形的深奥哲理。

　　这种形态较为特殊,在两篇中只有《说山训》开篇一见。

　　第五种,直接的哲理和结论表述。这种情况并不见具象出现,如:

　　人不小学,不大迷;不小慧,不大愚。(《说山训》)

　　但是,这种情况在两篇中仅此一见。

　　据统计,第二种和第三种类型是两篇的主要行文形态,两种类型的段

落大约占据88%的规模,而其中第三种类型又略多于第二种,至于第一

种类型不是两篇的主要形态。也就是说,《说山》、《说林》两篇主要的行

文形态是胪列具体事项,用以反映哲学道理。至于抽象的哲理和结论,有

时作者会借势阐明或者展开,有时也会自然地隐没或者半隐没在具体事象

的描述中。

　　综观两篇,从段落的长短看,《说山训》的前半部分各个段落明显较

长。而从《说山训》后半,特别至《说林训》段落明显变短,大都变成类

似"羿之所以射远中微者,非弓矢也;造父,之所以追速致远者,非辔衔

也"这样的精短行文。

对比前后行文的这种差异可以看出，主要有两种原因导致了两篇靠前部分的段落较长。

一是大量同类事项的罗列。如：

> 善射者发不失的，善于射矣，而不善所射。善钓者无所失，善于钓矣，而不善所钓。故有所善，则不善矣。钟之与磬也，近之则钟音充，远之则磬音章，物固有近不若远，远不若近者。今日稻生于水，而不能生于湍濑之流；紫芝生于山，而不能生于盘石之上；慈石能引铁，及其于铜，则不行也。（《说山训》）

这段行文意在阐明"有所能，有所不能"的哲理，显然作者罗列了大量同类事象，使得篇幅拉长。又如：

> 陈成子恒之劫子渊捷也，子罕之辞其所不欲，而得其所欲，孔子之见黏蝉者，白公胜之倒杖策也，卫姬之请罪于桓公，子见子夏曰："何肥也？"魏文侯见之反被裘而负刍也，貌说之为宋王解闭结也，此皆微眇可以观论者。（《说山训》）

这些同类的事象有时也会如这段文字，是若干同主题的历史典故组成，由于大量罗列，使篇幅拉长。

二是较为鲜明的议论梳理。作者在这些段落中往往还表现出较为明显的议论欲望，会使用多种方式展现其议论的思路。如：

> 狂者东走，逐者亦东走，东走则同，所以东走则异。溺者入水，拯之者亦入水，入水则同，所以入水者则异。故圣人同死生，愚人亦

同死生，圣人之同死生通于分理，愚人之同死生不知利害所在。徐偃王以仁义亡国，国亡者非必仁义；比干以忠靡其体，被诛者非必忠也。故寒颤，惧者亦颤，此同名而异实。（《说山训》）

作者的行文轨迹是：从具体事象说起（"狂者东走"等）——抽象出哲理（"故圣人……"、"愚人……"）——再次罗列事象（徐偃王等）——再次总结（"此同名而异实"）。可以看出，作者的议论梳理的痕迹较为明显地展现出来。

另外如：

今夫暗饮者，非尝不遗饮也，使之自以平，则虽愚无失矣。是故不同于和而可以成事者，天下无之矣。求美则不得美，不求美则美矣；求丑则不得丑，求不丑则有丑矣；不求美又不求丑，则无美无丑矣，是谓玄同。（《说山训》）

在简单的事象摆出后，作者以"是故"承接，进行了充分的哲理论述。

相比之下，"鬻棺者欲民之疾病也，畜粟者欲岁之荒饥也。"（《说林训》）以及"水静则平，平则清，清则见物之形，弗能匿也，故可以为正。"（《说林训》）等段落，其议论梳理的痕迹要暗淡得多。

综合看来，《说山》、《说林》两篇集合了大量哲理，但这些哲理主要通过具象方式展现，而不是单纯的抽象说理。只有一处（第五种类型）未见具象出现，其他均以具体事象的出现为特征。可以断言，具体事象才是这两篇的核心特征所在。作者集合若干具体事象，或者用以为论说的例证、用以类比，或者从其中抽拔出抽象的哲理，或者直接罗列具体事象让哲理隐含其中。可以说，反映哲理是这些段落的共同目的，但是通过具象而非抽象说理，却是两篇的根本特征。

两篇是以具象的胪列为根本特征的，而其具象包罗的范围极其广泛，具体说来，其具象有如下几种：

第一种，自然规律和现象。如：

水静则平，平则清，清则见物之形，弗能匿也，故可以为正。（《说林训》）

川竭而谷虚，丘夷而渊塞，唇竭而齿寒。河水之深，其壤在山。（《说林训》）

江出岷山，河出昆仑，济出王屋，颍出少室，汉出嶓冢，分流舛驰，注于东海，所行则异，所归则一。（《说山训》）

眼见的是自然现象，而自然的运行又有着自己的规律。作者集合了众多此类具体事象，用以隐喻和论证抽象的哲理。这类具象在两篇中所占不少，大约占所有事象的四至五成。

第二种，人事常情和常识。如：

画西施之面，美而不可说；规孟贲之目，大而不可畏；君形者亡焉。（《说山训》）

耀蝉者务在明其火，钓鱼者务在芳其饵。明其火者，所以耀而致之也；芳其饵者，所以诱而利之也。欲致鱼者先通水，欲致鸟者先树木。（《说山训》）

鸟飞反乡，兔走归窟，狐死首丘，寒将翔水，各哀其所生。（《说林训》）

这是千百年来人类生活经验的总结，其中寄寓着深厚的哲理。作者将这些人事常情集合在这里，形成蔚为大观的智慧库。

当然，以上两种分类具有相对性，有些时候所谓的自然规律和人事常情并不易区分，因为他们背后有着共同的深刻哲理。如：

> 有鸟将来，张罗而待之，得鸟者，罗之一目也；今为一目之罗，则无时得鸟矣。(《说山训》)
>
> 欲致鱼者先通水，欲致鸟者先树木。水积而鱼聚，木茂而鸟集。好弋者先具缴与矰，好鱼者先具罟与罛，未有无其具而得其利。(《说山训》)

这些具象可以看作自然规律，也可看作人事常情。但无论如何划分，无碍于规律和哲理的表达。

第三种，历史典故。其实是胪列已经发生的历史故事和传说，从中抽拔出哲学道理。但是《说山》、《说林》在用到这些具体事象的时候，明显进行了简洁化处理。所以，此处认为与其叫作历史故事，不如叫作历史典故。

> 庄王诛里史，孙叔敖制冠浣衣；文公弃荏席，后霉黑，咎犯辞归，故桑叶落而长年悲也。(《说山训》)
>
> 晋阳处父伐楚以救江，故解捽者不在于捌格，在于批伉。(《说林训》)
>
> 管子以小辱成大荣，苏秦以百诞成一诚。(《说林训》)
>
> 献公之贤，欺于骊姬；叔孙之智，欺于竖牛。(《说林训》)

这些历史故事被简洁化处理后，只剩余了梗概和骨架，故事情节等一概隐去，成为典故。

第四种，无稽典故。所谓无稽典故，是指那些无史可证的故事。如：

鲁人身善制冠，妻善织履，往徙于越而大困穷。以其所修而游不用之乡，（《说山训》）

以一世之度制治天下，譬犹客之乘舟，中流遗其剑，遽契其舟楫，暮薄而求之，其不知物类亦甚矣！（《说林训》）

郢人有买屋栋者，求大三围之木，而人予车毂，跪而度之，巨虽可，而修不足。（《说山训》）

在这几类具象中，以第一种和第二种所占最多，两者约占总数的九成。历史典故和无稽典故所占极少。

这与之前的说体文章有着重要区别。以《韩非子》之《内储说》和《外储说》为代表的说体文，是以集合历史故事为主要特征的，其中的历史故事占据了绝对优势。另外如《列子·说符》、《说苑》、《新序》、《韩诗外传》等也是如此，历史故事是这些说体著作的主要组成要素。这与《淮南子》区别明显。

两篇以具象为主要特征，通过具象方式，或譬喻，或类比，集合了大量哲理。这些哲理所涉的范围极其广泛。

首先，两篇中有一部分具有较为明显的道家特征的哲理。这些哲理虽不能完全界定为道家思想，但是在概念运用、表述方式、理论内涵上与传统的道家理论关联密切。如：

魄问于魂曰："道何以为体？"曰："以无有为体。"魄曰："无有有形乎？"魂曰："无有。""何得而闻也？"魂曰："吾直有所遇之耳。视之无形，听之无声，谓之幽冥。幽冥者，所以喻道，而非道也。魄曰："吾闻得之矣。乃内视而自反也。"魂曰："凡得道者，形不可得而见，名不可得而扬。今汝已有形名矣，何道之所能乎！"魄曰："言者，独何为者？""吾将反吾宗矣。"魄反顾，魂忽然不见，反而自存，亦

以沦于无形矣。(《说山训》)

这里集中讲"道"为何物、讲"道"的特点，与传统道家思想讲"道"有颇多相通之处。再如：

人不小学，不大迷；不小慧，不大愚。(《说山训》)

这句也见于《文子·上德篇》，是大小之间的辩证关系，否定了小学和小慧，有较为明显的道家特征。再如：

求美则不得美，不求美则美矣；求丑则不得丑，求不丑则有丑矣；不求美又不求丑，则无美无丑矣。是谓玄同。

"玄同"一词初见于《庄子·胠箧》：

故曰：大巧若拙。削曾、史之行，钳杨、墨之口，攘弃仁义，而天下之德始玄同矣。

郭象注曰："去其乱群之率，则天下各复其所而同于玄德矣"[1]，讲的正是泯灭是非、贵贱、美丑等人为判断，使万物回归其所。《淮南子》和《庄子》对这个概念运用的语境不同，但是内涵却是一致的。这些主要集中在《说山训》的前半部分。

但是，同时也必须承认，两篇中绝大多数哲理内容并不易、也不宜以诸子某家界定之。因为其所涉范围实在是广之又广、泛之又泛，涉及方方

---

[1] 郭庆藩：《庄子集释》，中华书局2004年版，第356页。

面面。如：

> 见一叶落，而知岁之将暮；睹瓶中之冰，而知天下之寒；以近论
> 远。(《说山训》)
> 三人比肩，不能外出户；一人相随，可以通天下。(《说山训》)
> 剌我行者，欲与我交；訾我货者，欲与我市。(《说林训》)
> 以水和水不可食，一弦之瑟不可听。(《说林训》)
> 临河而羡鱼，不如归家织网。(《说林训》)
> 易道良马，使人欲驰；饮酒而乐，使人欲歌。(《说林训》)
> ……

类似这样的段落还可以继续罗列下去。这些段落涉及人生感悟、处事方法、人之常情等等诸多方面，可谓无孔不入、绝无巨细。

从论说的角度看，大多数是正面陈述、正面述说哲理，使读者正面接受。如："日出旸谷，入于虞渊，莫知其动，须臾之间，俯人之颈。"(《说林训》)等等。

但是也有不少是从反面述说，意在破碎人们的常见和想当然的观念。如：

> 柳下惠见饴，曰："可以养老。"盗跖见饴，曰："可以黏牡。"见物同，而用之异。(《说林训》)
> 蚕食而不饮，二十二日而化；蝉饮而不食，三十日而脱；蜉蝣不食不饮，三日而死。人食礜石而死，蚕食之而不饥；鱼食巴菽而死，鼠食之而肥。类不可必推。(《说林训》)
> 瓦以火成，不可以得火；竹以水生，不可以得水。(《说林训》)
> 一脟炭熯，掇之则烂指；万石俱熯，去之十步而不死。同气异积

也。(《说林训》)

钓者静之，罛者扣舟，罩者抑之，罾者举之，为之异，得鱼一也。(《说林训》)

这些哲理一改常见，给人很大教诲和启发，同时也充分展现了这个世界复杂、丰富、生动的特征。

两篇由若干承载了哲理的具象性段落组成，这些段落从结构上看，有如下几个特点：

一是篇幅较长的段落靠前，而简洁、简短的段落靠后。如前所述，《说山训》靠前的一些段落，或者表现出较为明显的议论梳理痕迹，或罗列同类事象，致使段落扩展得较长。而相比之下，《说山训》后半部分较之《说林训》则普遍是以简短段落为主。

二是具有较为鲜明道家色彩的段落主要集中在前端。特别《说山训》开头其所虚构的寓言，通过魂、魄二人的对话，阐述何为"道"。其有意地以形而上的"道"作为全篇的统摄。当然从论述看，其受道家思想影响的痕迹也十分明显。

上文所列的另外几处受道家影响的段落也主要分布在《说山训》的前端。但不得不承认，这一特点并不十分明显，只是粗略表现如此。

三是行文中偶尔出现小型聚落，连续几个段落阐述相近相同的哲理。如《说山训》的相连两个段落：

鼎错日用而不足贵，周鼎不爨而不可贱，物固有以不用而为有用者。

地平则水不流，重钧则衡不倾，物之尤必有所感，物固有以不用为大用者。

再如同篇中：

> 尝一脔肉，知一镬之味；悬羽与炭，而知燥湿之气；以小明大。
>
> 见一叶落，而知岁之将暮；睹瓶中之冰，而知天下之寒；以近论远。

可以看作是相近主题的段落相连，另如《说林训》中的相连四个段落：

> 柳下惠见饴，曰可以养老；盗跖见饴，曰可以黏牡；见物同，而用之异。
>
> 蚕食而不饮，二十二日而化；蝉饮而不食，三十日而脱；蜉蝣不食不饮，三日而死；人食礜石而死，蚕食之而不饥；鱼食巴菽而死，鼠食之而肥；类不可必推。
>
> 瓦以火成，不可以得火；竹以水生，不可以得水。
>
> 一脯炭熯，掇之则烂指；万石俱熯，去之十步而不死；同气异积也。

都是讲似同而异、似异而同、类不可必推，基本可以看作是主题相近段落相连。但是，更应该承认的事实是，两篇在这一方面似乎并没有进行特别有意的设计和安排。同一主题相隔出现的情况并不少见，如：

> 尝一脔肉，知一镬之味；悬羽与炭，而知燥湿之气；以小明大。
>
> 见一叶落，而知岁之将暮；睹瓶中之冰，而知天下之寒；以近论远。

两段相连出现在《说山训》中，而《说林训》中再次出现：

尝一脔肉而知一镬之味，悬羽与炭而知燥湿之气，以小见大，以近喻远。

再如：《说山训》有：

蘧伯玉以德化，公孙鞅以刑罪，所极一也。病者寝席，医之用针石，巫之用糈藉，所以救钧也。狸头愈鼠，鸡头已瘘，虻散积血，斫木愈龋，此类之推者也。

而《说林训》中再次出现这一主题：

视书，上有酒者，下必有肉，上有年者，下必有月，以类而取之。

再如，如上所引《说林》出现关于"类不可必推"的聚落，而在《说山训》中也有这一主题：

故决指而身死，或断臂而顾活，类不可必推。

综合看来，《淮南子》作者在结构安排上，只是轻微表现出有意的结构理念。开头冠以形而上的"道"，将较长的段落集于前部，偶尔出现小型的主题聚落。但是总体看，两篇包罗万象，纵横说理，所涉极为广泛、绝无巨细，是生活经验、人之常情、自然规律等诸多方面的大荟萃。从总体特征看，这些哲理很难、也不宜界定为某家思想。作者无意将这些包罗万象的哲理段落进行结构梳理，更像是相对无意的堆积和集合。

以上表明的是杂家作品在文献处理时相对静止和较少作为的一面，它所体现的是杂家作品其收录收纳的文本特性。当然，这不是全貌。讲到对于历史故事和历史文献的处理，《吕氏春秋》和《淮南子》更多的时候是会进行相应的改造，《吕氏春秋》甚至还会采用和改造较长的故事。

第二节　对长故事的改造

在利用历史故事和历史文献时，《吕氏春秋》有时会使用长故事，但是《淮南子》基本没有长故事。除上文所论《道应训》中有些故事较长，基本是原样抄袭外，其他篇章基本见不到长故事。这与《淮南子》的议论性行文密切相关，义脉和思想的表达是文章的主线，而故事、特别是长故事的叙述不是这些篇章的偏好。所以，本章主要以《吕氏春秋》为例，说明杂家作品在处理长故事时的特征和手法。

《吕氏春秋》各篇在篇幅长短上有一定范围，保证每一单元在篇幅上大体相当，因而在收录故事时也有一定的原则，这个原则也成为处理长故事时的重要背景。《吕氏春秋》倾向于收录长短适中的历史故事，因而往往会在一篇之中集中两到三则，甚至更多的历史故事。但是《吕氏春秋》偶尔也会收录较长篇幅的历史故事，在收录这些历史故事的时候《吕氏春秋》往往会作一定处理。《先识览·悔过》篇就只收录一则长篇历史故事，这则历史故事见于《左传》，《悔过》篇在收录时便进行了相应处理。

《吕氏春秋》对长篇历史故事的处理，一方面是为了满足篇幅的要求，另一方面也体现出独特的编撰思想和文学理念。

《先识览·悔过》篇中的"蹇叔哭师"一事，见于《左传》之《僖公三十二年》和《僖公三十三年》。《吕氏春秋》所录与《左传》的记载出入不是很大，但是仍能看出其在叙述特征上的差异。《左传》是这样记载的：

冬，晋文公卒。庚辰，将殡于曲沃，出绛，柩有声如牛。卜偃使大夫拜。曰："君命大事。将有西师过轶我，击之，必大捷焉。"

杞子自郑使告于秦，曰："郑人使我掌其北门之管，若潜师以来，国可得也。"穆公访诸蹇叔，蹇叔曰："劳师以袭远，非所闻也。师劳力竭，远主备之，无乃不可乎！师之所为，郑必知之。勤而无所，必有悖心。且行千里，其谁不知？"公辞焉。召孟明、西乞、白乙，使出师于东门之外。蹇叔哭之，曰："孟子，吾见师之出而不见其入也。"公使谓之曰："尔何知？中寿，尔墓之木拱矣。"蹇叔之子与师，哭而送之，曰："晋人御师必于殽。殽有二陵焉。其南陵，夏后皋之墓也；其北陵，文王之所辟风雨也。必死是间，余收尔骨焉。"秦师遂东。

三十三年春，秦师过周北门，左右免胄而下。超乘者三百乘。王孙满尚幼，观之，言于王曰："秦师轻而无礼，必败。轻则寡谋，无礼则脱。入险而脱。又不能谋，能无败乎？"

及滑，郑商人弦高将市于周，遇之。以乘韦先，牛十二犒师，曰："寡君闻吾子将步师出于敝邑，敢犒从者，不腆敝邑，为从者之淹，居则具一日之积，行则备一夕之卫。"且使遽告于郑。

郑穆公使视客馆，则束载、厉兵、秣马矣。使皇武子辞焉，曰："吾子淹久于敝邑，唯是脯资饩牵竭矣。为吾子之将行也，郑之有原圃，犹秦之有具囿也。吾子取其麋鹿以闲敝邑，若何？"杞子奔齐，逢孙、扬孙奔宋。孟明曰："郑有备矣，不可冀也。攻之不克，围之不继，吾其还也。"灭滑而还。

齐国庄子来聘，自郊劳至于赠贿，礼成而加之以敏。臧文仲言于公曰："国子为政，齐犹有礼，君其朝焉。臣闻之，服于有礼，社稷之卫也。"

晋原轸曰："秦违蹇叔，而以贪勤民，天奉我也。奉不可失，敌不可纵。纵敌患生，违天不祥。必伐秦师。"栾枝曰："未报秦施而伐其师，其为死君乎？"先轸曰："秦不哀吾丧而伐吾同姓，秦则无礼，何施之为？吾闻之，一日纵敌，数世之患也。谋及子孙，可谓死君乎？"遂发命，遽兴姜戎。子墨衰绖，梁弘御戎，莱驹为右。

夏四月辛巳，败秦师于殽，获百里孟明视、西乞术、白乙丙以归，遂墨以葬文公。晋于是始墨。

文嬴请三帅，曰："彼实构吾二君，寡君若得而食之，不厌，君何辱讨焉！使归就戮于秦，以逞寡君之志，若何？"公许之，先轸朝。问秦囚。公曰："夫人请之，吾舍之矣。"先轸怒曰："武夫力而拘诸原，妇人暂而免诸国。堕军实而长寇仇，亡无日矣。"不顾而唾。公使阳处父追之，及诸河，则在舟中矣。释左骖，以公命赠孟明。孟明稽首曰："君之惠，不以累臣衅鼓，使归就戮于秦，寡君之以为戮，死且不朽。若从君惠而免之，三年将拜君赐。"

秦伯素服郊次，乡师而哭曰："孤违蹇叔以辱二三子，孤之罪也。不替孟明，孤之过也。大夫何罪？且吾不以一眚掩大德。"①

而《悔过》篇的记载是这样的：

昔秦缪公兴师以袭郑。蹇叔谏曰："不可。臣闻之，袭国邑，以车不过百里，以人不过三十里，皆以其气之趫与力之盛，至，是以犯敌能灭，去之能速。今行数千里、又绝诸侯之地以袭国，臣不知其可也。君其重图之。"缪公不听也。蹇叔送师于门外而哭曰："师乎！见其出而不见其入也。"蹇叔有子曰申与视，与师偕行。蹇叔谓其子曰：

---

① 孔颖达：《春秋左传正义》，见《十三经注疏》，上海古籍出版社 1997 年版，第 1832—1834 页。

"晋若遏师必于殽。女死不于南方之岸，必于北方之岸，为吾尸女之易。"缪公闻之，使人让蹇叔曰："寡人兴师，未知何如。今哭而送之，是哭吾师也。"蹇叔对曰："臣不敢哭师也。臣老矣，有子二人，皆与师行，比其反也，非彼死则臣必死矣，是故哭。"

师行过周，王孙满要门而窥之，曰："呜呼！是师必有疵。若无疵，吾不复言道矣。夫秦非他，周室之建国也。过天子之城，宜橐甲束兵，左右皆下，以为天子礼。今袀服回建，左不轼，而右之超乘者五百乘，力则多矣，然而寡礼，安得无疵？"

师过周而东。郑贾人弦高、奚施将西市于周，道遌秦师，曰："嘻！师所从来者远矣，此必袭郑。"遽使奚施归告，乃矫郑伯之命以劳之，曰："寡君固闻大国之将至久矣。大国不至，寡君与士卒窃为大国忧，日无所与焉，惟恐士卒罢弊与糗粮匮乏。何其久也。使人臣犒劳以璧，膳以十二牛。"秦三帅对曰："寡君之无使也，使其三臣丙也、术也、视也于东边候之道，过是，以迷惑陷入大国之地。"不敢固辞，再拜稽首受之。三帅乃懼而谋曰："我行数千里，数绝诸侯之地以袭人，未至而人已先知之矣，此其备必已盛矣。"还师去之。

当是时也，晋文公适薨，未葬。先轸言于襄公曰："秦师不可不击也。臣请击之。"襄公曰："先君薨，尸在堂，见秦师利而因击之，无乃非为人子之道欤？"先轸曰："不吊吾丧，不忧吾哀，是死吾君而弱其孤也。若是而击，可大强。臣请击之。"襄公不得已而许之。先轸遏秦师于殽而击之，大败之，获其三帅以归。缪公闻之，素服庙临，以说于众曰："天不为秦国，使寡人不用蹇叔之谏，以至于此患。"此缪公非欲败于殽也，智不至也。智不至则不信，言之不信，师之不反也从此生。故不至之为害大矣。①

---

① 陈奇猷：《吕氏春秋新校释》，上海古籍出版社 2002 年版，第 989—990 页。

两相对比，可以看出《左传》和《悔过》在叙述上有如下差异：

第一，从故事情节和人物角色看，《悔过》篇比《左传》简略，《悔过》篇对《左传》进行了删节。

《左传》"蹇叔哭师"的故事大致包括如下几个关键情节：晋文公显灵、卜偃进谏、杞子通秦、蹇叔哭师、王孙满观师、弦高犒师、皇武子进言、杞子出逃、庄子来聘、原轸谏师、秦师败绩、文嬴请三帅、阳处父追赶、穆公悔过。相比之下，《悔过》篇的故事情节则精简许多，所剩情节主要有：蹇叔哭师、王孙满观师、弦高犒师、先轸谏师、秦师败绩、穆公悔过。但从故事情节看，《悔过》篇所留的故事情节足以表达"悔过"的主题，所以《吕氏春秋》在采用本故事时对故事情节进行截取。留存其中的关键情节和主要情节，使其满足主题表达的需要，对于次要情节则进行删减。

与此相应，《悔过》篇在删减故事情节的同时，对其中的人物也进行择取。《悔过》篇突出主要人物，而省略或简略叙述次要人物。《左传》中"蹇叔哭师"的故事中出现的人物较多，人物关系也较为复杂。出现的人物超过二十个：秦穆公、蹇叔、卜偃、杞子、庄子、臧文仲、孟明、西乞、白乙、蹇叔之子、王孙满、弦高、皇武子、逢孙、扬孙、晋原轸、先轸、栾枝、子墨、梁弘、莱驹、文嬴、阳处父。而相比之下，《悔过》篇中出现的人物则大大削减，出现的人物不足十位，如：秦缪公、蹇叔、王孙满、申与视、弦高、奚施、先轸、晋襄公。在《悔过》篇中被删节的人物，有的是连同次要故事情节一同被删掉的，如：卜偃、杞子、庄子、臧文仲、皇武子、逢孙、扬孙、文嬴、阳处父等；有的则是在故事情节中被《悔过》篇有意简略化、概括化的，如：孟明、西乞、白乙三人，在《悔过》篇中被简略称为"三帅"。

经过对故事情节和人物关系的删节，《悔过》篇中"蹇叔哭师"故事旁出的情节更少、情节变得更为单纯而集中。

《悔过》篇进行故事情节的集中化处理，其中有一个十分重要的原因是要缩短故事叙述的篇幅，以使故事的篇幅适宜于收录，使每篇的长度接近本览其他篇目。据统计，《左传》僖公三十二年和三十三年中对本故事的记载共约 890 字，而《先识览》各篇的平均字数为 768 字。虽然《左传》中用以故事记载的 890 字与平均数相差并不悬殊，但是可以想见，仅故事记载的字数已经超出平均数字，如果作者要在故事叙述后再进行一定的议论和评述，势必造成字数大大超出平均篇幅，这对于篇章均衡十分不利。这样，作者在收录本故事时对篇幅进行了一定的规划。经过改写后，《悔过》篇中用以故事叙述的字数共有 680 字左右，显然少于且接近平均数。这样，就给作者的篇章组织提供较大的自由和余地，可以通过可长可短的议论评述，达到各篇篇幅相对规整的目的。本篇在加上作者的议论评述后，最终形成的篇幅为 736 字，已十分接近本览的平均篇幅。

所以，对于篇章字数的考虑和规划是《吕氏春秋》进行故事收录时的重要特点。在收录篇幅较长故事时，进行篇幅的压缩是较为常见的做法。

第二，在对事件发生的时间、地点的处理上，《左传》更为详尽具体，《悔过》篇较为概括、模糊。

如在对事件发生的具体地点的处理上，《左传》在叙事中有"召孟明、西乞、白乙，使出师于东门之外"，而《悔过》篇将这一细节省略；《左传》中有"三十三年春，秦师过周北门，左右免胄而下"，将地点具体至周之北门，但是《悔过》篇只笼统讲"师行过周"，省去"北门"这一细节；《左传》中有"及滑，郑商人弦高将市于周，遇之"，将弦高遇见秦师的地点精确至"滑"，然而《悔过》篇则笼统地说："郑贾人弦高、奚施将西市于周，道遇秦师"，将双方的相遇地点省略。

在对事件发生的具体时间上，《左传》的叙述也往往比《悔过》篇更为具体详尽。如《左传》对秦师战败的时间有具体记载："夏四月辛巳，败秦师于殽"，而《悔过》篇则对秦师战败时间的叙述较为模糊："先轸遏秦师于殽而击之，大败之，获其三帅以归"；《左传》开始利用倒叙的方法，首先交代晋文公死去的时间："（三十二年僖公）冬，晋文公卒。"而《悔过》篇没有利用这一叙述方式，而是在叙述过程中笼统地讲出"当是时也，晋文公适薨，未葬"。

与《左传》的具体详尽相比，《悔过》篇对时间的记载较为模糊，有时甚至在事件发生的时间上出现失误。如《左传·僖公三十二年》曰："冬，晋文公卒。庚辰，将殡于曲沃，出绛，柩有声如牛。"① 明确记载晋文公卒年为鲁僖公三十二年冬，而秦晋殽之战、秦国战败是在鲁僖公三十三年。但是《悔过》篇记载："当是时也，晋文公适薨，未葬。"② 这就很容易使人产生误解，将晋文公的卒年认定为秦晋殽之战、秦国战败的时间，即鲁僖公三十三年。显然，这并不合于历史。造成这一误解的直接原因是，《悔过》篇没有运用《左传》的倒叙方式，而是用顺叙的方式进行叙述，在叙述至晋文公去世时就较为模糊地表述为"适薨，未葬"，最终导致很容易使人产生误解。《史记·秦本纪》记载"当是时，晋文公丧尚未葬"③，其中没有明言"适薨"。看来，《史记》的表述受到《吕氏春秋》的影响，但是司马迁意识到《吕氏春秋》的这一时间并不确切，在前文加以记载"三十二年冬，晋文公卒"④，于是巧妙地避开"适薨"一词，而用"尚未葬"加以记载，有效避免了可能造成的失误。

造成这一时间记载模糊、歧义的直接原因是《悔过》篇与《左传》叙述方式的差异，但是这也反映出《悔过》篇的作者在改造《左传》材料时，对时间并没有足够的重视，没有对时间进行细致甄别。

所以，作为历史著作的《左传》在对待事件发生的时间、地点等基本历史信息时，采取审慎态度，会对时间、地点进行较为详尽的甄别、记

---

① 孔颖达：《春秋左传正义》，见《十三经注疏》，上海古籍出版社 1997 年版，第 1832 页。
② 陈奇猷：《吕氏春秋新校释》，上海古籍出版社 2002 年版，第 990 页。
③ 《史记》，中华书局 1982 年版，第 192 页。
④ 《史记》，中华书局 1982 年版，第 190 页。

载；而《悔过》篇由于其叙事的主要目的不在于记述历史，而在于通过这一历史故事阐述道理，因而对于时间、地点等细节采取的是概括化、模糊化的叙述方式，有时甚至可能导致人们对时间记载判断的失误。

第三，人物语言上的差异是《悔过》篇和《左传》的重要区别，《悔过》篇善于将人物语言作为叙事和人物塑造的重要手段。

《悔过》篇在收录这一故事时，缩短篇幅是其重要的处理方式。但是，从人物语言看，《悔过》篇中人物的语言普遍比《左传》要丰满、所占篇幅更长。如：

《左传》记载：

> 蹇叔曰："劳师以袭远，非所闻也。师劳力竭，远主备之，无乃不可乎！师之所为，郑必知之。勤而无所，必有悖心。且行千里，其谁不知？"

《悔过》篇相应情节中蹇叔则是这样表达自己的意见：

> 蹇叔谏曰："不可。臣闻之，袭国邑，以车不过百里，以人不过三十里，皆以其气之趫与力之盛至，是以犯敌能灭，去之能速。今行数千里，又绝诸侯之地以袭国，臣不知其可也。君其重图之。"

显然，《悔过》篇中蹇叔的语言所占篇幅更长。另外如"王孙满窥师"、"弦高犒师"等情节中人物的语言也都有这样的特点，即《悔过》篇中人物语言比《左传》中相应情节的人物语言所占篇幅更长。

一方面，作者要缩短故事的篇幅，另一方面，在人物语言上又不惜笔墨。这说明《悔过》篇对于人物语言十分重视，将人物语言看作故事叙述的重要组成部分和重要手段。

　　《悔过》篇对故事中人物语言的改造表现在两个方面：一是对人物语言的表意层次和表意内容进行删节；二是对人物语言的表达方式进行扩展。对人物语言的表意内容进行删节的情况如上所引的"蹇叔进谏"一段，《左传》中蹇叔的进谏语言包括两层内容：一是师劳力竭，一是郑必知之，蹇叔从这两方面阐述自己不同意出师的理由。而从表意内容看，《悔过》篇中蹇叔的理由显然只有一个方面：师劳力竭，并没有表达郑必知之的内容。再如，"王孙满观师"一段，《左传》是这样记载的：

　　　　王孙满尚幼，观之，言于王曰："秦师轻而无礼，必败。轻则寡谋，无礼则脱。入险而脱。又不能谋，能无败乎？"①

　　其中，王孙满判定秦师必败的理由有两个：轻脱和无礼，而在《悔过》篇中是这样表述的：

　　　　王孙满要门而窥之，曰："呜呼！是师必有疵。若无疵，吾不复言道矣。夫秦非他，周室之建国也。过天子之城，宜橐甲束兵，左右皆下，以为天子礼。今袀服回建，左不轼，而右之超乘者五百乘，力则多矣，然而寡礼，安得无疵？"②

　　王孙满的理由显然只有一个：无礼，没有表达"轻则寡谋"之意。所以，《悔过》篇在处理人物语言的时候，往往将人物语言的多层表意进行简化，使表意内容更单纯和集中。

　　《悔过》篇在人物语言的表意内容上简化后，在篇幅上却变得更长，

---

① 孔颖达：《春秋左传正义》，见《十三经注疏》，上海古籍出版社1982年版，第1833页。
② 陈奇猷：《吕氏春秋新校释》，上海古籍出版社2002年版，第989页。

原因正在于作者对于人物语言进行的第二种改造：对人物语言的表达方式进行扩展。《悔过》篇的人物语言虽然表意单纯集中，但是却更加丰满而明确。对人物语言进行扩展的手段之一，是对原文献中人物语言进行阐释和解读，将《左传》中简洁、集约的表达方式变为舒缓、丰满的表达方式。如上所引"蹇叔进谏"一段，《左传》中"师劳力竭"之意是这样表述的："劳师以袭远，非所闻也。师劳力竭，远主备之，无乃不可乎！"而在《悔过》篇中则变为："不可。臣闻之，袭国邑，以车不过百里，以人不过三十里，皆以其气之趫与力之盛至，是以犯敌能灭，去之能速。今行数千里，又绝诸侯之地以袭国，臣不知其可也。君其重图之。"显然，这段推衍舒缓的表述是对"师劳力竭"之意展开阐释。再如，"王孙满窥师"一段，《悔过》篇中的人物语言显然是对"无礼"一词的展开阐释。两相对比，人物语言风格各异，《悔过》篇的风格舒缓、推衍，而《左传》则简洁、集约。

对人物语言进行扩展的手段之二，是增加人物语言表达的情节，让其中的人物开口讲话。如《悔过》篇中"弦高犒师"前，弦高有一自言自语情节："弦高曰：'嘻！师所从来者远矣，此必袭郑。'"这一情节在《左传》中没有出现。再如"弦高犒师"中，弦高矫命进言安抚秦师之后，《悔过》篇有秦三帅的对答语言：

> 对曰："寡君之无使也，使其三臣丙也、术也、视也于东边候之道，过是，以迷惑陷入大国之地。"①

这一对答不见于《左传》。《悔过》篇在增加了一弦高自言自语情节后，这个人物的形象更加生动、真实，读后有宛在眼前的真实感；《左传》中弦高安抚秦师后直接转入另外的故事情节，显得较为突兀。《悔过》篇

---

① 陈奇猷：《吕氏春秋新校释》，上海古籍出版社 2002 年版，第 990 页。

在增加秦三帅对答的情节后，避免了《左传》的突兀感，使情节更为合理，同时秦三帅的形象也通过语言有所凸显。所以，增加人物语言表达的情节、使人物开口讲话，是作者进行情节合理化与凸显人物形象的重要手段。

第四，从故事情节看，《悔过》篇更为明晰、合理。

在对于故事情节的叙述上，《悔过》篇更为明晰、合理。如上文所论，弦高犒师之后秦三帅的对答语言，使突兀感消失，情节变得更为合理、通畅。除此之外，还有不少这样的情况。如在"晋国进攻"这一故事情节中，《左传》是这样记载的：

> 晋原轸曰："秦违蹇叔，而以贪勤民，天奉我也。奉不可失，敌不可纵。纵敌患生，违天不祥。必伐秦师。"栾枝曰："未报秦施而伐其师，其为死君乎？"先轸曰："秦不哀吾丧而伐吾同姓，秦则无礼，何施之为？吾闻之，一日纵敌，数世之患也。谋及子孙，可谓死君乎？"遂发命，遽兴姜戎。

而《悔过》则是这样叙述的：

> 先轸言于襄公曰："秦师不可不击也。臣请击之。"襄公曰："先君薨，尸在堂，见秦师利而因击之，无乃非为人子之道欤？"先轸曰："不吊吾丧，不忧吾哀，是死吾君而弱其孤也。若是而击，可大强。臣请击之。"襄公不得已而许之。

可以看出，《左传》中人物关系和人物语言较为复杂，其情节大致为：原轸建议进攻——栾枝不同意——先轸同意进攻，是群臣之间的争辩、讨论。而《悔过》篇中更为单纯、明晰，其中只有襄公和先轸的对答、讨论，语言关系明确：先轸建议进攻——襄公被说服。两相对比，《悔过》篇情节更为明晰。

又如，"弦高犒师"这一情节中，《左传》记载为："及滑，郑商人弦高将市于周，遇之。"明言弦高遇到秦师，在安抚秦师后，"且使遽告于郑"。而《悔过》篇则记为两位商人，即弦高和奚施，"郑贾人弦高、奚施将西市于周，道遇秦师"，在遇到秦师后，"遽使奚施归告"，弦高自己则留下安抚秦师以延迟进攻。《左传》中突出一人：弦高，而其遣使回报的情节虽然也属合理，但是毕竟有些突兀；相比之下，《悔过》篇中明确化为两人，安抚以延迟秦国进攻的任务和回报郑国的任务由这两人分别完成，情节更为明晰合理。

再如，"蹇叔哭师"这一情节中，关于蹇叔之子到底为几人的问题。《左传》记载为"蹇叔之子与师，哭而送之"，从前后文看，《左传》中蹇叔之子究竟为几人并不明确。在《悔过》篇中则明确记载为两人："蹇叔有子曰申与视，与师偕行。"

《史记·秦本纪》则这样记载："使百里奚子孟明视，蹇叔子西乞术及白乙丙将兵。行日，百里奚、蹇叔二人哭之。"[1] 其中哭师者有两人：蹇叔和百里奚，而蹇叔的儿子也有两人：白乙丙和西乞术。综合看来，在蹇叔有几个儿子与师偕行的问题上，《左传》的确较为模糊。根据《左传》的记载，一般会理解为一人，但是仔细推究，却又并不明确。

在蹇叔的儿子究竟为何人的问题上，历来笔墨纠纷较多。司马迁认为是白乙丙和西乞术；高诱则认为"申，白乙丙也。视，孟明视也"[2]；毕沅认为蹇叔之子"必非三帅（孟明、白乙、西乞）"[3]；余嘉锡先生的观点与高

---

① 司马迁：《史记》，中华书局1982年版，第191页。
② 陈奇猷：《吕氏春秋新校释》，上海古籍出版社2002年版，第992页。
③ 陈奇猷：《吕氏春秋新校释》，上海古籍出版社2002年版，第992页。

诱一致，认为"视为孟明视……申必是白乙丙"①，等等不一而足。众说纷纭，真相难寻。相比之下，陈奇猷先生的看法更近合理，他认为"视"有可能是孟明视，但不确定；"申"则是另有其人，不在三帅之中。②

《悔过》篇中所说的蹇叔之子"申与视"，无论其说法是否合于史实，也无论蹇叔之子究为何人，有一点是确定的：相比于《左传》，《悔过》篇在这一情节上更为明晰。所以，从故事情节看，《悔过》篇进行了明晰化处理。

所以，《悔过》篇在收录"蹇叔哭师"故事时，出于篇章规模的考虑，对原来的长故事进行篇幅压缩。其基本手段是对故事情节和人物角色进行集中化处理，使情节线索更为集中、人物关系更为明晰。但是篇幅的压缩并不意味着人物形象的单一化和简单化，其通过人物语言的设计与扩展以及故事情节的合理化处理，使人物形象更加鲜明，故事更加生动。

第三节　对短故事和典故的使用

两部书对于较短的故事和典故的使用频次都很高，特别是典故使用十分普遍，值得深入探究。但从故事篇幅规模看，《吕氏春秋》中故事类型还是比较丰富的，有较长的故事（有的甚至一篇文章收录一则故事），有长短较为适中的故事（比如一篇中收录两三则或三四则），还有的是很短小的故事，有的甚至就是我们所说的典故。以上形态在上文中曾有涉猎，此处针对《吕氏春秋》主要论述它对浓缩型历史典故的使用。

---

① 陈奇猷：《吕氏春秋新校释》，上海古籍出版社 2002 年版，第 993 页。
② 陈奇猷：《吕氏春秋新校释》，上海古籍出版社 2002 年版，第 993 页。

一、《吕氏春秋》浓缩型典故的使用

中国古代历史文化源远流长，先民在写作时可供利用的历史典故很多。先秦时期在行文中运用典故的传统，至迟可以追溯到《周易》本经和《尚书》生成的时期。行文中对历史典故的运用可以有两种形式：一种是舒张式，即对所运用的历史典故进行具体的叙述，交代其主要内容；一种是紧缩式，即对历史典故用简明的话语加以概括，不作具体叙述。这种紧缩式的典故在《周易》爻卦中已经出现，如《泰》六五："帝乙归妹，元吉。"高亨先生注："帝乙，殷帝名乙，纣之父。归，嫁也。妹，少女之通称……殷帝乙嫁少女于周文王，为周邦之王妃。"①这条爻辞是对历史故事加以浓缩，用极其简练的语言加以表述。再如《大壮》六五："丧羊于易。"高亨先生注："此乃古代故事。殷之先王名亥，曾客于易国，从事畜牧牛羊，中间曾失其羊，以后被易国之君绵臣所杀，又失其牛。"②王亥在有易被杀是一桩重大事件，《竹书纪年》、《楚辞·天问》等都有详细的记载。《周易·大壮》只用一句话加以概括，已经简约到极点。这种浓缩式用典在春秋阶段不时可以见到，进入战国时期形成一种风尚，诸子散文经常采用这种方式。《吕氏春秋》同样大量出现浓缩型典故，成为文体结构的重要组成要素，反映出战国文风的某些特点。

汪洋恣肆、铺张扬厉是战国文风的一个重要特征，许多文章即使采用浓缩的方式用典，仍然体现出这种风格特征。其具体做法就是连续运用多种典故，把它们密集地排列在一起，用以增强作品的感染力。

先秦诸子著作中，较早用铺陈排比方式罗列浓缩型典故的篇目当推《墨子·所染》篇，其中写道：

---

① 高亨：《周易大传今注》，齐鲁书社 2000 年版，第 116 页。
② 高亨：《周易大传今注》，齐鲁书社 2000 年版，第 237 页。

> 舜染于许由、伯阳，禹染于皋陶、伯益，汤染于伊尹、仲虺，武
> 王染于太公、周公。此四王者，所染当，故王天下，立为天子，功名
> 蔽天地。举天下之仁义显人，必称此四王者。
>
> 夏桀染于干辛、推哆，殷纣染于崇侯、恶来，厉王染于厉公长
> 父、荣夷终，幽王染于傅公夷，蔡公毂，此四王者，所染不当，故国
> 残身死，为天下僇。举天下不义辱人，必称此四王者。①

这里所说的染，指所受影响、熏陶。关于《墨子·当染》篇的写作年代，清人汪中据文内提到宋康王而断定："宋康之灭在楚惠王卒后一百五十七年，墨子盖尝见染丝者而叹之，为墨之学者增成其说耳。"②这个结论是正确的，《所染》一文应是墨子后学所作，写定于宋康王灭国（前286）之后。

《吕氏春秋》有《当染》篇，基本是照录《墨子·所染》上述段落，只是少量文字有差异。这段文字相继出现八个典故，每个典故都是一笔带过，没有进行具体叙述，采用的是紧缩的方式。《吕氏春秋》大段因袭原文，它对这种密集地排列和紧密型历史典故的做法非常认同，因此将上述文字几乎原封不动地纳入书中。

《庄子·外物》篇开头写道：

> 外物不可必，故龙逢诛，比干戮，箕子狂，恶来死，桀纣亡。人
> 主莫不欲其臣之忠，而忠未必信，故伍员流于江，苌弘死于蜀，藏其
> 血三年而化为碧。人亲莫不欲其子之孝，而孝未必爱，故孝己忧而曾
> 参悲。③

---

① 孙诒让：《墨子间诂》，中华书局2001年版，第12—14页。
② 孙诒让：《墨子间诂》，中华书局2001年版，第11页。
③ 郭庆藩：《庄子集释》，中华书局1978年版，第920页。

这段文字出自庄子后学之手，《吕氏春秋·必已》开头一段基本是原封不动袭用《庄子·外物》篇的这段文字，只是个别地方存在差异。这段文字也是以密集的方式排列紧缩型历史典故，在有限的段落中涉及10位历史人物。《吕氏春秋·必已》全段采录《庄子·外物》篇这段文字，再次表明它对紧缩型历史典故的密集排列是欣赏的，并予以继承。

《吕氏春秋》对于先前典籍中以密集方式排列的浓缩型典故予以借鉴，另一方面，它本身所运用的这种类型的典故尤为后来的典籍所继承传写。《新序·杂事五》写道：

> 《吕子》曰："神农学悉者，皇帝学乎大真，颛顼学伯夷父，帝喾学伯招，帝尧学乎州支父，帝舜学许由，禹学大成执，汤学小臣，文王、武王学太公望、周公旦，齐桓公学管夷吾、隰朋，晋文公学咎犯、随会，秦穆公学百里奚、公孙支，楚庄王学孙叔敖、沈尹竺，吴王阖闾学伍子胥、文之仪，越王勾践学范蠡、大夫种。"①

这段话出自《吕氏春秋·尊师》，只是个别人名稍有差异。所列君王及其所师对象基本是按时间先后进行排序，构成一个好学君主的系列。《吕氏春秋·尊师》是把以往的历史传说和故事加以整合，开列出一个详备的好学君主的名单。

以密集方式排列的众多浓缩型典故，体现出双重属性。一方面，从单个典故而言，它是内敛的、凝练的，每个典故只用简短的一句话加以表述，可谓惜墨如金；另一方面，就整体而言，它又是铺张的，体现的是以多为美的风尚。否则，这些著作不会把如此众多的浓缩型典故如此密集地排列在一起。这种收敛与舒张、凝练与铺陈的有机结合，使得历史典故的

---

① 石光瑛：《新序校释》，中华书局2001年版，第650—659页。

效应得到充分的发挥。它提供的信息很丰富，并且集中释放出来，从而形成一种浩大的气势，有很强的说服力。

这类以密集方式排列的浓缩型典故，往往构成一个相对独立的板块，在作品中起着重要的作用，有的篇目甚至成为作品的主体。《吕氏春秋》的《当染》、《尊师》，其主体部分就是以密集方式排列的浓缩型典故群落。

历史是现实的镜子，历史典故既能为当下提供可资借鉴的经验，又可提供令人警惕的教训。浓缩型历史典故往往从正反两方面说事，从而形成鲜明的对比。《国语·周语上》有如下一段：

> 昔夏之兴也，融降于崇山；其亡也，回禄信于聆隧。商之兴也，梼杌次于丕山；其亡也，夷羊在牧。周之兴也，鹭鹭鸣于岐山；其亡也，杜伯射王于鄗。①

这段话出自周王朝大臣内史过之口，他熟悉先朝典故，对于夏、商、周三代兴亡的事象信手拈来。王朝兴盛时出现的是吉祥事象，王朝衰亡时出现的是凶险事象，而这形成鲜明的对比。内史过所述典故都以浓缩的形式出现，没有作过多解释。

《吕氏春秋》所运用的浓缩型典故，往往也构成对比关系。就其进行对比的内容而言，有的是性质相反，有的则是层次上有高低之分。

《吕氏春秋·当染》篇围绕所染当与不当，大量运用浓缩型典故进行对比，先是把夏、商、周明主与昏君加以对比，指出所染的当与不当。接着，又列举春秋、战国时期的典故，对两类不同的君臣进行对比：

> 齐桓公染于管仲、鲍叔，晋文公染于咎犯、郤偃，荆庄王染于孙

---

① 徐元浩：《国语集解》，中华书局 2002 年版，第 30 页。

叔敖、沈尹蒸，吴王阖闾染于伍员、文之仪，越王勾践染于范蠡、大夫种。此五君者所染当，故霸诸侯，功名传于后世。

范吉射染于张柳朔、王生，中行寅染于黄藉秦、高强，吴王夫差染于王孙雄、太宰嚭，智伯瑶染于智国、张武，中山尚染于魏义、椻长，宋康王染于唐鞅、田不禋。此六君者所染不当，故国皆残亡，身或死辱……①

这段文字基本因袭《墨子·所染》，采用的是正反对比的方式。提到的明主和昏君都是受两个朝臣的熏染，但所受的熏陶在性质上完全相反。这段由浓缩型典故组成的段落，呈现为前后性质相反的两个板块，形成鲜明的对比，是以相反的内容进行互补。

《吕氏春秋》有的由浓缩型典故所形成的对比，并不是彼此性质截然相反，而是突出彼此之间层次上的差异。《孟夏纪·尊师》篇开始运用一系列浓缩型典故，涉及的都是圣主贤臣相遇合的事象，表达出那个时代士人的理想。接着是如下一段文字：

子张，鲁之鄙家也；颜涿聚，梁父之大盗也，学于孔子。段干木，晋国之大驵也，学于子夏。高何、县子石，齐国之暴者也，指于乡曲，学于子墨子。索卢参，东方之钜狡也，学于禽滑黎。②

这里列举的儒、墨两家的几位弟子，拜师之前基础不好、起点很低，服膺儒墨之后成为天下名士。这几个浓缩型历史典故的主角都是改过自新的人物，和那些向贤臣求教的明主相比，不是属于同一层次，尽管如此，

①　陈奇猷：《吕氏春秋新校释》，上海古籍出版社2002年版，第97页。
②　陈奇猷：《吕氏春秋新校释》，上海古籍出版社2002年版，第208页。

仍是作者肯定的对象。

以上所列举的由浓缩型典故所构成的对比，都写得比较铺张，是两组密集排列的浓缩型典故群落之间的对照。《吕氏春秋》还有的浓缩型典故之间的对比篇幅很短，构不成独立的板块，属于简约形态。如《审分览》如下文字：

> 尧舜之臣不独义，汤禹之臣不独忠，得其数也。桀纣之臣不独鄙，幽厉之臣不独辟，失其理也。①

这里也是用历史典故进行对比，但没有进行过多的罗列铺陈，所出现的君主数量较少，从而使得对比显得简约。再如《处方》篇的如下文字：

> 故百里奚处乎虞而虞亡，处乎秦而秦霸，向挚处乎商而商灭，处乎周而周王。②

这里是每两句构成一个对比，四句构成两个对比，每个对比的主角是同一个人物。浓缩型历史典故而又采用简约的对比方式，显得极为凝练。再如《知分》篇下面一段话：

> 故晏子与崔杼盟而不变其义，延陵季子，吴人愿以为王而不肯，孙叔敖三为令尹而不喜，三去令尹而不忧。③

这里出现三个浓缩型典故，每个典故内部的事象形成对比。由此可

---

① 陈奇猷：《吕氏春秋新校释》，上海古籍出版社2002年版，第1040页。
② 陈奇猷：《吕氏春秋新校释》，上海古籍出版社2002年版，第1678页。
③ 陈奇猷：《吕氏春秋新校释》，上海古籍出版社2002年版，第1354页。

见，《吕氏春秋》运用浓缩型典故进行对比，兼有铺张和简约两种形态，它们在文本结构中所起的作用是不同的，铺张方式的对比构成相对独立的板块，而简约型对比则是随之带过，其段落很短，不能独立存在。

《吕氏春秋》所运用浓缩型典故，更多情况采用的是同类单独相次的方式，并不进行相互的对比。《安死》篇写道：

> 尧葬于榖林，通树之。舜葬于纪市，不变其肆。禹葬于会稽，不变人徒。①

这里列举的都是丧葬事象，突出尧、舜、禹的节葬。三人都是传说中的圣王，又都不以丧葬扰民，属于同类人的同类事象，所以把三个浓缩型典故编排在一起。再如《贵因》篇的如下文字：

> 禹之裸国，裸入衣出，因也。墨子见荆王，锦衣吹笙，因也。孔子道弥子瑕见釐夫人，因也。②

这里出现三个浓缩型典故，也是属于同类相次。禹、墨子、孔子或为圣君、或为贤人，属于同类。大禹入裸国而脱衣，墨子见楚王而衣锦吹笙，孔子见卫灵公的宠臣和荡妇，都是在正常情况下不可能出现的举措，违背他们的本愿，是不得已而为之，这三种选择也属同类。不过，《吕氏春秋》在按同类相次的原则编排浓缩型典故过程中，往往在时间顺序上有所忽略。如《贵因》篇的典故，正常顺序应当是孔子在墨子之前，而不是置于墨子之后。大体而言，《吕氏春秋》对于舜、夏、商、周及其之前传

---

① 陈奇猷：《吕氏春秋新校释》，上海古籍出版社 2002 年版，第 543 页。
② 陈奇猷：《吕氏春秋新校释》，上海古籍出版社 2002 年版，第 935 页。

说时代的典故，基本能按时间顺序进行排列。而对春秋、战国的典故，则往往排列失序。

浓缩型历史典故是对历史故事的提炼和浓缩，集中反映出作者对于历史故事的调遣和编排，是文章行文的重要手段。可以说，《吕氏春秋》在浓缩型历史典故的使用方面，已经较为成熟，展现出了丰富的使用样态，这对之后的作品影响深远，甚至可以说与后世的连珠体都存在重要关联。《吕氏春秋》在这一方面当然也影响到了《淮南子》。

二、《淮南子》对短故事和典故的使用

《淮南子》中出现了不少短故事，以及典故和典故聚落（多个典故的叠加使用）。《淮南子》对短故事的使用，体现出明显的简洁化特征，具体说来有如下几种情况：

第一，在原故事规模不大时《淮南子》会基本原样袭用。

如《精神训》：

> 禹南省方，济于江，黄龙负舟。舟中之人，五色无主，禹乃熙笑而称曰："我受命于天，竭力而劳万民。生，寄也；死，归也。何足以滑和！"视龙犹蝘蜓，颜色不变，龙乃弭耳掉尾而逃。禹之视物亦细矣。①

这则故事本自《吕氏春秋·知分》：

> 禹南省，方济乎江，黄龙负舟。舟中之人五色无主。禹仰视天而

---

① 张双棣：《淮南子校释》，北京大学出版社2103年版，第775页。

叹曰:"吾受命于天,竭力以养人。生,性也;死,命也。余何忧于龙焉?"龙俯耳低尾而逝。则禹达子死生之分、利害之经也。

抛开具体理论表述的不同,单从故事情节看,两者差别不大。字数大约 200 多字。这个规模的故事在《淮南子》中已经算是较为丰满的故事,其能基本原样使用,主要原因是原故事本来规模就不大。这种追求简洁的总体特征通过如下几种情况,将会看得更加清晰。

第二,进行删节处理,为论点和议论服务。

对原故事进行删节,将对话等细节删节,只保留故事梗概,对故事变为转述式叙述,这是《淮南子》经常使用的手段。如《精神训》:

> 郑之神巫相壶子林,见其征,告列子。列子行泣报壶子。壶子持以天壤,名实不入,机发于踵。壶子之视死生亦齐矣。①

故事本自《庄子·应帝王》:

> 郑有神巫曰季咸,知人之死生、存亡、祸福、寿夭,期以岁月旬日,若神。郑人见之,皆弃而走。列子见之而心醉,归,以告壶子,曰:"始吾以夫子之道为至矣,则又有至焉者矣。"壶子曰:"吾与汝既其文,未既其实。而固得道与?众雌而无雄,而又奚卵焉!而以道与世亢,必信,夫故使人得而相汝。尝试与来,以予示之。"②

通过对比不难看出,《淮南子》十分典型地进行了删节处理,删节后

---

① 张双棣:《淮南子校释》,北京大学出版社 2103 年版,第 775 页。
② 郭庆藩:《庄子集释》,中华书局 2004 年版,第 297—298 页。

保留了四五十字，目的是论证"观禹之志，乃知天下之细也；原壶子之论，乃知死生之齐也；见子求之行，乃知变化之同也"。其中壶子齐生死无非是为了说明有这样一件事情的存在，至于细节是什么，壶子持什么理论齐生死，这些都不重要。人物对话等全部删节，保留的只有故事梗概，行文采用的是转述式叙事。

当然，有时候在删节时人物语言也会保留，但是保留下来的语言都是对于作者的观点表达有直接关系的。如《精神训》：

> 子求行年五十有四而病伛偻，脊管高于顶，腷下迫颐，两髀在上，烛营指天，匍匐自窥于井曰："伟哉造化者！其以我为此拘拘邪？"此其视变化亦同矣。①

故事本自《庄子·大宗师》：

> 子祀、子舆、子犁、子来四人相与语曰："孰能以无为首，以生为脊，以死为尻；孰知死生存亡之一体者，吾与之友矣！"四人相视而笑，莫逆于心，遂相与为友。俄而子舆有病，子祀往问之。曰："伟哉夫造物者，将以予为此拘拘也。曲偻发背，上有五管，颐隐于齐，肩高于顶，句赘指天。"阴阳之气有沴……曰："嗟乎！夫造物者又将以予为此拘拘也。"②

故事改造很大，《大宗师》中通过人物对话展现的内容，在《淮南子》中变为转述式语言。其所保留的人物话语只有一句，当然这一句是为了阐

---

① 张双棣：《淮南子校释》，北京大学出版社 2103 年版，第 775 页。
② 郭庆藩：《庄子集释》，中华书局 2004 年版，第 258—259 页。

述"此其视变化亦同矣"的核心观点。能够看出,《淮南子》在进行简洁化处理时,是否保留对话,都是因自身议论行文之需要。所以,有时候我们也能看到对故事简洁化处理、保留故事的梗概,同时也将人物语言进行大改动的情况。如《主术训》:

> 蘧伯玉为相,子贡往观之,曰:"何以治国?"曰:"以弗治治之。"简子欲伐卫,使史黯往觇焉。还报曰:"蘧伯玉为相,未可以加兵。"固塞险阻,何足以致之。①

这则故事同样见于《吕氏春秋·召类》:

> 赵简子曰:"……今蘧伯玉为相,史鳅佐焉,孔子为客,子贡使令于君前,甚听。《易》曰:'涣其群,元吉。'涣者,贤也;群者,众也,元者,吉之始也。涣其群元吉'者,其佐多贤也。"赵简子按兵而不动。②

《主术训》为了说明后文的观点:"故不言之令,不视之见,此伏牺、神农之所以为师也。"对内容进行了很大的改造,其中人物语言变动最大,与《吕氏春秋》基本完全不同。而其保留的则主要是故事梗概和情节,比原文献更加简洁,其说理立论的目的性更为明确。

《淮南子》议论目的性是极强的,这些短故事保留梗概、更改细节往往都是出于议论方便,作为议论的论据和行文语料。有时,为了行文方便,还会将两个故事进行捏合处理,捏合之后进行删改。如《主术训》:

① 张双棣:《淮南子校释》,北京大学出版社 2103 年版,第 915 页。
② 陈奇猷:《吕氏春秋新校释》,上海古籍出版社 2002 年版,第 1370 页。

　　昔者豫让，中行文子之臣。智伯伐中行氏，并吞其地，豫让背其主而臣智伯。智伯与赵襄子战于晋阳之下，身死为戮，国分为三。豫让欲报赵襄子，漆身为厉，吞炭变音，摘齿易貌。①

这则故事同时见于《吕氏春秋·不侵》和《吕氏春秋·恃君》，其中前者主要通过对话显示豫让报恩的原因：

　　豫让之友谓豫让曰："子之行何其惑也？子尝事范氏、中行氏，诸侯尽灭之，而子不为报；至于智氏，而子必为之报，何故？"豫让曰："我将告子其故。范氏、中行氏，我寒而不我衣，我饥而不我食，而时使我与千人共其养，是众人畜我也。夫众人畜我者，我亦众人事之。至于智氏则不然，出则乘我以车，入则足我以养，众人广朝，而必加礼于吾所，是国士畜我也。夫国士畜我者，我亦国士事之。"豫让，国士也，而犹以人之于己也为念，又况于中人乎？②

后者则记录了豫让报恩的细节，《吕氏春秋·恃君》：

　　豫让欲杀赵襄子，灭须去眉，自刑以变其容，为乞人而往乞於其妻之所。其妻曰："状貌无似吾夫者，其音何类吾夫之甚也？"又吞炭以变其音。其友谓之曰："子之所道甚难而无功。谓子有志则然矣，谓子智则不然。以子之材而索事襄子，襄子必近子。子得近而行所欲，此甚易而功必成。"豫让笑而应之曰："是先知报后知也，为故君贼新君矣，大乱君臣之义者无此，失吾所为为之矣。凡吾所为为此

----

① 张双棣：《淮南子校释》，北京大学出版社 2103 年版，第 967 页。
② 陈奇猷：《吕氏春秋新校释》，上海古籍出版社 2002 年版，第 647 页。

者，所以明君臣之义也，非从易也。"①

能够看出，《吕氏春秋》中的两则故事分别详细记载了豫让何以报恩，和豫让报恩的过程，对话语言保留得较为完整，细节丰富。《淮南子》这则短故事是对《吕氏春秋》两篇中出现的故事进行的捏合和删改，改造成为一则短故事，字数仍然没有超过300字，其中的对话等全部省略。为了将故事变得简洁，有时《淮南子》还会对故事情节进行改造，如《齐俗训》：

> 故宾有见人于密子者，宾出，密子曰："子之宾独有三过：望我而笑，是攘也。谈语而不称师，是返也。交浅而言深，是乱也。"宾曰："望君而笑，是公也。谈语而不称师，是通也。交浅而言深，是忠也。"故宾之容一体也，或以为君子，或以为小人，所自视之异也。②

这则故事本于《战国策·赵策》：

> 冯忌请见赵王，行人见之。冯忌接手俛首，欲言而不敢。王问其故，对曰："客有见人于服子者，已而请其罪。服子曰：'公之客独有三罪：望我而笑，是狎也；谈语而不称师，是倍也；交浅而言深，是乱也。'客曰：'不然。夫望人而笑，是和也；言而不称师，是庸说也；交浅而言深，是忠也。昔者尧见舜于草茅之中，席陇亩而荫庇桑，阴移而受天下传。伊尹负鼎俎而干汤，姓名未著而受三公。使夫交浅者不可以深谈，则天下不传，而三公不得也。'"③

---

① 陈奇猷：《吕氏春秋新校释》，上海古籍出版社2002年版，第1331—1332页。
② 张双棣：《淮南子校释》，北京大学出版社2103年版，第1202页。
③ 缪文远等译注：《战国策》，中华书局2012年版，第647—648页。

《战国策》是在故事之中通过冯忌与赵王的对话，通过冯忌之口展现了服子和冯忌两人对于宾客的不同看法。而《齐俗训》中的故事情节明显删节明显，而变成了宓子和宾之间的直接对话。当然，关于不同观点的部分在《战国策》中本来就不是特别长，《淮南子》基本因袭过来，这是因为两人不同观点的表达对于作者的论点有关键作用，是为了说明对同样一件事情，不同的人看法不一样。其中故事情节的改动不至于影响自我议论的抒发。所以，《淮南子》在故事处理的时候，简洁化是总体方向，而最终目的则是为了自我观点的表达，是为议论服务。为了实现这一目的有时情节也会被改动。

所以，《淮南子》中的短故事往往不会使其篇幅过长，保留在 300 字以内是常见情况。如果原故事不长，同时能保证自我议论使用的适用性，则会袭用；而更多的情况则是对故事进行简洁化处理，保留故事梗概、去掉细节改为转述是常用手法，有时甚至故事情节也会改动，至于其中人物语言，保留与否、内容为何，都要看论点抛出的需要。

《淮南子》这种议论目的性使得故事变短，使得短故事成为议论语料的倾向会有更进一步的发展：将这些短故事变成短故事，并排列叠加使用。如《齐俗训》：

> 子路撜溺而受牛谢，孔子曰："鲁国必好救人于患。"子赣赎人而不受金于府，孔子曰："鲁国不复赎人矣。"子路受而劝德，子赣让而止善。孔子之明，以小知大，以近知远，通于论者也。①

这则故事同样见于《吕氏春秋·察微》：

---

① 张双棣：《淮南子校释》，北京大学出版社 2103 年版，第 1142 页。

子贡赎鲁人于诸侯，来而让不取其金。孔子曰："赐失之矣。自今以往，鲁人不赎人矣。取其金，则无损于行；不取其金，则不复赎人矣。"子路拯溺者，其人拜之以牛，子路受之。孔子曰："鲁人必拯溺者矣。"孔子见之以细，观化远也。①

《吕氏春秋》的描写已经堪称简洁，但是《淮南子》仍然进行了更为简洁化的处理。值得注意的是，经过处理之后，两句之间的叙事结构基本对称，都变成了某人做了什么事＋孔子曰简短一段话。这种对称的叙事行文结构，都是以行文为主的表现，而不是出于故事叙述的要求。

当这种故事进一步简洁化，就自然变成了行文中的典故，进而再将典故联合使用形成排比式的典故群落。如《缪称训》："故弘演直仁而立死，王子闾张掖而受刃，不以所托害所归也。"②短短两句话所涉典故，其本自两个故事，前者本自《吕氏春秋·忠廉》：

卫懿公有臣曰弘演，有所于使。翟人攻卫，其民曰："君之所予位禄者，鹤也；所贵富者，宫人也。君使宫人与鹤战，余焉能战？"遂溃而去。翟人至，及懿公于荥泽，杀之，尽食其肉，独舍其肝。弘演至，报使于肝，毕，呼天而啼，尽哀而止，曰："臣请为襮。"因自杀，先出其腹实，内懿公之肝。桓公闻之曰："卫之亡也，以为无道也。今有臣若此，不可不存。"于是复立卫于楚丘。弘演可谓忠矣，杀身出生以徇其君。③

后者则本自《左传·哀公十六年》：

① 陈奇猷：《吕氏春秋新校释》，上海古籍出版社2002年版，第1012—1013页。
② 张双棣：《淮南子校释》，北京大学出版社2103年版，第1089页。
③ 陈奇猷：《吕氏春秋新校释》，上海古籍出版社2002年版，第595页。

　　白公欲以子闾为王，子闾不可，遂劫以兵。子闾曰："王孙若安靖楚国，匡正王室，而后庇焉，启之愿也，敢不听从？若将专利以倾王室，不顾楚国，有死不能。"遂杀之，而以王如高府。①

可以看出，作者进行了程度极高的简洁化处理，将原来的长故事变成了典故和语料。所有的故事情节都浓缩在一句话之中，两句话叠加使用，形成同类相次的排比。

这种同类相次的典故排比使用方式，在《淮南子》中经常能够看到。同类相次的情况中，典故之间的排列则有时呈现有序状态，有时呈现无序状态。

如《本经训》："昔者苍颉作书而天雨粟，鬼夜哭；伯益作井，而龙登玄云，神栖昆仑；能愈多而德愈薄矣。故周鼎着倕使衔其指，以明大巧之不可为也。"② 这些同类相次的典故，从时间上看，仓颉传说属于黄帝时期，伯益则晚于仓颉，这两则故事呈现的是合序状态。再如《主术训》："昔孙叔敖恬卧，而郢人无所害其锋；市南宜辽弄丸，而两家之难无所关其辞。鞬輵铁铠，瞋目扼腕，其于以御兵刃，县矣！"③ 两则典故中，孙叔敖其所辅佐的是楚庄王，市南宜辽则是楚平王时期人，这两个人同属于楚国，同时在时间序列上也是合序的。

有时候多则的也会以合序状态出现，如《主术训》：

　　昔者齐桓公好味而易牙烹其首子而饵之，虞君好宝，而晋献以璧马钓之，胡王好音，而秦穆公以女乐诱。是皆以利见制于人也。故

① 洪亮吉：《春秋左传诂》，中华书局 1987 年版，第 886 页。
② 张双棣：《淮南子校释》，北京大学出版社 2103 年版，第 841 页。
③ 张双棣：《淮南子校释》，北京大学出版社 2103 年版，第 915 页。

善建者不拔。①

四个典故同类相次，时代大致相同。晋献公公元前 676 年立，公元前 658 年"荀息以币假道于虞以伐虢"②。秦穆公于公元前 659 年立，虽然其所及秦穆公以女乐诱胡王具体时间不详，但是应该晚于晋献公的第二件事情。齐桓公于公元前 685 年立，易牙烹子的时间不详，但是基本可以认为稍稍早于晋献公第二件事。这样，这三件历史事件前后相隔极为相近，仍然保持了发生顺序的前后次序，呈现的是有序排列状态。

除了这些合序排列，更多的情况是失序的。如《主术训》："禹决江疏河，以为天下兴利，而不能使水西流。稷辟土垦草，以为百姓力农，然不能使禾冬生。岂其人事不至哉？其势不可也。"③后稷明显早于大禹，但是将大禹排列在前，虽然只有两则短故事，但是仍然呈现失序状态。

多则排列出现失序的情况就更普遍，如《精神训》：

> 尧不以有天下为贵，故授舜；公子札不以有国为尊，故让位；子罕不以玉为富，故不受宝；务光不以生害义，故自投于渊。由此观之，至贵不待爵，至富不待财。④

从时间次序看，第一件和第四件应较早，而第二、三件相距不远，发生在春秋时期，是最为晚近的。能够看出，其没有严格按照时间次序排列，有合序的，但总体是失序状态。

《主术训》："孔丘、墨翟修先圣之术，通六艺之论，口道其言，身行

---

① 张双棣：《淮南子校释》，北京大学出版社 2103 年版，第 1003 页。
② 司马迁：《史记》（二），中华书局 1969 年版，第 582 页。
③ 张双棣：《淮南子校释》，北京大学出版社 2103 年版，第 951 页。
④ 张双棣：《淮南子校释》，北京大学出版社 2103 年版，第 785 页。

其志，慕义从风而为之服役者不过数十人。使居天子之位，则天下遍为儒墨矣。楚庄王伤文无畏之死于宋也，奋袂而起，衣冠相连于道，遂成军宋城之下，权柄重也。楚文王好服獬冠，楚国效之；赵武灵王贝带鵔鸃而朝，赵国化之。"①

赵武灵王在时代上排在最后，但是楚文王明显要早于楚庄王，时间排列失序。总体呈现的是有序无序混杂的状态。

我们基本可以确定，《淮南子》没有进行十分有意的合序化排列，其排列的次序出于不甚明确的时序观念。其主要的目的不在于将典故合序化，而在于议论行文的需要。这种目的性，从下面一个例子看得十分清楚。《齐俗训》：

> 故当舜之时，有苗不服，于是舜修政偃兵，执干戚而舞之。禹之时，天下大雨，禹令民聚土积薪，择丘陵而处之。武王伐纣，载尸而行，海内未定，故不为三年之丧始。禹遭洪水之患，陂塘之事，故朝死而暮葬。此皆圣人之所以应时耦变，见形而施宜者也。②

这几个典故属于同类历史事件的罗列，虽说同类，但其类别又稍有差异，后两件事情在类别上都是有关于丧葬习俗的。武王和禹的丧葬习俗不同，但是都在论证丧葬习俗，所以作者将后两者放在一起，而没有将有关于禹的两件事放在一起，也没有严格按照事件的先后次序排列。体现出的是明晰的分类意识，而对于时间次序相对顾及不全。而明晰的分类意识，其反映的是严密的逻辑性和议论的义脉和理路，充分说明这些历史故事是为议论而为，具有明确的论据性质和议论行文语料特征。

---

① 张双棣：《淮南子校释》，北京大学出版社 2103 年版，第 1009 页。
② 张双棣：《淮南子校释》，北京大学出版社 2103 年版，第 1184 页。

除了同类相次，还有异类对比相次的情况，如《齐俗训》：

> 故鲁国服儒者之礼，行孔子之术，地削名卑，不能亲近来远。越王句践劗发文身，无皮弁搢笏之服，拘罢拒折之容，然而胜夫差于五湖，南面而霸天下，泗上十二诸侯皆率九夷以朝。胡、貉、匈奴之国，纵体拖发，箕倨反言，而国不亡者，未必无礼也。楚庄王裾衣博袍，令行乎天下，遂霸诸侯。晋文君大布之衣，牂羊之裘，韦以带剑，威立于海内。岂必邹、鲁之礼之谓礼乎！ ①

这是相反对比事象的罗列，但是最终目的仍然是为了论点的抛出。

至此，我们基本理清了《淮南子》短故事和典故的使用，简洁化处理是基本手段，议论目的性是第一需要。在这样的理念下，故事越来越短，变成典故，变成行文语料。如果说《吕氏春秋》还有足够空间留存一定规模的历史故事，甚至是较长的历史故事，那么《淮南子》总体看已经没有空间留存较长的历史故事。更多的历史故事和历史文献在议论性行文的总体背景下，被简洁化处理，甚至变成浓缩型典故。浓缩型典故虽然是两书的共通之处，但是能够看出《吕氏春秋》对故事叙述的更大的宽容度，短故事和典故在《淮南子》中则更向行文语料性质转变。

---

① 张双棣：《淮南子校释》，北京大学出版社 2103 年版，第 1164—1165 页。

第 四 章

议论中的杂家特征

　　无论是《吕氏春秋》还是《淮南子》都有议论型篇章，对于《淮南子》而言，甚至可以说除个别篇章外，都是议论型篇章。议论行文直接展现了作者的思想，是考察作品理念的直接手段。下面将着重选取几个重要特征进行阐述，以说明秦汉杂家在议论行文中的特点。

第一节　对概念的宽泛化处理

一、《吕氏春秋》对概念的宽泛化处理

　　《吕氏春秋》议论中出现的许多概念是十分宽泛的，编撰者往往对这些概念进行泛化处理，使之涵盖更大的范围，具有更大的容纳性。下面举例论之。

（一）吕书论"兵"、"义"

　　《吕氏春秋》以"兵"为主要论题的篇章集中在"秋纪"中，这也切合于吕书"春生夏长秋收冬藏"的编撰理念。

　　"兵"本意为兵械或战争，《说文解字》曰："械也，从廾持斤并力之

貌。"① 侧重其兵械含义，而《说文解字注》曰："持戈以戒不虞。"② 侧重战争含义。其实，"兵"的概念有广狭之分，狭义的"兵"仅指兵械或两军间的持械争斗。《老子》、《文子》等先秦文献延续的是基本是狭义的"兵"概念，如《老子》有：

> 夫佳兵者不祥之器，物或恶之，故有道者不处。君子居则贵左，用兵则贵右。兵者不祥之器，非君子之器，不得已而用之，恬淡为上。(31 章)
> 以正治国，以奇用兵，以无事取天下。(57 章)

其中，"兵"或指兵械、或指两军争斗，都属狭义"兵"概念。《文子·道德》有：

> 文子曰："古有以道王者，有以兵王者，何其一也？"曰："以道王者德也，以兵王者亦德也。用兵有五：有义兵，有应兵，有忿兵，有贪兵，有骄兵。诛暴救弱谓之义，敌来加己不得已而用之谓之应，争小故不胜其心谓之忿，利人土地，欲人财货谓之贪，恃其国家之大，矜其人民之众，欲见贤于敌国者谓之骄。义兵王，应兵胜，忿兵败，贪兵死，骄兵灭，此天道也。"③

其中对用兵的类型进行了详细总结和划分，认为用兵的性质与特征各有不同，对"兵"的概念进一步明确，并且有所扩展。但是无论哪种用兵方式，仍局限于两军双方的争斗，还属狭义的"兵"概念。

---

① 许慎：《说文解字》，中华书局 1963 年版，第 59 页。
② 段玉裁：《说文解字注》，中州古籍出版社 2006 年版，第 104 页。
③ 李定生、徐慧君：《文子校释》，上海古籍出版社 2004 年版，第 202—203 页。

先秦文献更注重将"兵"的概念进行扩展，使"兵"的内涵不仅局限于两军双方的争斗，还扩展至与两军相争相关涉的诸多方面。如《孙子兵法》有：

> 兵者，国之大事，死生之地，存亡之道，不可不察也。故经之以五事，校之以计，而索其情：一曰道，二曰天，三曰地，四曰将，五曰法。道者，令民于上同意，可与之死，可与之生，而不畏危也；天者，阴阳、寒暑、时制也；地者，远近、险易、广狭、死生也；将者，智、信、仁、勇、严也；法者，曲制、官道、主用也。凡此五者，将莫不闻，知之者胜，不知之者不胜。①

《孙子兵法》明确提出决定战争成败的"五事"，显然已经不仅仅局限于两军争斗、阵前对圆的范围。他认为民众是否一心于战事、天地的客观条件、将才是否道德高尚、是否有章法等都是决定战争胜负的重要因素，与战争相关的民意、仁德、智谋、客观条件、勇武等方面都被纳入"兵"的范畴。当然，《孙子兵法》一书仍然十分注重对"用兵之法"的探究，因而对智谋、军形、兵势、虚实、行军、地形等诸多作战技巧多有阐述。所以，《孙子兵法》之"兵"是以狭义为主，有时涉及广义之"兵"。

《荀子》论兵虽也有针对战事的狭义论述，但其明显已将"兵"的概念主要集中于广义上。《议兵》篇集中反映了荀子的军事思想，他认为"用兵攻战之本在乎壹民"、"在乎善附民"，将战争的民众基础与争取民众归附看得至关重要。荀子还认为要"附民"，就必须做到"隆礼"、"贵义"、"好士"、"爱民"、"政令信"、"赏重"、"刑威"、"权出一"，将战争之外的道德伦理、赏罚方式等也纳入"兵"的范畴。荀子军事思想的核心是"仁义"，

---

① 孙星衍：《孙子十家注》，见《诸子集成》第六册，中华书局1954年版，第1—9页。

不力主"权谋"、"势诈"等兵家之术，而是主张"禁暴除害"、"以德兼人"，反对"争夺"。所以，《荀子》论"兵"以广义为主，属"非兵之兵"。

《管子·七法》所言的"卫兵之数"，同样主张兵不出境而已胜于内：

> 为兵之数：存乎聚财，而财无敌；存乎论工，而工无敌；存乎制器，而器无敌；存乎选士，而士无敌；存乎政教，而政教无敌；存乎服习，而服习无敌；存乎遍知天下，而遍知天下无敌；存乎明于机数，而明于机数无敌。故兵未出境，而无敌者八。①

其论"兵"明显也以广义为主。但是，《吕氏春秋》所论之"兵"在诸多先秦文献中其范畴无疑是最为宽泛的。《荡兵》篇载：

> 且兵之所自来者远矣，未尝少选不用。贵贱长少、贤者不肖相与同，有巨有微而已矣。察兵之微，在心而未发，兵也；疾视，兵也；作色，兵也；傲言，兵也；援推，兵也；连反，兵也；侈斗，兵也；三军攻战，兵也：此八者皆兵也，微巨之争也。今世之以偃兵疾说者，终身用兵而不自知悖，故说虽强，谈虽辨，文学虽博，犹不见听。故古之圣王有义兵而无有偃兵。②

其中将"兵"的范畴进一步泛化，其中所列的"疾视"、"傲言"等其实是十分宽泛的"对立"。《吕氏春秋》将与"对立"这一内涵相关的诸多物象均视为"兵"，认为"兵"各有表现，只是巨微差异。将三军攻战之外的"在心未发"、"疾视"、"作色"等均划入"兵"的范畴，这种宽泛性

---

① 黎翔凤：《管子校注》，中华书局 2004 年版，第 116 页。
② 陈奇猷：《吕氏春秋新校释》，上海古籍出版社 2002 年版，第 389 页。

是其他先秦文献无可比拟的。

《荡兵》篇位于《孟秋纪》第二篇，也即纪首之下的第一篇，属于本单元的主要位置。在本篇中编撰者对"兵"的范畴进行无限泛化，这预示本单元论"兵"各篇也将以宽泛为主，而其后各篇的情况也正是如此，对"兵"的广义与狭义均有运用。

首先，《论威》篇有："凡兵，天下之凶器也；勇，天下之凶德也。"①范耕砚解释为"兵与勇皆以杀人威人为事，故皆谓之凶"②，十分合理。其中"兵"的含义为战争、争斗，属于狭义的"兵"概念，但是这种情况在"秋纪"中并不多见。

其次，"秋纪"对为兵之术多有论载。如《论威》篇论道："其令强者其敌弱，其令信者其敌诎"、"急疾捷先"以及"夫兵有大要，知谋物之不谋之不禁也，则得之矣"。分别主张为兵当令行禁止、纪律严明；当以迅捷为务；当有虑及对方所不及的智谋。

《简选》篇又有：

> 故凡兵势险阻，欲其便也；兵甲器械，欲其利也；选练角材，欲其精也；统率士民，欲其教也。此四者，义兵之助也。③

主张为兵当注意兵势、装备、精选以及教化，这些都是较为具体的为兵之术，直接目的是在战事中取得胜利。

再次，"秋纪"对非兵之兵也多有论述。如《怀宠》篇将"兵不接刃而民服若化"④视为理想境界，《论威》篇也主张战外服人："故古之至兵，

---

① 陈奇猷：《吕氏春秋新校释》，上海古籍出版社2002年版，第435页。
② 陈奇猷：《吕氏春秋新校释》，上海古籍出版社2002年版，第440页。
③ 陈奇猷：《吕氏春秋新校释》，上海古籍出版社2002年版，第446页。
④ 陈奇猷：《吕氏春秋新校释》，上海古籍出版社2002年版，第418页。

才民未合，而威已谕矣，敌已服矣，岂必用枹鼓干戈哉？"① 这都属非兵之兵。

义兵是"秋纪"单元论兵的基本主张，与此相应，这些篇章反对偃兵学说，也反对救守学说。义兵之"义"也表现出极强的宽泛性，这些篇章显然没有仅仅围绕"战争的正义"这一较为具体狭小的范畴展开对"义"的阐释。

《荡兵》篇讲道："兵诚义，以诛暴君而振苦民，民之说也，若孝子之见慈亲也，若饥者之见美食也。"②《怀宠》篇讲道："故兵入于敌之境，则民知所庇矣，黔首知不死矣。至于国邑之郊，不虐五谷，不掘坟墓，不伐树木，不烧积聚，不焚室屋，不取六畜。"③ 都是围绕战争的正义性阐述"义兵"的含义。

但在接下来的篇目中，编撰者明显已将义兵之"义"进一步泛化，《论威》篇："义也者，万事之纪也。君臣上下，亲疏之所由起也。治乱安危，过胜之所在也。"④ 将"义"定位为万事之纪，其不仅是战争兵事的基本准则，也是万事万物的纲纪。《决胜》篇讲："夫兵有本干：必义，必智，必勇。"⑤ 则又将兵事由义泛化扩展到智和勇。

至于《爱士》篇的记载：

> 衣，人以其寒也，食，人以其饥也。饥寒，人之大害也。救之，义也。⑥

---

① 陈奇猷：《吕氏春秋新校释》，上海古籍出版社 2002 年版，第 435—436 页。
② 陈奇猷：《吕氏春秋新校释》，上海古籍出版社 2002 年版，第 389 页。
③ 陈奇猷：《吕氏春秋新校释》，上海古籍出版社 2002 年版，第 417 页。
④ 陈奇猷：《吕氏春秋新校释》，上海古籍出版社 2002 年版，第 435 页。
⑤ 陈奇猷：《吕氏春秋新校释》，上海古籍出版社 2002 年版，第 457 页。
⑥ 陈奇猷：《吕氏春秋新校释》，上海古籍出版社 2002 年版，第 464 页。

则已经渐渐将义兵之"义",转移到较为普泛意义的"义",不再局限于"兵"的主题。经过这种普泛化的转移,仲秋纪的《爱士》、季秋纪的《顺民》、《知士》等篇目已经将救困扶危、顺应民意、知遇贤士等都纳入其宽泛的"义"的范畴。

所以,"兵"含义的宽泛性,以及由此而来的"义"的普泛性,使得本单元的各篇章既有相对统一的主题,同时又获得其较为自由的转圜余地,最终形成似断而连的相对紧密的整体。

二、吕书论"名"与"分"等

"分"的概念集中体现在《审分览》中。对于"分"字,《说文解字》曰:"刖也,从八从刀,刀以分别物也。"[①]其本意为将物体进行切割,使各部分之间区分化、明确化。《审分览》中"分"的概念正有此意,其开篇论道:"凡人主必审分,然后治可以至。"对此,陈奇猷先生的解释较为合理,他说:"分,谓君臣上下之分。人主之分为执柄御下,人臣之分为尽职治事,此法治之要。"[②]讲的正是君臣上下之间的区分与职责明确化,与"分"字的本意相合。

需要注意的是,《审分览》中有一概念等同于"分",那就是"名"。其中将两个概念统一化处理的论述很多,如:

> 正名审分,是治之辔已。故按其实而审其名,以求其情;听其言而察其类,无使放悖。夫名多不当其实,而事多不当其用者,故人主不可以不审名分也。不审名分,是恶壅而愈塞也。[③]

---

① 许慎:《说文解字》,中华书局 1963 年版,第 28 页。
② 陈奇猷:《吕氏春秋新校释》,上海古籍出版社 2002 年版,第 1042 页。
③ 陈奇猷:《吕氏春秋新校释》,上海古籍出版社 2002 年版,第 1040 页。

从这段论述可以看出，作者不仅将"正名"和"审分"并提，强调明确的权责区分对于治国理政的重要性，还直接组合为"名分"一词，反复提起。可见，对于"名"和"分"两个概念，作者是默认一致的。

将"名"、"分"并提，使两概念趋同化的做法仍可见于先秦其他文献。《尹文子·大道上》："大要在乎先正名分，使不相侵杂。然后术可秘，势可专。"①《庄子·天下》篇有："易以道阴阳，春秋以道名分。"②《管子·幼官》篇有："定府官，明名分。"③等等。这些文献都将"名分"并提，其大意均为使事物或官职之间区分明确，各有确定的职责与功能。

可见，"名"、"分"概念的混同在先秦已有事实，《审分览》的做法并非完全独创，而是受到之前思想家的影响。

先秦时期关于"分"的论述不多，但是关于"名"的论述则很多，先秦所论"名"的概念大都与对于名实关系的思辨相关。

先秦各家对于名实关系均有不同程度的论辩。大致说来，各家对于名实关系的论述有四种类型：一是循名责实，二是弃名责实，三是泯灭名实，四是名实统一。《论语》对于名实关系倾向于循名责实："名不正则言不顺，言不顺则事不成"，强调正名对于成事的重要意义。《列子·杨朱》篇等作品则基本上倾向于弃名责实：

（杨朱）曰："管仲之相齐也，君淫亦淫，君奢亦奢，志合言从，道行国霸，死之后，管氏而已。田氏之相齐也，君盈则己降，君敛则己施，民皆归之，因有齐国；子孙享之，至今不绝。""若实名贫，伪名富。"曰："实无名，名无实。名者，伪而已矣。昔者尧舜伪以天下让许由善卷，而不失天下，享祚百年。伯夷叔齐实以孤竹君让而终亡

①　《尹文子》，见《诸子集成》第六册，中华书局1954年版，第2页。
②　郭庆藩：《庄子集释》，中华书局1961年版，第1067页。
③　黎翔凤：《管子校注》，中华书局2004年版，第153页。

其国，饿死于首阳之山。实、伪之辩，如此其省也。"①

此处杨朱所言的"名"和"实"有其特定的内涵。"名"是指名誉、声望，"实"是指人的实际的行为和行动，而非实际利益。基于此，杨朱得出结论："实无名，名无实；名者，伪而已矣。"杨朱将"名"和"实"完全对立起来。也就是说，有名声的并没有和他的名声相符合的真实的行为，而有实际行为的人不会有名声。在这则论对中，管仲不为名，田氏为名；伯夷、叔齐不为名，尧舜为名；管仲率性而行、顺物自然，田氏矫性求名；伯夷、叔齐真心实意辞让国君之位，尧舜则虚假禅让。

《杨朱》篇倾向于责实，即追求人生享受和逸乐的事实，而至于"名"如何，则完全看其是否服从于人生享受的"实"。对于没有名声的人来说，没有必要牺牲人生的欢乐去追求名声，当然对名声也并不拒绝；对于已经有名声的人而言，也不必故意抛弃、疏远名声，因为它能带来人生的逸乐、享受。

《庄子》则倾向于泯灭名实，认为"名"不足追求，"实"也不必刻意追求。《庄子·逍遥游》有：

> 许由曰："子治天下，天下既已治也，而我犹代子，吾将为名乎？名者，实之宾也，吾将为宾乎？"②

《人间世》有：

> 德荡乎名，知出乎争。名也者，相札也；知也者，争之器也。二

---

① 杨伯峻：《列子集释》，中华书局1997年版，第217—218页。
② 郭庆藩：《庄子集释》，中华书局1961年版，第24页。

者凶器，非所以尽行也。①

  《庄子》借许由之口阐述其名实观，认为"名"和"知"都是导致争斗的凶器。享受其"实"是人生之殃，但是它也指出："苟有其实，人与之名而弗受，再受其殃。"② 也即，如果人已经无奈受到"实"之殃，若再刻意去除其"名"则是再受其殃。成玄英以比喻的方式对此理论进行了阐发："昨日汝唤我作牛，我即从汝唤作牛，唤我作马，我亦从汝唤作马，我终不拒。且有牛马之实，是一名也。人与之名，讳而不受，是再殃也。讥刺之言，未甚牛马，是尚不讳，而况非乎？"③ 讲的正是实受其累，再避名讳而又受其累。所以，《庄子》虽也认为"名"为"实"之宾，但更倾向于泯灭名实。

  《荀子》则倾向于将名实统一起来。荀子认为，事物的"名"是"约定俗成"的，但这种"约定俗成"又是以客观事物的实际内容为基础的，所以确定名称时要"稽实"，也即依据事实。另一方面，"名"虽然应服从于"实"，但"名"一经确定，又能对实际内容发生影响，即"名定而实辨"。

  综观先秦典籍，对于名实关系的探讨十分普遍，而且观点各异。而在诸多论述中，对于"名"概念的运用，显然有广义和狭义之分。

  狭义的"名"指事物的名称，《论语》中的"名"即以狭义为主。而随着名实关系探讨的深入和论述角度的转变，"名"的概念范畴逐渐扩大。《列子·杨朱》篇的"名"已不再仅指事物的名称，而具有了名誉、名声的含义。《尹文子·大道上》对于"名"进行了较为详尽具体的界定：

   名有三科，法有四呈。一曰命物之名，方圆白黑是也；二曰毁誉

---

① 郭庆藩：《庄子集释》，中华书局1961年版，第135页。
② 郭庆藩：《庄子集释》，中华书局1961年版，第483页。
③ 郭庆藩：《庄子集释》，中华书局1961年版，第483页。

之名，善恶贵贱是也；三曰况谓之名，贤愚爱憎是也。一曰不变之法，君臣上下是也；二曰齐俗之法，能鄙同异是也；三曰治众之法，庆赏刑罚是也；四曰平准之法，律度权量是也。①

其中认为名有三种内涵，也即："命物之名"、"毁誉之名"和"况谓之名"，也属对"名"的广义开掘。

但是应该看到，将"名"的概念直接纳入社会政治领域，给概念直接赋予政治含义的文献并不占多数。《荀子》曾有过尝试，将"正名"直接纳入社会政治领域，《正名》篇论道：

> 故知者为之分别制名以指实，上以明贵贱，下以辨同异。贵贱明，同异别，如是则志无不喻之患，事无困废之祸。此所为有名也。②

荀子认为能"明贵贱"、"辨同异"，这也就是荀子强调"正名"的政治内涵。

《吕氏春秋》对于"名"概念，兼用广义和狭义，而以广义为主。《正名》篇是《先识览》的最后一篇，后与《审分览》相连。《正名》篇中的"名"以狭义为主：

> 名正则治，名丧则乱。使名丧者，淫说也。③

其中"名"是与"实"相对的概念，明确指出：导致丧名的是淫说。

---

① 《尹文子》，见《诸子集成》第六册，中华书局 1954 年版，第 1 页。
② 王先谦：《荀子集解》，见《诸子集成》第二册，中华书局 1954 年版，第 276 页。
③ 陈奇猷：《吕氏春秋新校释》，上海古籍出版社 2002 年版，第 1029 页。

所以，此处的"名"是与说辩直接相关的概念，属于狭义范畴。而同时应该看到，作者也将"名"与社会的治乱进行关联，使这个概念内涵有所扩展，使之扩展至社会政治领域。

而至《审分览》中，编撰者将概念进行模糊转移，同时提出"名"和"分"的概念，对两概念趋同化处理。其中的"分"（"名"）明显属于广义概念。

> 凡人主必审分，然后治可以至，奸伪邪辟之涂可以息，恶气苛疾无自至。夫治身与治国，一理之术也。今以众地者，公作则迟，有所匿其力也；分地则速，无所匿迟也。①

其中讲到"正名"、"审分"对于治乱的重要意义，十分直接地将"名"的概念与社会政治进行关联，而且，还论道："夫治身与治国，一理之术也。"② 这样，就将所谓的"审分"与"术"的概念进行了关联，使审分同时具有了治国之术的含义。

可见，《审分览》作为此览的首篇，承《先识览》末篇的"名"概念而来，对此概念进行模糊化转移和宽泛化处理。不仅使用"分"的概念进行宽泛的转移，还将名分的概念进行极大的泛化，使之直接与社会政治及治国之术相关联。这样就使得本览在内容和篇章的安排上有较大的自由度，一方面以《审分览》为首篇作为引导，成功安排进治国方略的主题，另一方面完成了由《先识览》到《审分览》主题的自然转变。

另外，如《孝行览》中"孝"的概念，也属广义。其中记载：

> 曾子曰："身者，父母之遗体也。行父母之遗体，敢不敬乎？居

---

① 陈奇猷：《吕氏春秋新校释》，上海古籍出版社 2002 年版，第 1039 页。
② 陈奇猷：《吕氏春秋新校释》，上海古籍出版社 2002 年版，第 1039 页。

处不庄，非孝也；事君不忠，非孝也；莅官不敬，非孝也；朋友不笃，非孝也；战陈无勇，非孝也。五行不遂，灾及乎亲，敢不敬乎？"①

这段话完全袭自《曾子大孝》，把庄、忠、敬、信、勇五种美德都纳入"孝"的范畴，所秉持的是"大孝"的理念，即广义的"孝"，而不是只局限于对父母长辈的"孝"。除此之外，《孝行》篇还以此为基础作了进一步发挥："人主孝则名章荣，下服听，天下誉；人臣孝则事君忠，处官廉，临难死；士民孝则耕芸疾，守战固，不罢北。"这是把孝说成是君臣庶民都应必备的美德，孝行应该涵盖修身、齐家、治国、理政各个领域。所以，《孝行览》的"孝"属于广义范畴，这样就使得《孝行》篇所属各篇作品在选材上具有广阔的空间，而不必局限于家庭伦理范围之内。

综上所述，《吕氏春秋》的概念范畴展现出十分明显的宽泛性，编撰者一般都会对概念进行广义化和泛化处理，扩大其涵盖范围，而不必局限于狭义确定的范围之内。对于宽泛概念的运用更多地体现在具有引导意义的篇章之中，这样做是为了使各单元能容纳更多相关的思想内容和概念范畴，使本书更具包容性。

二、《淮南子》对概念的多种处理

《淮南子》致力于打造"大者江河"的大观景象，因为只有这样才能取之不尽用之不竭、才能瑕不掩瑜，实现本书的最大适用性。编著者们运用"坛卷连偄，绞纷远援"的行文形态，尽力实现"无凝竭底滞"的效果，同时也保证了全书的"卷握不散"。可以说，这一理念贯穿于全书的各个方面，结构、议论等均是如此。

① 陈奇猷：《吕氏春秋新校释》，上海古籍出版社 2002 年版，第 736—737 页。

从议论角度看，《淮南子》吸纳了诸多先前的概念、理论。显然，简单拼凑、机械集合绝不符合本书的"卷握不散"的创作主旨。融会贯通，并对相关理论进行同向化引导是本书实现这一主旨的重要保证。

作者面对纷繁芜杂的已有成说，面对万象世界的杂多视角，如何使之达到"卷握不散"的效果？议论显然是本书的主战场。在议论中《淮南子》并没有完全另起炉灶，创建一套全新的、完全不同于既有的话语体系，使既有的话语融会贯通，最终形成自我话语体系，成为本书议论的重要特征。下面试分析之：

第一，对概念进行弹性化处理，使之更具涵容力。

《淮南子》有条件对某论题和概念进行展开论述，论述中避不开已有的概念与理论，同时也势必面临合理处理这些"争鸣"的严峻挑战。怎样自圆其说、融会贯通？《淮南子》采取的方法之一是赋予这些概念极大的弹性。

可以说，《淮南子》中的诸多概念，特别是先秦时期经常出现的概念，都已不再是原本的内涵与外延，而是获得了极大弹性。这使原本狭隘固定的概念，涵容力增大，能适合不同语境和理论背景，能有机融合到同一个话语体系中。

如《主术训》中"法"的概念。

"法"概念不是《主术训》的原创，诸子多有提及，今选其代表性论述如下：

《老子》（57章）："法令滋彰盗贼多有。"

《管子·牧民》："凡牧民者，欲民之可御也；欲民之可御，则法不可不审。"《管子·七法》："尺寸也、绳墨也、规矩也、衡石也、斗斛也、角量也，谓之法。"

《韩非子》："能去私曲就公法者，民安而国治。"

《慎子》："法制礼籍，所以立公义也。凡立公，所以弃私也。"

这些"法"的概念都有律令制度的内涵，而法家作品对"法"概念的阐释尤其详尽。不可否认，律令制度这一内涵是"法"概念的基本内涵。《主术训》在运用这一概念时也保留了这个基本内核，但同时也赋予它极大的弹性，使之容纳了多家倾向，而不会止于一家之言。如：

> 法生于义，义生于众适，众适合于人心，此治之要也。故通于本者不乱于末，睹于要者不惑于详。①

很明显，作者将法赋予了"义"的内涵，而"义"也就是"合于人心"，这使得律令制度这一冰冷的内核，具有了更为温情仁德的内涵。司马谈《论六家要旨》也曾指出"法家严而少恩"的问题，说明冰冷的律令制度这一内核是法家"法"概念的核心。《主术训》的这一改造显然使得"法"概念更具涵容力。

又如"势"概念。同样道理，这一概念在先秦诸子处早有论及：

《老子》（51章）：道生之，德畜之，物形之，势成之。

其中"势"的内涵，正如陈鼓应先生总结的那样，有三种解释：一指环境，如地域之变迁，其后之差异，水陆之不同；二指力，汉书其后等自然力量，这一观点其实与上一观点相近；三指对立。②虽然众说纷纭，但可总括为"自然之势"，这也与《老子》的整体思想一致。

这一内涵在《庄子》那里得到延续，其中提及的几处"势"也基本泛指自然之势，如："夫自细视大者不尽，自大视细者不明。夫精，小之微也；垺，大之殷也；故异便。此势之有也。"（《秋水》）③意为"大小各有不

---

① 张双棣：《淮南子校释》，北京大学出版社 2013 年版，第 988 页。
② 陈鼓应：《老子今注今译》，商务印书馆 2012 年版，第 260 页。
③ 郭庆藩：《庄子集释》，中华书局 2004 年版，第 572 页。

同的方便，这是情势如此的"①。

《荀子》中的"势"多指地位权势，如："天子者，势位至尊，无敌于天下。"（《正论》）

这一内涵也是先秦时期这一概念的主要内涵，其内核也呈现在《管子》、《吕氏春秋》等书中。然而，对这一概念最为倚重，同时论述也最为详尽的还是法家。

《韩非子·功名》明确地将"势位"看作明君立功成名的重要条件：

> 明君之所以立功成名者四：一曰天时，二曰人心，三曰技能，四曰势位。……得势位，则不进而名成。若水之流，若船之浮。守自然之道，行毋穷之令，故曰明主。
>
> 夫有材而无势，虽贤不能制不肖。故立尺材于高山之上，则临千仞之谿，材非长也，位高也。桀为天子，能制天下，非贤也，势重也；尧为匹夫，不能正三家，非不肖也，位卑也。千钧得船则浮，锱铢失船则沉。非千钧轻而锱铢重也，有势之与无势也。故短之临高也以位，不肖之制贤也以势。②

《韩非子·难势》曾讲道：

> 夫势者，名一而变无数者也。势必于自然，则无为言于势矣；吾所为言势者，言人之所设也。③

这里可以看到，韩非也明确认识到"势"这一概念其实至少包括自然

---

① 陈鼓应：《庄子今注今译》，中华书局 1983 年版，第 420 页。
② 陈奇猷：《韩非子集释》，上海人民出版社 1974 年版，第 507—508 页。
③ 张双棣：《淮南子校释》，北京大学出版社 2013 年版，第 886 页。

之势和人为之势两种，而法家所关注的显然是后者。

《淮南子·主术训》中的"势"概念显然容涵了以上所言的多种内涵，具有了相当的弹性，使得这一概念在同一篇章中游刃有余地存在。

首先，《主术训》中的"势"，可以指权势地位：

> 由此观之，权势之柄，其以移风易俗矣。尧为匹夫，不能仁化一里，桀在上位，令行禁止。由此观之，贤不足以为治，而势可以易俗明矣。《书》曰："一人有庆，万民赖之。"此之谓也。①

这里的"势"，与先秦法家为代表的主要概念内核基本一致，是指权势地位言。

其次，其中的"势"还可指自然之势：

> 禹决江疏河，以为天下兴利，而不能使水西流。稷辟土垦草，以为百姓力农，然不能使禾冬生。岂其人事不至哉？其势不可也。②

其中"势"显然是自然之势。

再次，其中的"势"还被赋予德义恩报的内涵：

> 权势者，人主之车舆；爵禄者，人臣之辔衔也。……夫臣主之相与也，非有父子之厚，骨肉之亲也，而竭力殊死，不辞其躯者，何也？势有使之然也。昔者豫让，中行文子之臣。智伯伐中行氏，并吞其地。豫让背其主而臣智伯。智伯与赵襄子战于晋阳之下，身死为

---

① 张双棣：《淮南子校释》，北京大学出版社2013年版，第958页。
② 张双棣：《淮南子校释》，北京大学出版社2013年版，第951页。

戮，国分为三。豫让欲报赵襄子，漆身为厉，吞炭变音，擿齿易貌。夫以一人之心而事两主，或背而去，或欲身徇之，岂其趋舍厚薄之势异哉？①

这里作者虽也认为权势是人主之车舆。然而从后文的事例阐释看，豫让报主之恩万死不辞，这个"势"显然充满了德义恩报的内涵。所以，接着作者讲道：

是故臣不得其所欲于君者，君亦不能得其所求于臣也。君臣之施者，相报之势也。是故臣尽力死节以与君，君计功垂爵以与臣。是故君不能赏无功之臣，臣亦不能死无德之君。②

这里的"势"概念被赋予温情和恩德还报的内容，涵容力增强。

最后，"势"还被赋予用众，依众的内涵：

夫人主之听治也，清明而不暗，虚心而弱志。是故群臣辐辏并进，无愚智贤不肖，莫不尽其能。于是乃始陈其礼，建以为基。是乘众势以为车，御众智以为马。虽幽野险途，则无由惑矣。③

夫七尺之桡，而制船之左右者，以水为资；天子发号，令行禁止，以众为势也。④

这里明确提出"以众为势"，赋予这个概念以用人、用众、依众的内涵。

---

① 张双棣：《淮南子校释》，北京大学出版社 2013 年版，第 967 页。
② 张双棣：《淮南子校释》，北京大学出版社 2013 年版，第 968 页。
③ 张双棣：《淮南子校释》，北京大学出版社 2013 年版，第 942 页。
④ 张双棣：《淮南子校释》，北京大学出版社 2013 年版，第 1014 页。

可以看出，作者在运用这些概念的时候不会囿于先前某家的确定内涵，而是尽力扩展其涵容力，使概念获得巨大弹性，使这些概念游刃有余地融合在一炉之中。这是《淮南子》在处理概念时的普遍做法。

第二，对所述论题进行理论分层，使多种角度和论点融为一炉。

《淮南子》中的论题都不是新鲜论题，很多都是先秦诸子争鸣的焦点话题。再次面临这些话题怎样处理？《淮南子》显然站得更高，编著者们很高明地运用自己的理论修养，把看似不可调和的论点、视角统融在自己的理论视野中，对论题进行理论分层，使相关论题呈现多层面的展现。不同层面可容涵不同角度和论点，多个层面又融为一体。其中的理论分层意识，显然与其本书的本末意识相表里，万事万物有本有末，理论也有层次之分。

这在《主术训》、《兵略训》等篇章中都有鲜明展现。如《主术训》，也即君主的治理之术。先秦诸子对这一论题的探讨广泛存在，如《老子》认为"处无为之事，行不言之教"，《管子》中列举有各种治术，《韩非子》倚重法术势等等，不一而足。

《主术训》面临这些故言，很明智地将这个论题分为两个层面：一是至高境界的治理之道，二是现实操作层面的治理之术。

从行文不难看出，《主术训》开篇与前部分首先是冠以第一层面的：

> 人主之术，处无为之事，而行不言之教，清静而不动，一度而不摇，因循而任下，责成而不劳。是故心知规而师傅谕导，口能言而行人称辞，足能行而相者先导，耳能听而执正进谏。是故虑无失策，谋无过事，言为文章，行为仪表于天下，进退应时，动静循理，不为丑美好憎，不为赏罚喜怒，名各自名，类各自类，事犹自然，莫出于己。①

---

① 张双棣：《淮南子校释》，北京大学出版社 2013 年版，第 904 页。

第一句显然本之《老子》（2 章）："圣人处无为之事，行不言之教。"作者倡导"无为"、"清净"、"因循"、"自然"，这实际是全书基础性理论的再次展现和回应。

接下来的论述主要还是在第一层面上进行理论阐述和相关理论融合。具体说来，作者融合了"精诚"、"守而勿失"、"无为"、"因循"等理论。作者讲道：

> 天气为魂，地气为魄，反之玄房，各处其宅。守而勿失，上通太一。太一之精，通于天道。天道玄默，无容无则，大不可极，深不可测，尚与人化，知不能得。①

这里融合了内守精神、精通于天的理论。"故不言之令，不视之见，此伏牺、神农之所以为师也。"则又融合了"无为"的思想。

这些概念都属于《淮南子》一书中基础性概念，在主术这个论题上，作者再次将这些概念融合一处，共同阐释最高层次的治理境界。

随着行文推进，作者笔触逐渐转入第二层次的论述，在具体操作层面上展开，提出了"忠"、"法"、"术"、"势"、"正"、"德"、"俭"、"用众人"等诸多理念。

需要重点指出的是，作者在对第二层面理论与概念进行展开时，也并非脱离第一层次，置基础性理论于不顾。恰恰相反，作者有意用最高层次的理论对较低层面的概念手法等进行统摄与融合。这正是《淮南子》作为一家之言的关键所在。

如在用人问题上，作者充分运用第一层面理论"因"对用人进行统摄：

---

① 张双棣：《淮南子校释》，北京大学出版社 2013 年版，第 909 页。

而欲以遍照海内，存万方，不因道之数，而专己之能，则其穷不达矣。故智不足以治天下也。桀之力，制觡伸钩，索铁歃金，推移大牺，水杀鼋鼍，陆捕熊罴，然汤革车三百乘，困之鸣条，擒之焦门。由此观之，勇力不足以持天下矣。智不足以为治，勇不足以为强，则人材不足任，明也。而君人者不下庙堂之上，而知四海之外者，因物以识物，因人以知人也。故积力之所举，则无不胜也；众智之所为，则无不成也。①

可以看出，作者一方面否定"能"、"人才"，另一方面又肯定了"智"。他是怎样完成这个转变的？奥妙就在于他的理论分层和理论统摄。

从层次上看，不任智力、才能属于第一层面，用人属于第二层面。但是作者有意用第一层面理论统摄第二层面，尽力融合用人的手法。于是，他用到了"因物以识物，因人以知人"的理论，这个"因循"理论也属本书的基础性理论，在这里适时拿出，很好地解决了这个问题：君主应无为不应用智、应因循用众。

类似而不尽相同的处理方法很多，后文有专门论述。

《兵略训》主要讨论兵事话题。先秦时期关于这个问题的论述也称纷繁，《兵略训》在处理这个问题时将兵事划分为三大层次：

兵有三诋，治国家，理境内，行仁义，布德惠，立正法，塞邪隧，群臣亲附，百姓和辑，上下一心，君臣同力，诸侯服其威，而四方怀其德。修政庙堂之上，而折冲千里之外，拱揖指撝而天下响应，此用兵之上也。地广民众，主贤将忠，国富兵强，约束信，号令明，两军相当，鼓铎相望，未至兵交接而敌人奔亡，此用兵之次也。知土

① 张双棣：《淮南子校释》，北京大学出版社 2013 年版，第 930 页。

地之宜，羽险隘之利，明奇正之变，察行陈解赎之数，维枹绾而鼓之，白刃合，流矢接，涉血属肠，舆死扶伤，流血千里，暴骸盈场，乃以决胜，此用兵之下也。①

简言之，上兵"治政"、中兵"奔敌"、下兵"决阵"。作者对兵事层次的划分，根源于其理论上的层次逻辑：兵不仅是战斗，有至上层次的兵，以及下层面的兵。

仍不例外，至上层面的兵仍然是本书基础理论的直接演绎：

夫圆者，天也；方者，地也。天圆而无端，故不可得而观；地方而无垠，故莫能窥其门。天化育而无形象，地生长而无计量，浑浑沉沉，孰知其藏。凡物有朕，唯道无朕。所以无朕者，以其无常形势也。轮转而无穷，象日月之运行，若春秋有代谢，若日月有昼夜，终而复始，明而复晦，莫能得其纪。制刑而无刑，故功可成；物物而不物，故胜而不屈。刑，兵之极也，至于无刑，可谓极之矣。是故大兵无创，与鬼神通，五兵不厉，天下莫之敢当。②

道是无形无朕的，决定了至高层次的兵当然也应是运转无穷、无创不厉的。这里，至上之兵显然与天地之道进行了密切关联，至上层次的兵描述为"大兵无创"，与《老子》的"大方无隅，大器晚成，大音希声，大象无形"（41章）的理论何其相像？

将道的理论与兵进行融合，这在先秦诸子处并不多见，属《淮南子》的一家之言。

---

① 张双棣：《淮南子校释》，北京大学出版社2013年版，第1590页。
② 张双棣：《淮南子校释》，北京大学出版社2013年版，第1581页。

在至高层次上，作者有意融合了多种观点，如"义兵"、"德政"：

> 因民之欲，乘民之力，而为之去残除贼也。故同利相死，同情相成，同欲相助。顺道而动，天下为向；因民而虑，天下为斗。①

"顺道而动"是至高的治兵境界，这里作者同时融合了"因民之欲"、"同情相成"的概念，使得"顺道而动"的治兵境界与篇首便提出的"义兵"理论完美结合。反过来说就是，只有"义兵"、"德政"，方可"因民之欲"，方可"顺道而动"。

在第二、三层面上，作者提出的方法包括"用势"、"奇正"、"身先士卒"、"虚实"等等。这些概念或方法是先前兵家的常有话题，属于用兵层次。这里作者将之放在次级层次，但是他仍然致力于以第一层次理论对这些概念或方法进行统摄，尽力使关于兵的各层面有机而统一。比如对将军的论述：

> ……夫物之所以相形者微，唯圣人达其至。
>
> 故鼓不与于五音，而为五音主；水不与于五味，而为五味调；将军不与于五官之事，而为五官督。故能调五音者，不与五音者也；能调五味者，不与五味者也；能治五官之事者，不可揆度者也。是故将军之心，滔滔如春，旷旷如夏，湫漻如秋，典凝如冬，因形而与之化，随时而与之移。②

这一段处于篇章后段，从内容看也已偏重于对较为具体的用兵方

---

① 张双棣：《淮南子校释》，北京大学出版社 2013 年版，第 1582 页。
② 张双棣：《淮南子校释》，北京大学出版社 2013 年版，第 1636 页。

法，是对将军状态的描述。然而这段描述显然被第一层面的理论所同化和统摄。

综观《兵略训》可以发现，虽然作者将兵事分为三个层面，但是其对后两个层面的论述、特别是最后一个层面的论述显然并不明确，看到更多的是对第一层面的展开，以及尽力以第一层面理论统摄相关兵事概念。文末作者曾提出战斗取胜的八大要素，包括佯攻、出奇等方法，但是最后作者却说："凡此八者，不可一无也，然而非兵之贵者也。"不难看出，具体的下层次的兵事与战斗方法并不是作者关注的重点。

这种现象还是根源于本书一贯的"本末意识"，万事万物有本有末、有至高层次有次级层次。显然，本统摄末、本重于末。唯其如此，作者致力于将论题也分为高低层次，也致力于用高层次理论统摄低层次概念与理论。

总之，作者通过对论题进行本末分层、理论分层，有效包纳本论题的诸多概念、观点与视角。同时，其一贯的基础理论则致力于统摄各个层面上的不同概念，时时展现其作为一家之言的特征。

第三，概念串联与全书一贯理论的适时呼应。

《淮南子》的编著者致力于将已有的概念与理论进行融会贯通。除上述两种方法外，他们还经常用到概念的串联与一贯理论的呼应，这两种情况在全书中十分常见。

所谓概念串联，指作者在演绎理论时将相近相关，但不经常关联使用的概念进行串联，使这些概念贯穿一起，附丽于作者的理论框架之下，形成全新的体系。

如《主术训》中：

今夫橛直植立而不动，俯仰取制焉；人主静漠而不躁，百官得修焉。譬而军之持麾者，妄指则乱矣。慧不足以大宁，智不足以安危，与其誉尧而毁桀也，不如掩聪明而反修其道也。清静无为，则天与之时；廉俭守节，则地生之财；处愚称德，则圣人为之谋。①

这段论述一直延续的是本文中的一个重要理论："人主当静漠、守而勿失。"但行文最后，作者借机推出了另外一个概念："廉俭守节"。《老子》曾言"廉而不刿"，其中"廉"指锋利，与此处"廉"义不同。《管子》将"礼义廉耻"名为"国之四维"，"廉，清也"、"敛也，自检敛也"（《广雅·释诂》)，与《广雅》所言的普遍意义上清廉意义相同。但是将清净、守而勿失与廉俭守节连用，确实不多见。

《淮南子》行文中适时串联了这一概念。首先，是这一概念内涵上与行文理论有相通之处，否则就会生硬串联、造成不合。这里的"廉俭守节"与"静漠"在行为上都有收敛、节欲的内涵，所以此处将之串联起来。其次，"廉俭守节"的概念被串联在此后，被行文理论同化，具有了与"静漠"理论相似的理论指向。所以，这种串联一方面极大扩展了《淮南子》行文理论的包容力，另一方面使诸多概念都被同向化改造。

类似的情况又如《主术训》：

君人之道，处静以修身，俭约以率下。静则下不扰矣，俭则民不怨矣；下扰则政乱，民怨则德薄；政乱则贤者不为谋，德薄则勇者不为死。②

作者勾勒的是这样的对应关系：处静——下不扰——政不乱——贤者谋；俭约——民不怨——不德薄——勇者死。这种对应串联的概念包括"处

---

① 张双棣：《淮南子校释》，北京大学出版社 2013 年版，第 942 页。
② 张双棣：《淮南子校释》，北京大学出版社 2013 年版，第 970 页。

静"、"俭约"、"德"等。

可以说，这些概念这样的串联方式前所未有。

综观《主术训》一篇，其行文理论串联的主要概念就有：无为、精诚理论、本末意识、因循、正、忠、势、慎、俭、德、恕等。这些概念无论看上去更像哪家的常用概念，也无论原有的理论背景如何，在这里都被串联在一起，附丽于《淮南子》自己的行文理论框架之下。

与概念串联相辅相成、配合使用的另一方法是：全书一贯理论的适时呼应。也即在行文中如果作者感觉概念或议论有些游离于自己的理论框架时，或行文论题、概念与全文一贯理论可以做到遥相呼应时，作者便会用全书中作为基础理论框架存在的一贯理论进行适时的呼应。使行文尽量始终罩在既有的理论框架之下。

如《兵略训》：

> 夫将者，必独见独知。独见者，见人所不见也；独知者，知人所不知也。见人所不见，谓之明；知人所不知，谓之神。神明者，先胜者也。①

《兵略训》行文至此时，已经侧重较低层次兵事的论述，论述过诸如"奇正"、"八大要素"等论题。这里论到"将"这一问题时，作者认为将军应当独见独知，但这时原有的行文理论统摄力显然已经比较微弱。这时，作者适时拿出较高层次的理论用以呼应这一论题："见人所不见，谓之明；知人所不知，谓之神。神明者，先胜者也。""神明"这一概念在《淮南子》中多次出现，最近一次就出现在同篇中：

---

① 张双棣：《淮南子校释》，北京大学出版社 2013 年版，第 1650—1651 页。

> 所谓道者，体圆而法方，背阴而抱阳，左柔而右刚，履幽而戴明，变化无常，得一之原，以应无方，是谓神明。①

这两处"神明"内涵不尽一致，具有弹性。但是可以肯定的是，后文中论"将"时，作者再次抛出"神明"，显然是有意以较高层次的一贯理论呼应当下的论述。

又如《主术训》：

> 国之所以存者，仁义是也。人之所以生者，行善是也。国无义，虽大必亡；人无善志，虽勇必伤。治国上使不得与焉。孝于父母，弟于兄嫂，信于朋友，不得上令而可得为也。释己之所得为，而责于其所不得制，悖矣。士处卑隐，欲上达，必先反诸己。上达有道，名誉不起而不能上达矣；取誉有道，不信于友，不能得誉；信于友有道，事亲不说，不信于友。说亲有道，修身不诚，不能事亲矣。诚身有道，心不专一，不能专诚。道在易而求之难，验在近而求之远，故弗得也。②

这段论述位于《主术训》末尾，本篇最后几段集中论述的主要概念是：仁与智，其中诸如"由己知人"等说法，与儒家"己欲立而立人，己欲达而达人"的观念十分相近。可以看出，行文至此本篇一贯的、较高层次的理论主张统摄力有所衰减，家派倾向稍显浓重。这时，作者融会贯通的本领再次展现，"诚心专一"、"反诸己"两大理论再次抛出。

这两大理论同样是本书的一贯理论和基础性理论。从《原道训》、《俶

---

① 张双棣：《淮南子校释》，北京大学出版社 2013 年版，第 1581 页。

② 张双棣：《淮南子校释》，北京大学出版社 2013 年版，第 1050 页。

真训》到《本经训》、《人间训》等多次被适时提起。应该承认，不同篇章语境用及这些一贯理论时，其内涵可能不尽相同，但这正是本书的生命力的重要源泉。这种同样具有一定弹性的理论，经常出现在不同语境中作为统摄之用，表明的是作者鲜明的理论框架意识。致力于用"本"统摄"末"，致力于将不同的理论主张和概念进行最大程度的同向化引导。

《要略》中所言"坛卷连慢，绞纷远援"，从这种概念串联和理论呼应上可见一斑。在行文理论思路上，作者一路"连慢"，串联诸多概念和理论；在连慢和行文中，一旦出现统摄下降或理论相合的情况，作者就会有意进行"远援"。使一贯的基础性理论如影随形，形成对诸多概念理念的融会贯通。

第四，对有关争议理论的变通溶解。

《淮南子》致力于融万物万理于一炉，多数情况下可以通过如上手法较好地达到融会贯通的效果。但是不可否认，一定会有某些概念或理论之间产生争议、冲突。

如《主术训》中对"智"的论述，如果断章取义单看这些概念出现的句子：

> 是故道有智则惑，德有心则险。
> 故智不足以治天下也。
> 慧不足以大宁，智不足以安危，与其誉尧而毁桀也，不如掩聪明而反修其道也。
> 故积力之所举，则无不胜也；众智之所为，则无不成也。
> 夫乘众人之智，则无不任也；用众人之力，则无不胜也

很明显，前三句否定了"智"，后两句则肯定了"智"。问题出在哪？作者有没有很好地解决这个问题？是怎样解决的？

就"智"这个概念看，作者主要是通过理论分层，使概念具有不同的外延，很好融合了前后争议。回归具体语境可以看出，前一个"智"处于最高理论层次，在"自然"和"道"这个层次上自然是"智不足以治天下"。后一个"智"在行文中实际已经被推入第二层次，属于具体操作层面的问题。具体治国中，应采取什么方法？当然应该是依靠"众智"，众智是它的具体内涵。

这里，作者利用理论分层，同时引入一个基础性理论"因"，有效分别了这一概念的外延：

> 智不足以为治，勇不足以为强，则人材不足任，明也。而君人者不下庙堂之上，而知四海之外者，因物以识物，因人以知人也。
>
> 故积力之所举，则无不胜也；众智之所为，则无不成也。陷井之无黾鼍，隘也；园中之无修木，小也。夫举重鼎者，力少而不能胜也，及至其移徙之，不待其多力者。故千人之群无绝梁，万人之聚无废功。①

不能用"智"的是"君人者"，用"智"的是"万人"。对于君主言，他不用"智"，但用"万人之智"。用"万人之智"，又被"因"的理论所统摄。这样，"智"的概念完成了争议的有效溶解。

《兵略训》有：

> 由此观之，则兵以道理制胜，而不以人才之贤，亦自明矣。
>
> 兵之所以强者，民也；民之所以必死者，义也；义之所以能行者，威也。是故合之以文，齐之以武，是谓必取。威仪并行，是谓

---

① 张双棣：《淮南子校释》，北京大学出版社 2013 年版，第 930 页。

至强。

这同样是关于是否应该用人用才的问题，单看两段存在争议，一者认为不以人才之贤，一者认为应该用民。

这个争议的解决同样是靠作者的理论分层完成。通过分层，"不以人才之贤"的观点自然合于最高层次的兵事；而"用民"、"用智"等等则属于操作层面的问题。

依靠理论分层，作者较好融合了争议概念和论题，使这些概念能左右逢源各适其境，而不至于产生不可调节的矛盾冲突。

综上所述，《淮南子》在议论上面临诸多既有概念和论题，有的还有较为鲜明的家派色彩，而编著者们则致力于融会贯通。通过赋予概念以弹性，增强它的涵容力；通过理论分层，使篇章容纳更多相关概念和不同观点；通过串联概念及适时的理论呼应，实现对宽广论域的统摄。总之，通过对《淮南子》融会贯通的分析，能清晰看到本书所具有的理论自觉性。在这一方面，《淮南子》显然要比《吕氏春秋》更丰富和生动，这主要是由《淮南子》长篇大论的行文特征决定的。它能够充分伸展，以议论和思想贯穿全文，这样就给概念的处理留出了足够的空间。所以，在对概念容涵力的处理上《淮南子》比《吕氏春秋》更丰富更生动。但是能够看出，对概念等进行改造，使用广义概念，拓展内涵和外延，消磨过分鲜明的一家之言特征，这些应该是秦汉杂家的典型行文特征。

第二节　议论的辩证性

前文曾专门论及结构的辩证性，其实结构的辩证性正是编撰者辩证思维的表现，当落实的具体的议论和行文之中，我们仍然能够看到较为明显的辩证性议论。

一、《吕氏春秋》的辩证性议论

虽然《吕氏春秋》很多篇目并非以议论见长，但是字里行间还是经常透露出作者的辩证性思维。它在议论方面体现出的辩证性特点主要表现如下：

首先，议论和评说兼及历史故事的双方当事人。

《吕氏春秋》所收录的历史故事和传说绝大多数都包含至少两方角色，在对历史故事叙述完毕之后，《吕氏春秋》有时会单从一方的角度进行议论评说，这种情况不在少数。如《察微》篇中"郑公子归生率师伐宋"一事，作者在叙述完毕后仅从华元一方进行议论："夫弩机差以米则不发。战，大机也。飨士而忘其御也，将以此败而为虏，岂不宜哉？"[①] 对宋华元不能察微审势加以批评。这种议论一般都选择能紧扣篇章主题的一方作为评议对象，一般都能和篇章主题相切合。但是从作者的议论评述看，这种议论目的较为单一，缺乏辩证性。

除此之外，《吕氏春秋》有时还会从历史故事和传说所涉及的最主要的双方人物入手进行评说，使议论兼及两个方面，富于辩证性。

如《贵生》篇有"鲁君礼颜阖"的故事，是这样叙述与议论的：

> 鲁君闻颜阖得道之人也，使人以币先焉。颜阖守闾，鹿布之衣，而自饭牛。鲁君之使者至，颜阖自对之。使者曰："此颜阖之家邪？"颜阖对曰："此阖之家也。"使者致币，颜阖对曰："恐听缪而遗使者罪，不若审之。"使者还反审之，复来求之，则不得已。故若颜阖者，

---

① 陈奇猷：《吕氏春秋新校释》，上海古籍出版社 2002 年版，第 1013 页。

> 非恶富贵也，由重生恶之也。世之人主多以富贵骄得道之人，其不相
> 知，岂不悲哉？①

在故事叙述完毕后，作者立足于双方展开论述。一方面评述颜阖为由重生而恶富贵；另一方面则从人主的角度论述，认为人主当及时任用贤人。

这一则故事同时见于《庄子·让王》篇。《庄子》中故事的叙述与《贵生》篇大致相同，而作者对于故事和人物的议论则差异较大，《让王》篇这样评述："故若颜阖者，真恶富贵也。"② 很明显，《让王》篇是单从颜阖一方进行评述，而没有涉及另一方。相比之下，可以显见《吕氏春秋》在议论方面的辩证性。

又如《离俗览》，其中在讲述完"石户之农、北人无择、卞随、务光四人让位"的故事后，作者并没有单从四人角度进行论述，而是在赞扬四人的高尚品节后，又从让位者尧舜的角度展开论述："若夫舜、汤，则苞裹覆容，缘不得已而动，因时而为，以爱利为本，以万民为义。譬之若钓者，鱼有小大，饵有宜适，羽有动静。"③ 其中认为虽然"四士"的行为高洁不污，但是尧舜的行为也并非如石户之农所认为的"以舜之德为未至也"，尧舜也是以万民为义，对尧舜的评价不应完全与对"四士"的评价标准相同。这一故事同时见于《庄子·让王》篇，但是立足尧舜的辨析和议论在《让王》篇中并没有出现，足见《离俗览》对这一历史故事的辩证观点。经过对双方人物的分别评述，一方面展示出"四士"的高尚品节，另一方面又给尧舜以恰当的定位与评价，避免了对尧舜的误读。

同样的情况仍有很多，如《乐成》篇中"魏襄王与群臣饮"一事，史

① 陈奇猷：《吕氏春秋新校释》，上海古籍出版社2002年版，第75—76页。
② 郭庆藩：《庄子集释》，中华书局1961年版，第971页。
③ 陈奇猷：《吕氏春秋新校释》，上海古籍出版社2002年版，第1243页。

起主动提出治漳水灌邺田，但是他对此事会暂时引起民愤早有预见，魏襄王毅然决然，坚持任用史起，最终取得成功。故事叙述完毕后，作者从史起与魏襄王双方展开论述："史起非不知化也，以忠于主也。魏襄王可谓能决善矣。"①一方面赞扬史起不仅有预见而且忠于主上，另一方面赞扬主上魏襄王能知人善任，议论富于辩证性。

另外如《审应览》中的"魏惠王使人谓韩昭侯"，其故事之后的议论也属此类。

有时故事后的议论只涉及一方，但是仍体现出十分明显的辩证性。这种议论方式从表面看只涉及其中一方，实际上对另一方的议论是因为过于明显，不再有直接说出的必要而被省略。

如《直谏》篇"鲍叔牙进谏"一事即是如此：

> 齐桓公、管仲、鲍叔、宁戚相与饮酒酣，桓公谓鲍叔曰："何不起为寿？"鲍叔奉杯而进曰："使公毋忘出奔在于莒也，使管仲毋忘束缚而在于鲁也，使宁戚毋忘其饭牛而居于车下。"桓公避席再拜曰："寡人与大夫能皆毋忘夫子之言，则齐国之社稷幸于不殆矣！"当此时也，桓公可与言极言矣。可与言极言，故可与为霸。②

这则故事中，鲍叔牙属于直言进谏，他不仅进谏桓公，还对在座的管仲、宁戚等人直言不讳。故事叙述完毕之后，作者显然没有从鲍叔的角度进行议论，而是从桓公的角度，对桓公接纳进言大表赞赏。这里省略了对鲍叔牙直谏的评述，而直接对主上行为进行评说："当此时也，桓公可与言极言矣。"其主要原因是鲍叔牙的行为很明显属于直谏，可以完全切合

---

① 陈奇猷：《吕氏春秋新校释》，上海古籍出版社 2002 年版，第 1000 页。

② 陈奇猷：《吕氏春秋新校释》，上海古籍出版社 2002 年版，第 1555 页。

本篇的主旨与题名，作者不再有重复的必要。从表面看，本则故事之后的议论只从主上——桓公一方面展开，但这实际是作者辩证性思维的省略表达方式。省略对一方人物的无必要的赘述，而对另一方人物加以评说。这则故事中，臣属勇于直谏、主上善于接纳进言，这也是对和谐君臣关系的辩证表达。

这则故事同时见于《管子·小称》和《新序·杂事四》。故事情节大致相同，但《管子·小称》在故事之后并没有相应的议论与评述，《新序·杂事四》在故事之后则这样议论道："此言常思困阨之时，必不骄矣。"① 三处文献相互对照，可以看出《直谏》篇十分兼顾从双方立论，通过省略的论述方式体现君臣间的辩证关系。

对于君臣关系辩证思考并采用省略表达方式，是《吕氏春秋》辩证性议论的重要形式，此类情况还可见于《不苟》和《似顺论》等篇章。

其次，《吕氏春秋》辩证性议论还表现为对同一对象转换评判标准。

同一对象面对不同的评判标准将出现不同的评判结果，而能以不同的评判标准对同一事物进行评价，则是评价辩证性的重要体现，《吕氏春秋》中有不少篇目在议论中就不时体现出这一特点。如《离俗览》中"宾卑聚梦辱"一事：

> 齐庄公之时，有士曰宾卑聚，梦有壮子，白缟之冠，丹绩之，东布之衣，新素履，墨剑室，从而叱之，唾其面，惕然而寤，徒梦也。终夜坐不自快。明日，召其友而告之曰："吾少好勇，年六十而无所挫辱。今夜辱，吾将索其形，期得之则可，不得将死之。"每朝与其友俱立乎衢，三日不得，却而自殁。谓此当务则未也，虽然，其心之

---

① 赵仲邑：《新序详注》，中华书局 1997 年版，第 126 页。

不辱也，有可以加乎。①

故事中宾卑聚自杀以显示其不能受辱之节，作者最后对此加以评述："谓此当务则未也，虽然，其心之不辱也，有可以加乎！"显然，这一议论是以两种标准进行的评价。其一，从生命可贵的角度讲，为义自杀显然过于鲁莽；其二，从"心之不可辱"的角度讲，这种行为又值得推嘉。作者的这一议论具有辩证性。

再如《不广》篇中"鲍叔、管仲、召忽三人相善"一段有相同的特点：

> 鲍叔、管仲、召忽三人相善，欲相与定齐国，以公子纠为必立。召忽曰："吾三人者于齐国也，譬之若鼎之有足，去一焉则不成。且小白则必不立矣，不若三人佐公子纠也。"管仲曰："不可。夫国人恶公子纠之母，以及公子纠；公子小白无母，而国人怜之。事未可知，不若令一人事公子小白。夫有齐国，必此二公子也。"故令鲍叔傅公子小白，管子、召忽居公子纠所。公子纠外物则固难必。虽然，管子之虑近之矣。若是而犹不全也，其天邪，人事则尽之矣。②

故事叙述完毕后，作者一方面认为"公子纠外物则固难必"，公子纠是否可以立为君主并不确定，另一方面又认为管仲的思虑更为近乎情理。这里，作者对同一故事进行双重标准的评判，从没有必然的自然规律讲，公子纠未必可成为齐国君主；而从人的主观能动性不可忽视的角度讲，管仲的选择和判断又近乎情理。作者对同一则故事进行的是辩证性的议论和开掘。

---

① 陈奇猷：《吕氏春秋新校释》，上海古籍出版社 2002 年版，第 1244 页。
② 陈奇猷：《吕氏春秋新校释》，上海古籍出版社 2002 年版，第 925 页。

又如《举难》篇中"魏文侯弟曰季成"一段：

> 魏文侯弟曰季成，友曰翟璜。文侯欲相之而未能决，以问李克。李克对曰："君欲置相，则问乐腾与王孙苟端孰贤？"文侯曰："善。"以王孙苟端为不肖，翟璜进之；以乐腾为贤，季成进之。故相季成。凡听于主，言人不可不慎。季成，弟也，翟璜，友也，而犹不能知，何由知乐腾与王孙苟端哉？疏贱者知，亲习者不知，理无自然。自然而断相过。李克之对文侯也亦过。虽皆过，譬之若金之与木，金虽柔犹坚于木。①

这段故事的梗概为：魏文侯咨询置相之事，李克进谏。故事很短小，但相比之下作者的议论却很充分。其中不仅对魏文侯的行为加以评价，而且还对李克的行为加以评价，这本身已经属于辩证性议论的表现。在对双方进行评述后，作者又说："虽皆过，譬之若金之与木，金虽柔犹坚于木。"陈奇猷先生解释说："如金、木皆不足于坚，然金仍坚于木也。"② 那么，这句话的大意为：两人虽然都有过错，但若降低评价标准，则其中仍有一种做法比另一种做法更好。所以，作者对同一评价对象（两人的行为）采取了两种评价标准：一种是严格意义上的评价，两人均有过错；另一种是宽松意义上的评价，其中一种做法比另一种做法要好。

这种辩证议论方式是对同一对象进行不同标准的评价，所以，其表述一般都以"……虽然……"的形式出现，意为"虽然如此，但是……""虽然"之前是一种标准之下的评价，"虽然"之后则是另一种标准之下的评价。

再次，《吕氏春秋》的辩证性还表现在以正反对比的方式展示故事的

---

① 陈奇猷：《吕氏春秋新校释》，上海古籍出版社 2002 年版，第 1319 页。

② 陈奇猷：《吕氏春秋新校释》，上海古籍出版社 2002 年版，第 1325 页。

主旨。

如《高义》篇有"墨子游公上过于越"一段，是这样记载的：

> 子墨子游公上过于越。公上过语墨子之义，越王说之，谓公上
> 过曰："子之师苟肯至越，请以故吴之地，阴江之浦，书社三百，以
> 封夫子。"公上过往复于子墨子，子墨子曰："子之观越王也，能听吾
> 言、用吾道乎？"公上过曰："殆未能也。"墨子曰："不唯越王不知翟
> 之意，虽子亦不知翟之意。若越王听吾言、用吾道，翟度身而衣，量
> 腹而食，比于宾萌，未敢求仕。越王不听吾言、不用吾道，虽全越以
> 与我，吾无所用之。越王不听吾言、不用吾道，而受其国，是以义翟
> 也。义翟何必越，虽于中国亦可。"凡人不可不熟论。秦之野人，以
> 小利之故，弟兄相狱，亲戚相忍。今可得其国，恐亏其义而辞之，可
> 谓能守行矣；其与秦之野人相去亦远矣。①

《高义》篇的主旨在于赞颂和倡导士之高尚品节，这也合于篇名的含
义。在故事叙述完毕之后，作者对墨子的高义加以评说。但是作者没有从
正面直接赞扬和倡导墨子的高尚品节，而是从反面举出例子以与墨子形成
对比："秦之野人，以小利之故，弟兄相狱，亲戚相忍。今可得其国，恐
亏其义而辞之，可谓能守行矣；其与秦之野人相去亦远矣。"秦之野人是
墨子高义的反面，秦之野人的行为品质与墨子相去甚远，在对秦之野人的
批驳评价之后自然显出墨子的高义，扣合本历史故事的主题。

本段故事选择这种方式进行主题阐释，其原因在于本故事的主题过于
明确，加之本故事属于本篇的第二则故事，第一则故事之后的议论中已经
对高义有直接正面的评述和议论。如果此处仍用正面议论，过多正面阐释

---

① 陈奇猷：《吕氏春秋新校释》，上海古籍出版社 2002 年版，第 1255 页。

势必造成冗赘和无谓的重复。所以，作者利用正反对比的议论方式再次揭示，以扣合故事主题。

再如《期贤》篇中"魏文侯过段干木之闾而轼之"一段故事，其故事梗概为魏文侯敬重贤人段干木，秦人欲进军攻打魏国，但由于耳闻魏文侯敬重贤人而按兵不动。故事叙述完毕后，作者是这样议论的："魏文侯可谓善用兵矣。尝闻君子之用兵，莫见其形，其功已成，其此之谓也。野人之用兵也，鼓声则似雷，号呼则动地，尘气充天，流矢如雨，扶伤舆死，履肠涉血，无罪之民其死者量于泽矣，而国之存亡、主之死生犹不可知也，其离仁义亦远矣！"① 作者首先对魏文侯的"重贤"、"善用兵"表示赞扬，尔后又从反面进行对比论述，认为野人用兵的种种行为和表现正与此相反。通过正反对比，作者提出的何为"重贤"、何为"善用兵"的问题无疑更加清晰了。

同样的情况还见于《慎行论》和《疑似》篇等篇目。

虽然从正反两方面论述是对同一主题的阐述和揭示，然而这是以辩证的方式对主题进行阐释。通过这种辩证方式的阐释，一方面可以避免直接正面阐释的冗赘和重复，另一方面则可以使议论更加清晰充分。

具体说来，这种正反辩证的议论方式又有先正后反和先反后正两种形式。所谓先正后反，即如上例《期贤》篇的议论方式，作者先从正面揭示主题，然后从反面加以论述。所谓先反后正，即如上例《高义》篇的议论方式，作者先举出反面例证，加以论述，然后从正面自然扣合主题。这种辩证的议论方式与单纯的正面阐释自然有所不同，辩证的议论方式既从正面扣合主题，对主题思想加以倡导；还能从反面加以警示，以避免失误和错误行为的出现，是对主题的深化和补充。

可见，《吕氏春秋》虽不是以议论为主，但是其字里行间仍然透露出典型

---

① 陈奇猷：《吕氏春秋新校释》，上海古籍出版社 2002 年版，第 1458 页。

的辩证性思维特征。这种特征使得其立论更加稳固全面，而不会囿于一隅。

二、《淮南子》的辩证性议论

《淮南子》无疑是以议论为主的著作，绝大多数篇目都是沿着一定的思想脉络展开的议论篇章，而且往往都是长篇大论，在篇幅规模上也不像《吕氏春秋》一样对各个单元每篇的篇幅有大致的限定。

谈到议论的辩证性，《淮南子》无疑是存在的，只是其表现的特点与《吕氏春秋》有一定差别。

《淮南子》的辩证性可以分为三个层面加以理解。第一个层面，从篇章之间在主题上形成的辩证，这个可以视作结构的辩证性，关于这一点上文曾有专论。《淮南子》在篇章之间存在着辩证和互补关系，而这结构特点的主要观测点就是篇章的主题，它们之间或者因为形上形下的区别而形成辩证，或者因为指导思想和具体手法的差别而形成辩证，或者因为具体认知观点差异（如《泛论训》重权变，《诠言训》重不变）而形成辩证。总之，它们之间主要是因为主题的差异而形成辩证。这种辩证可以看作结构辩证，同样可以看作《淮南子》议论辩证的重要表现。

第二个层面，是《淮南子》深受道家思想和相关文献的影响，老子、庄子以来所秉持的辩证性思维方式深深影响了《淮南子》，这是本书在议论中展现出的辩证性的重要方面。这样的例证在《淮南子》也十分常见，如《原道训》："是故欲刚者必以柔守之，欲强者必以弱保之。积于柔则刚，积于弱则强，观其所积，以知祸福之乡。强胜不若己者，至于若己者而同；柔胜出于己者，其力不可量。故兵强则灭，木强则折，革固则裂，齿坚于舌而先之敝。是故柔弱者，生之干也；而坚强者，死之徒也。"[①] 不言

---

① 张双棣：《淮南子校释》，北京大学出版社 2013 年版，第 79 页。

而喻，这段文字受到《道德经》的影响十分深远，老子的辩证性思维方式也被继承下来，其中对于强弱的论述充满了辩证，是典型的道家思维方式。①

第三个层面，在具体行文中展现出的辩证性。通过梳理《淮南子》的议论行文，不难看出在典型的议论行文的篇章中，其议论之义脉都比较清晰，论据、论证、论点等要素之间配合较为紧密。其行文中的辩证性主要体现为一种方式：从正反两方面对同一观点进行阐释。如：

> 人主贵正而尚忠，忠正在上位，执正营事，则谗佞奸邪无由进矣。譬犹方员之不相盖，而曲直之不相入。夫鸟兽之不可同群者，其类异也；虎鹿之不同游者，力不敌也。是故圣人得志而在上位，谗佞奸邪而欲犯主者，譬犹雀之见鹯而鼠之遇狸也，亦必无余命矣。是故人主之一举也，不可不慎也。所任者得其人，则国家治，上下和，群臣亲，百姓附。所任非其人，则国家危，上下乖，群臣怨，百姓乱。故一举而不当，终身伤。②

作者在阐释"人主之一举也，不可不慎"时，从两方面进行议论：所任者得其人，则如何；继而又从另一方面说，所任非其人，则如何。这是从正反两个方面对同一观点进行的阐释，通过这种辩证阐释观点更加明晰。

类似这样的辩证方式在《淮南子》中屡见不鲜，再如《本经训》中"古者圣王在上，政教平，仁爱洽；……末世之政，田渔重税，关市急

---

① 当然，不代表《淮南子》就是道家作品。道家对之具有无可置疑的影响，但是其作为一家，却不止吸收了道家一家的学说，将之完全视为道家欠妥。

② 张双棣：《淮南子校释》，北京大学出版社 2013 年版，第 957 页。

征。……"① 作者以圣王的古代和末世对比，形成辩证性议论。

值得注意的是《吕氏春秋》辩证性议论有三种表现方式：评说和议论兼顾故事双方当事人，对同一对象转换评判标准，以及正反对比的方式展现故事主旨。通过对比能够看出，《淮南子》在前两种方式上很少有所体现。也就是说，《淮南子》很少会从故事双方当事人展开议论，很少会对同一对象转换评价标准。

那么，这是否说明《淮南子》不够辩证？其实不然，这只是由两书的不同行文形态和行文特征决定的。《淮南子》多是典型的议论型篇章，义脉明晰是其基本特征，试想在义脉行进过程中，如果出现过多的前两种辩证性行文，会造成何种效果？会使得行文出现义脉的岔出，影响议论行文的义脉贯通和逻辑性。

前两种辩证性议论虽然富含辩证性，但是容易造成义脉的岔出，《吕氏春秋》在一定程度上容忍了这种情况的发生，说明《吕氏春秋》在议论行文的贯通性和逻辑性上与《淮南子》存在差距。事实也证明，《吕氏春秋》中涉及叙事的篇章共有110多篇，约占吕书篇目总数的70%。也就是说纯粹的议论型篇章所占比重不大，其作为议论文的特征并不明显。而在议论中时时出现前两种辩证议论，容忍这种义脉的岔出，说明《吕氏春秋》在行篇中并非坚守严格的议论义脉。这也透露出两书的行文差别和理念差别。

不过，《淮南子》在不同篇章间形成辩证却很大程度上弥补了这一方面的小缺失，使得整部书从总体上看还是充满了辩证性，是一部理论层次丰富、观点辩证的著作。

---

① 张双棣：《淮南子校释》，北京大学出版社 2013 年版，第 893 页。

第三节　开放性设计

《道应训》是《淮南子》中体裁较为特殊的一篇，其基本结构是"叙述故事＋经典语录"，全篇由 56 个这样的单元组成。先叙故事然后接以经典语录，形成对证，其中经典语录以《老子》语录为主。它开创了故事和经典对证的全新形式，通过开放式设计，使故事和经典都最大程度保留原貌，很少进行主观改动。通过故事和经典的模糊弥合实现对证，模糊弥合中实现多种题旨的表达。这是一种全新的设计和模式，所以本节单独专论这一问题。

这种开放式设计不同于类似结构的《韩非子·喻老》等，也不同于类似结构的《韩诗外传》。通过对比，这种开放式结构将体现得更加清晰。

一、《韩非子》之《喻老》和《解老》的性质辨析

这种结构与《韩非子·喻老》近似，杨树达说："此篇体裁全效《韩非子·喻老篇》。"①从表面看，这两篇在每个单元的基本结构上确有近似。但是《道应训》也显然与《喻老》有着重要差别，也有着不同的文学价值和意义。

《喻老》和《解老》两篇前后相连，《解老》在前。从篇目看，"解"为解释，"喻"为明白、使明白，都有解释、解读之意。只是两篇所有方式有所差别，《解老》通过议论性语言阐释、推理的方式，而《喻老》则列举更为具象性的故事。关于两篇作品的性质以及创作目的，历来有所争论。学界主要存在两种观点。一是认为，两篇借解释《老子》以阐发韩非

---

① 张双棣：《淮南子校释》，北京大学出版社 2013 年版，第 1237 页。

的法制思想。冯友兰、陈奇猷、梁启雄、张觉等人即是如此，如陈奇猷在解释两篇所引《老子》语录何以与原文有出入时说："但韩非乃借老子以申其意，多有与老子原意不符之处，不必因韩非而改老子也。"①另一种观点认为，两篇所持的是道家理念，是对《老子》较为忠实的注释。梁启超基本持此观点："专训释《老子》，盖韩非哲学根本思想归于黄老也。《解老》篇精语尤多，为治《老子》者首应读之书。"②梁启超将其视为注释《老子》的佳本。

两篇作品到底什么性质，目的如何，显然是正确认识、深入剖析两篇价值的关键所在。而要厘清这一问题的关键则在于，看两篇是否有意以法家思想贯穿解释，或者借解释老子阐释法家思想。因为与《道应训》形式更为接近的是《喻老》，此处主要以《喻老》为主，结合《解老》阐释这一问题，以与《道应训》形成更为直接的对比。

《喻老》列举故事是事实，但细研其行文形态会发现，《喻老》篇中纯以"叙述故事＋故曰（老子语录）"结构出现的段落所占极少。按照陈奇猷先生《韩非子集释》③段落划分，《喻老》共有22个段落，涉及引用老子13章。综观全篇其行文形态有如下几种：

第一种，"叙述故事＋故曰"结构，只有两段："智伯兼范、中行"段和"虞君欲屈产之乘"；

第二种，"议论＋故曰"结构，这种结构是《解老》篇的基本结构形态，但是《喻老》篇中仍时有应用，共有三个段落，"天下有道"段、"邦以存为常"段、"空窍者"段。作者经过一段议论和解说，最后对证以"故曰"（老子语录）。

第三种，故事叙述、议论、故曰配合使用，这种结构大量存在。应该

---

① 陈奇猷：《韩非子集释》，上海人民出版社1974年版，第326页。

② 郭沫若、王元化等：《韩非子二十讲》，华夏出版社2008年版，第369页。

③ 陈奇猷：《韩非子集释》，上海人民出版社1974年版，第387—417页。

说，除上述两种情况，其余均为这种形式。

细数来，其又有多种具体形态。如 A 类"故事叙述＋议论＋故曰"共有十段，B 类"议论＋故事叙述＋故曰"共有两段，余下的三段属 C 类。其形态更为复杂，有"议论＋故曰＋议论＋故事叙述＋故曰"、"故事叙述＋议论＋故曰＋议论"等，但都属于前两种形态的变种。

单从形式看，有着故事叙述的段落的确占了绝大部分。但需注意的是，在这些段落中，有近半数段落并不属于典型的故事叙述，而是带有极其明显的议论特征。

如第一种的两段均属此类，如：

> 虞君欲屈产之乘与垂棘之璧，不听宫之奇，故邦亡身死。故曰："咎莫憯于欲得。"

其叙事极其简略，基本无故事情节。另如第三种 A 类：

> 楚庄王既胜，狩于河雍，归而赏孙叔敖。孙叔敖请汉间之地，沙石之处。楚邦之法，禄臣再世而收地，唯孙叔敖独在。此不以其邦为收者，瘠也，故九世而祀不绝。故曰："善建不拔，善抱不脱，子孙以其祭祀，世世不辍。"孙叔敖之谓也。

这则故事同时见于《吕氏春秋·孟冬纪》、《淮南子人·间训》、《列子·说符》，三处记载略同。其中《说符》：

> 孙叔敖疾将死，戒其子曰："王亟封我矣，吾不受也，为我死，王则封汝。汝必无受利地！楚越之间有寝丘者，此地不利而名甚恶。楚人鬼而越人禨，可长有者唯此也。"孙叔敖死，王果以美地封其子。

　　子辞而不受，请寝丘。与之，至今不失。

　　两相对比，明显可见《喻老》篇叙述已滤掉细节，只保留故事梗概的一般性阐述。故事在整个段落中独立性很弱，故事的叙述只是为了满足作者理念表达的需要。这样的段落还有很多，如第6、7、8、10、13、22段等都是如此。在这近半段落中，与其说是叙述故事，不如说这些故事是作者议论的材料，其议论特征十分鲜明。这意味着作者有着较强的理念先行的倾向，倾向于以己之认识和理念与老子语录对照，故事只是其认识与理念的具象载体，其无意使故事获得独立性。

　　第11、14、15、17、18、19、20段中的故事叙述则较具独立性。可以看出，《喻老》虽有意以故事"喻老"，然而并不彻底，议论和理念先行的倾向仍然十分明显。再从独立故事的分布看，独立性较强的故事大都分布于文章的后半部分，而第一种行文形态及语料性故事叙述则主要分布在前半部分，这明显能够看出前一篇《解老》对此篇的影响。开始时仍较多受《解老》行文方式、行文态度的影响，越到后来影响越小。

　　那么《喻老》到底是严谨的"解老"之作，还是借"解老"以为法家张本？如果能够见出作者有意贯穿以法家理念，那答案就是不言而喻的了。本文认为，《喻老》至少通过如下种方式是在为法家思想张本：

　　第一种方式，在议论中对《老子》本义进行偏引，有意将老子本义引向自我理论意图。如：

　　　　邦以存为常，霸王其可也；身以生为常，富贵其可也。不欲自害，则邦不亡，身不死。故曰："知足之为足矣。"

　　作者所做的议论与老子本义显然已有较大出入，其所引老子语录被议论所偏斜。《淮南子·诠言训》也有相近论述，两相对比看得更加清楚：

　　唯不求利者为无害，唯不求福者为无祸。侯而求霸者必失其侯，霸而求王者必丧其霸。故国以全为常，霸王其寄也；身以生为常，富贵其寄也。能不以天下伤其国，而不以国害其身者，焉可以托天下也。①

　　《淮南子》宣扬的是不求霸王、不求富贵。霸王和富贵"寄"于国和身，表明的是无意追求、自由而在之意。而《喻老》认为邦和身能存和生，则可以达到霸王和富贵。虽然主张不因欲望导致邦亡身死，但霸王和富贵显然是作者的追求。单从道家理论言，很显然《诠言训》的主张更贴近道家理论，更为彻底。而《喻老》篇明显带有十分功利的目的：欲望会导致邦亡身死，因而他劝解知足止欲，以使国存身生，从而达霸王富贵之目的。功名富贵、称王称霸一直是《老子》极力反对和批评的，《诠言训》贴近这一理论，《喻老》与此有悖。"寄"与"可"一字之差，观念相去甚远。关于这一点，陈奇猷先生认为："韩非自作可'霸王其可也'，纯乎法家之言，'霸王其寄也'则为道家言矣。"② 陈先生讲得更为具体，认为这纯为法家之言。追求霸王之道、以霸王之道说王，无疑是《韩非子》的主张，因而陈先生所言不过，很有道理。

　　第二种方式，概念嫁接。作者会以具有法家内涵的概念与老子概念进行嫁接，嫁接后实现借老子自然展现法家理念。如：

　　制在己曰重，不离位曰静。重则能使轻，静则能使躁。故曰："重为轻根，静为躁君。故曰君子终日行不离辎重也。"邦者，人君之辎重也。主父生传其邦，此离其辎重者也。故虽有代、云中之乐，超

---

① 张双棣：《淮南子校释》，北京大学出版社 2013 年版，第 1537 页。
② 陈奇猷：《韩非子集释》，上海人民出版社 1974 年版，第 390 页。

然已无赵矣。主父，万乘之主，而以身轻于天下。无势之谓轻，离位之谓躁，是以生幽而死。故曰："轻则失臣，躁则失君。"主父之谓也。

作者进行了概念嫁接，用带有明显家派特征的概念对接老子概念。这段文字中"重"、"轻"等几个关键概念，都被赋予典型的家派特征。

"重"被嫁接以"制在己"。对于"制"，陈奇猷先生解释为："谓所以制臣之刑德，《二柄》篇：'明主之所导制其臣者，刑德也。'"① 其说允当。《喻老》强调的是君主对于臣属的控制和驾驭。不仅《二柄》篇，其他诸多篇目也有诸多内证可寻："臣擅行令，则主失制"（《主道》）、"故审得失有法度之制者，加以群臣之上，则主不可欺以诈伪"（《有度》）等，强调的都是以刑德、法度等手段驾驭控制臣属，与《喻老》一致。

"静"被嫁接以"不离位"，也属此种情况，谓君主不可轻易离位。这一理念在《韩非子》其他各篇中也经常显现，如："故审名以定位，明分以辩类"（《扬权》）、"处非道之位，被众口之谮，溺于当世之言，而欲当严天子而求安，几不亦难哉！"（《奸劫弑臣》）等等，都是主张君主审名定位，处其位、保其势。所以，后文讲："无势之谓轻，离位之谓躁"，直接将"轻"对接以"无势"，将"躁"对接以"离位"，与"重"和"静"形成对比。

"辎重"也被嫁接以"邦"，也即国家、国柄。主父生的故事正是诠释他的这一理论，认为人君不可轻易失去国柄。

显然，作者对老子的解释与其本意有较大差别。老子反复申述："智慧出，有大伪"（65章）、"绝圣弃智，民利百倍"（19章）、"民之难治，以其智多。故以智治国，国之贼；不以智治国，国之福"（65章）、"道常无为而无不为，君王若能守之，万物将自化"（37章）、"不欲而静，天下

---

① 陈奇猷：《韩非子集释》，上海人民出版社1974年版，第392页。

将自定"（37 章）。他极力反对智谋权术，更不会赞成固执任何事物，包括国柄。所以作者通过概念嫁接，将法家概念嫁接到老子语录，进而实现对老子理论的改造，也借老子的权威实现了法家理论的张本。

类似做法还有其他段落中的"势重者，人君之渊也"、"赏罚者，邦之利器也"，等等。

第三种，偷换概念、暗度陈仓。

作者为了伸张自我理论，有时会避开明确的概念对接，而是以更加隐蔽的方式偷换概念。暗度陈仓的方式，是在看似不经意间将老子原文修改，而这些动作无疑都指向了其自我理论表述的意图。

如仍是"制在己"这段，作者为了张本法家重势、重位、重制臣的主张，还对《老子》进行了改造："轻则失臣，躁则失君。"《老子》原文为"轻则失根，躁则失君"（26 章），看似只有一字之别，实是作者有意而为，重申了法家理论，悄然中改造了道家理论。《老子》原意谓"轻"就会失去根基，"躁"就会失去主导。作者将"根"改为"臣"，将"主导"义的君暗度为"君主"之义。通过这些动作，老子言论有力地支撑了法家理论：君主必须注意对势位的掌控，对臣属的驾驭和控制。

另如：

> 句践入宦于吴，身执干戈为吴王洗马，故能杀夫差于姑苏。文王见詈于王门，颜色不变，而武王擒纣于牧野。故曰："守柔曰强。"越王之霸也不病宦，武王之王也不病詈。故曰："圣人之不病也，以其不病，是以无病也。"

所引《老子》71 章原为："圣人不病，以其病病，是以不病。"作者偷换了概念："圣人之不病也，以其不病，是以无病也。"老子本义是圣人以病为病，所以不病。是对负面因素的病持有负面的态度，因而不病，有负负得正的意味。改换后的"以其不病"则是赞扬越王、武王不排斥、不疾视屈下、受詈，最终称王称霸，称扬了从委屈从下而达到称王称霸目的的过程。若按照老子本义，对负面因素当持有负面态度，这则故事无疑应当是越王、武王对委屈从下绝不接受。所以，此处作者偷换一字的概念，将老子本义完全颠覆，一方面与故事情节达到了有意契合，另一方面当然再次张本了法家特色。因为称扬霸道是韩非的重要主张，前已有述。而其达到目的的手段与过程也充满了权机、谋变，委屈从下成为韬光养晦的谋术。

第四种方式，偷加概念、暗赋新意。

《喻老》篇绝大多数段落均有"议论"成分，"议论"也正是作者张本己意的重要舞台。作者在议论时会偷加概念、暗赋新意，使理论与老子言论偏向法家。

如"宋人造玉叶"一段，这则故事也见于《列子·说符》：

> 宋人有为其君以玉为楮叶者，三年而成。锋杀茎柯，毫芒繁泽，乱之楮叶中而不可别也。此人遂以巧食宋国。子列子闻之，曰："使天地之生物，三年而成一叶，则物之有叶者寡矣。"故圣人恃道化而不恃智巧。①

《喻老》的故事叙述与《说符》出入不大，而故事之后的议论则有所区别。《喻老》议论道：

> 故不乘天地之资，而载一人之身，不随道理之数，而学一人之智，此皆一叶之行也。故冬耕之稼，后稷不能羡也；丰年大禾，臧获

---

① 杨伯峻：《列子集释》，中华书局 1979 年版，第 243—244 页。

> 不能恶也。以一人力，则后稷不足；随自然，则臧获有余。故曰："恃
> 万物之自然而不敢为也。"

显然，作者在故事之后先是进行了一番自我解读，之后才引用老子对证。应该说，这则故事的直接主旨是比较明确的，即是《说符》所言的"恃道化自然"、"不恃智巧"，肯定了"道化自然"，否定了"智巧而为"。《喻老》最后所引《老子》64 章语录与这一主旨也十分契合。但值得注意的是，作者在中间夹入大段议论，解读故事的同时加入了大量的自我理解，展现出家派特征。整个故事讲的是"道化自然"和人为智巧的对比，人为智巧无法与自然道化相比，这不是一人的智巧所比，当然也不是多人智巧就能比的，与人数无关。而《喻老》的议论却多次出现"一人"，无形中凸显了"一人"这一概念。他批评依仗"一人之身"、"一人之智"的行为，当然在无形中就伸张了其应当依仗众人之智慧的主张。作者没有明言也不能明言应当"恃众人之智"，而是明确主张应当"乘天地之资"，"恃众人之智"的内涵在作者偷加的概念中无形赋予。

"恃众人之智"当然也是韩非的重要主张和追求，如：

> 一曰：晏婴子聘鲁，哀公问曰："语曰：'莫三人而迷。'今寡人与
> 一国虑之，鲁不免于乱，何也？"晏子曰："古之所谓'莫三人而迷'者，
> 一人失之，二人得之，三人足以为众矣，故曰'莫三人而迷。'今鲁
> 国之群臣以千百数，一言于季氏之私，人数非不众，所言者一人也，
> 安得三哉？"（《内储说上》）

从这里可以看出，作者实为有意宣扬其"恃众人之智"的主张。在这一点上，《喻老》篇与整部作品一致。

第五种方式，对故事主旨、老子理论进行偏引。

细研各段行文结构可以看出，故事与老子理论之间基本不会直接对接，而往往要通过作者的议论，进行两者之间的弥合。中间的弥合是作者发挥的重要舞台，他会对故事主旨向有利于自我的方向偏引，有时也会偏引老子理论等。如"赵襄主学御"一段，《喻老》连续讲述两则故事"赵襄主学御"和"白公胜虑乱"后，其引"老"与议论情况如下：

> 故曰："其出弥远者，其智弥少。"此言智周乎远，则所遗在近也。是以圣人无常行也。能并智，故曰："不行而知。"能并视，故曰："不见而明。"随时以举事，因资而立功，用万物之能而获利其上，故曰："不为而成。"

《喻老》所引老子47章为："其出弥远，其知弥少。是以圣人不行而知，不见而名，不为而成。"其本义为精神不可越外，越是外骛，所见知的就会越少，影响人的认知和行为，只有守住精神和心灵才能洞悉一切。应该说，两则故事与这一理论也能较为完美契合，赵襄主因为想成功、怕失败，白公胜因为谋乱心切，而都未能守住精神，影响了其行为和感知。但是，作者显然没有局限在这一本然的关联上，而是对故事的主旨进行了偏引："智周乎远，则所遗在近也"，将故事解读为：想得远，近处便会遗漏。其实这一主旨并不能与两则故事完美契合，特别是"赵襄主学御"，他的失败无所谓远近。《老子》本义是强调精神和心灵的内守，内守程度决定了知见的多少，"其"所代指的是人的精神心灵。而作者对故事主旨和《老子》进行偏引后，变成了智力不可仅仅顾及近处或远处，应当远近皆顾。由强调精神内守，变为追求智力兼顾。所以他才顺势推出一系列相关理论："圣人无常行"、"并智"、"并视"、"随时以举事，因资而立功"。这一过程中，概念被偷换，故事主旨被偏引，老子言论也被偏引。

结果是故事和老子语录张本了其法家思想。对于"圣人无常行"，陈奇猷先生认为"此亦《五蠹篇》'时异则事异，事异则备变'之意"①，其说允妥。从后文抛出的系列理论看更是如此，"随时以举事，因资而立功"也是典型的时变主张，具有明显的法家特征。"并智"、"并视"提倡的是远近并知，远近并见。《老子》主张："是以圣人之治，虚其心，实其腹；弱其志，强其骨。常使民无知无欲，使夫智者不敢为也。"（3 章）人的智力和认知、感官有限，无法真正认识这个世界，这才是老子所倡。《喻老》与之显然颇多不合。

另如"楚庄王莅政"一段，楚庄王莅政三年无声无息，最后一鸣惊人。这则故事亦见于《吕氏春秋·重言》，其主旨被界定为："人主重于言语、慎于出声。"而《喻老》对此故事这样解读及引"老"是这样的：

> 庄王不为小害善，故有大名；不蚤见示，故有大功。故曰："大器晚成，大音希声。

作者的解读称扬了庄王"不为小害善"和"不蚤见示"，这与"大器晚成，大音希声"的本义相去较远，是作者对老子言论的偏引。何以如此？此则如何？陈奇猷先生曾有精妙论述：

> ……解"大器晚成，大音希声"，则曰"不早见示，故有大功"，正是《南面篇》所谓"人主欲为事，不通其端末，而以（同己）明其欲，有为之者，其为不得利，必以害反"及《主道篇》所谓"君无见其所欲，君无见其意"之义，而非《老子》"大器晚成，大音希声"之本意……②

---

① 陈奇猷：《韩非子集释》，上海人民出版社 1974 年版，第 412 页。

② 陈奇猷：《韩非子集释》，上海人民出版社 1974 年版，第 412 页。

如陈先生所言，作者偏引了老子言论，所展现的还是其一贯的主张：君主当注意策略，不可轻易示人。

综上所述，《喻老》张本法家思想的意图已昭然若揭。议论和理念先行是本篇的重要特征，议论是作者自我发挥的重要舞台，通过概念对接、偏引主旨、暗度陈仓等系列方式，作者成功实现自我理念的注入。被解读后的老子与老子本义已基本不同，有的甚至截然相反。

《喻老》已不是解老之作，而是作者的法家宣言。通过"霸王其可也"，以及赞扬越王、武王从委屈从下而达到称王称霸，宣扬了法家的霸王主张；通过勾践、武王、楚庄王一鸣惊人，赞扬君王的韬光之术和权谋；通过概念对接"制在己曰重"及批评主父让位，伸张了法家的势位主张。其扁鹊见桓侯、宫之奇谏假道中痛陈："此二臣者皆争于腠理者也，而二君不用也。然则叔瞻、宫之奇亦虞、郑之扁鹊也，而二君不听，故郑以破，虞以亡。"其进谏君上，希望得以知遇的意图更是不言而喻。

二、《韩诗外传》的性质

《韩诗外传》是汉代今文经齐、鲁、韩三家中唯一流传的传诗作品，"历史故事＋'诗曰'（《诗经》文句）"是其文本最重要的基本形态。对其文本属性、创作目的等的研究历来存有分歧，而其分歧也主要集中于其所引经典——《诗经》文句与历史故事之间的关系上，简要说来主要就是解诗说和用诗说的分歧。

解诗说主要认为《韩诗外传》是解诗作品，其中的历史故事当然是为阐释经义而为。这一说源远流长，最早司马迁和班固都有类似认识。《史记·儒林列传》："韩生推诗之意而为内、外传数万言"[1]；《汉书·艺文志》

---

[1]　司马迁：《史记》，中华书局 1982 年版，第 3124 页。

班固序说："齐辕固、燕韩生，皆为之传。或取《春秋》，采杂说，咸非其本义"①。两人在当时就提出《韩诗外传》为《诗经》之传，但是作者借故事等推演《诗经》本义。班固明言韩生实为演绎《诗经》本义，已非《诗经》本义。

之后，持解诗说者不绝如缕。欧阳修在《崇文总目叙录·诗类》中说："汉志，婴书五十篇，今但存其《外传》，非婴传诗之详者，而其遗说，时见于他书，与毛之义绝异，而人亦不信。去圣既远，诵习各殊，至于考风雅之变正，以知王政之兴衰，其善恶美刺，不可不察焉。"②宋代陈振孙，明代王应麟、钱惟善，清代胡赓善等人都认同这一说法。近代以来，徐复观、赖炎元、屈守元等一脉相承。他们中的很多人都提出，《韩诗外传》多记杂说，不是专门的解诗作品，但是都没有否认《韩诗外传》为解诗作品。

用诗说可以追溯到明代王世贞，他说：

> 《韩诗外传》杂记夫子之绪言与诸春秋战国之说家稍近于理者，大抵引诗以证事，而非引事以明诗，故多浮沉不切、牵合可笑之语，盖驰骋胜而说诗之旨微矣。③

他认为外传杂记故事属于"引诗以证事"，属于用诗。同时可以看出，其做出这样判断的重要依据是，其中存在诸多故事与诗义相牵强的地方。

此说在清代渐兴。章学诚说："《诗》部韩婴《诗外传》，其文杂记春秋时事，与诗意相去甚远，盖为比兴六义，博其趣也。"④《四库提要》也

---

① 班固：《汉书》，浙江古籍出版社 2000 年版，第 586 页。
② 欧阳修：《欧阳修全集》第 5 册，中华书局 2001 年版，第 1881 页。
③ 王世贞：《读韩诗外传》卷 112，见《弇州山人四部稿》，伟文出版社 1976 年版，第 5274 页。
④ 叶瑛：《文史通义校注》，中华书局 1985 年版，第 1024 页。

说：“其书杂引古事古语，证以诗词，与经义不相比附。”①洪迈、茅坤等人也持此说。可以看出，诸用诗说大抵都认为《韩诗外传》引诗是用诗证事，诗之本意与故事存在诸多不相契合。

用诗说大兴对《韩诗外传》的研究产生了重大影响，很长时间以来本书一直被认为是零散不关诗意，同时也是主要靠抄录而缺少创造的故事汇。近代以来，特别是改革开放以前，关于《韩诗外传》的研究很少。少数的研究资料也主要集中于校勘考证、文献整理。

改革开放以来，《韩诗外传》研究渐兴，关于其作品性质、创作目的方面的研究也渐多。近年的研究的主要还是倾向于解诗说，先后出现了数篇硕士博士学位论文，以此为题，丰富着对于解诗说具体内涵的理解。如东北师范大学 2008 年艾春明博士论文《〈韩诗外传〉研究》，中国人民大学 2010 年于淑娟博士论文《〈韩诗外传〉的文学研究》等。除此之外还出现了以黄震云为代表的调和论，认为解诗、用诗两种性质并存。

《韩诗外传》到底是什么性质？要解决这个问题的关键在于，看故事主旨是否与《诗经》本意相符。当然，此处需要澄清的是，所谓故事主旨是指作者通过故事想要传达的理念，而《诗经》本意则是指韩子对《诗经》的认识与阐释。

先从行文形态和形式看，现本《韩诗外传》共有 10 卷，310 章。大致可以分为三大类。第一类，“故事叙述 + 诗云（引用《诗经》文句）”；第二类，无引诗类，第三类，“作者议论 + 诗云（引用《诗经》文句）”。第一类共有 146 章，占总量的 47%；第二类共有 26 章，只占 8%；其余第三类约占 45%。

具体说来，第三类中的作者议论又有各种不同形式。如 A 类，直接进行义理阐发、对诗义进行解释的：

———————

① 纪昀等：《四库全书总目》，中华书局 1965 年版，第 136 页。

传曰：夫行露之人许嫁矣，然而未往也，见一物不具，一礼不备，守节贞理，守死不往，君子以为得妇道之宜，故举而传之，扬而歌之，以绝无道之求，防污道之行乎？诗曰："虽速我讼，亦不尔从。"①

B 类，阐释名物制度的，如：

一谷不升谓之馑，二谷不升谓之饥，三谷不升谓之馑，四谷不升谓之荒，五谷不升谓之大侵。大侵之礼，君食不兼味，台榭不饰，道路不除，百官补而不制，鬼神祷而不祠，此大侵之礼也。诗曰："我居御卒荒。"此之谓也。②

C 类，阐释诗句相关背景的，如：

传曰：天地有合，则生气有精矣；阴阳消息，则变化有时矣；时得则治，时失则乱。故人生而不具者五。目无见，不能食，不能行，不能言，不能施化。三月微的而后能见；八月生齿而后能食，期年膑就而后能行；三年顋合而后能言。十六精通而后能施化。阴阳相反，阴以阳变，阳以阴变。故男八月生齿，八岁而龀齿，十六而精化小通。女七月生齿，七岁而龀齿，十四而精化小通。是故阳以阴变，阴以阳变。故不肖者精化始具，而生气感动，触情纵欲，反施乱化，是以年寿亟夭而性不长也。诗曰："乃如之人兮，怀婚姻也，太无信也，不知命也。"贤者不然，精气阗溢而后伤，时不可过也。不见道端，

---

① 许维遹：《韩诗外传集释》，中华书局 1980 年版，第 2 页。
② 许维遹：《韩诗外传集释》，中华书局 1980 年版，第 287 页。

乃陈情欲，以歌道义。诗曰："静女其姝，俟我乎城隅，爱而不见，搔首踟蹰。""瞻彼日月，遥遥我思，道之云远，曷云能来。"急时之辞也，甚焉故称日月也。①

其中两次引诗，第一次诗句引自《鄘风·蝃蝀》，第二次分别引自《邶风·静女》和《邶风·雄雉》（"瞻彼日月"句）。其中对于人体生长发育的阐述是对诗句的背景知识补充。作者认同《蝃蝀》诗句反应的是男女婚恋不可急切，不可不应时遵命。《静女》和《雄雉》则是从正面对男女婚恋行为的肯定，是其所说的"不见道端，乃陈情欲，以歌道义"的代表性作品。

综合看来，作者以议论形式行文的章节，其解诗的意图是十分明显的，其议论或直接或间接、或考证名物制度，都是为了阐释诗义。

可以看出，除了极少数的无引诗章节外，作者议论以阐释诗旨的篇章占了约半。而第一类"故事叙述＋诗云"的章节规模与之相仿。细研可以看出，这类章节同样也贯穿了作者的解诗理念，意图通过故事叙述阐发儒家经义。当然，需要指出的是，故事和《诗经》之间的这种关联，有时是比较直接的，故事主旨直接对应诗句的本义。有时则不十分直接、需要进行一定引申，使故事隐藏的理念和诗句的理念进行对接。

故事主旨直接对应诗句本义的例子如：

> 昔者，周道之盛，邵伯在朝，有司请营邵以居。邵伯曰："嗟！以吾一身而劳百姓，此非吾先君文王之志也。"于是，出而就蒸庶于阡陌陇亩之间而听断焉。邵伯暴处远野，庐于树下，百姓大悦，耕桑者倍力以劝，于是岁大稔，民给家足。其后，在位者骄奢，不恤

---

① 许维遹：《韩诗外传集释》，中华书局 1980 年版，第 19—21 页。

元元，税赋繁数，百姓困乏，耕桑失时。于是诗人见召伯之所休息树下，美而歌之。诗曰："蔽芾甘棠，勿剪勿伐，召伯所茇。"此之谓也。①

故事讲述的是邵伯体恤民众、德高望重，得众人赞美。所引诗句出自《召南·甘棠》，诗传云："美召伯也，召伯之教，明于南国。"②诗句以及整首诗的本义也是对召伯德行的赞美。两者直接相关。

当然，还有很多章节中故事对诗句的阐释并不十分直接，但作者的阐释理念却不容置疑。如：

鲁监门之女婴相从绩，中夜而泣涕。其偶曰："何谓而泣也？"婴曰："吾闻卫世子不肖，所以泣也。"其偶曰："卫世子不肖，诸侯之忧也，子曷为泣也？"婴曰："吾闻之，异乎子之言也。昔者宋之桓司马得罪于宋君，出奔于鲁，其马佚而驭吾园，而食吾园之葵，是岁，吾闻园人亡利之半。越王勾践起兵而攻吴，诸侯畏其威，鲁往献女，吾姊与焉，兄往视之，道畏而死。越兵威者吴也，兄死者、我也。由是观之，祸与福相及也。今卫世子甚不肖，好兵，吾男弟三人，能无忧乎？"诗曰："大夫跋涉，我心则忧。"是非类与乎！③

从叙述中可以看出，婴以女人之身，能虑男人所不能，能超越女红，鉴国家大事，成为这则故事的核心主旨。

而诗句引自《鄘风·载驰》，其作者是嫁到许国的卫国公主许穆夫人，这可见于《左传·闵公二年》记载。整首诗的背景是许穆夫人闻知国难，

---

① 许维通：《韩诗外传集释》，中华书局1980年版，第30页。

② 孔颖达：《毛诗正义》，见《十三经注疏》，上海古籍出版社1997年版，第287页。

③ 许维通：《韩诗外传集释》，中华书局1980年版，第33页。

回往故国吊唁，并决心、也自信自己可以救助故国，但是她受到了许国的阻挠。诗中写了作者本人心情的沉重、忧郁、坚决、自信等，表现了一个巾帼不让须眉、心怀国家的女性形象。"大夫跋涉，我心则忧"本义是：许国大夫前来阻挠，自己内心充满忧虑。

通过以上分析可以看出，故事与诗句的关联显然已不是停留在"我心则忧"这一字面与婴的忧虑上。更为深层的关联在于，两者都是女性，都是巾帼不让须眉，都是以国是为重的典范。所以，这则故事通过婴的忧虑，阐释了《载驰》的主人公，表达了作者对《诗经》的理解。

另外如：

> 孟子说齐宣王而不说，淳于髡侍。孟子曰："今日说公之君，公之君不说，意者其未知善之为善乎？"淳于髡曰："夫子亦诚无善耳。昔者瓠巴鼓瑟而潜鱼出听；伯牙鼓琴而六马仰秣。鱼马犹知善之为善，而况君人者也。"孟子曰："夫雷电之起也，破竹折木，震惊天下，而不能使聋者卒有闻。日月之明，遍照天下，而不能使盲者卒有见。今公之君若此也。"淳于髡曰："不然。昔者揖封生高商，齐人好歌。杞梁之妻悲哭，而人称咏。夫声无细而不闻，行无隐而不形。夫子苟贤，居鲁而鲁国之削，何也？"孟子曰："不用贤，削何有也？吞舟之鱼不居潜泽，度量之士不居污世。夫蓺冬至必雕，吾亦时矣。诗曰：'不自我先，不自我后。'非遭雕世者欤！"①

这则故事的主旨是通过孟子与淳于髡的辩驳，痛陈天下不用贤人的事实，这在叙述过程中曾有明示："孟子曰：'不用贤……'"

而至于诗句的本义（不是字面义），需要结合作品看。诗句引自《大

---

① 许维遹：《韩诗外传集释》，中华书局 1980 年版，第 217—218 页。

雅·瞻卬》，这首诗《毛传》说："凡伯刺幽王大坏"①，列举幽王和幽王政治的种种不是，这两句所在的段落是这样的："觱沸槛泉，维其深矣。心之忧矣，宁自今矣？不自我先，不自我后。藐藐昊天，无不可巩。无忝皇祖，式救尔后。"②大意是："奔涌四溢的泉水，它的源头多么深。我内心的忧伤，哪里是起自如今？它不出现在我降生前，不出现在我死后。高远的上天，没有什么不能成就。不要辱没你光明伟大祖先，把子孙后代拯救。"③作者痛陈自己生不逢时，忧伤中内。其中有明显的伤世情怀，也有浓烈的救世情结。

"不自我先，不自我后"字面义为"它不出现在我降生前，不出现在我死后"，与故事没有直接相联系。而故事与诗句相连的显然是更为深层的理念：故事中孟子痛批当世不用贤人、自己不遇时。诗句则也是痛陈世道政治不明、自己忧心难解。作者通过孟子的心情和他的行为，阐释了《瞻卬》的诗义。

可以看出，《韩诗外传》的解诗，其所引诗句的字面义与故事不一定直接关联。不管字面义是否直接关联，也无论诗义与故事主旨是否直接对应，作者的解诗意图都是可以索见的。可以说，故事叙述隐藏的儒家理念与诗句的儒家理念一致，相互阐发，这才是解诗说的核心要义。

《韩诗外传》的解诗和《左传》的赋诗言志有相同，更有不同，关于这一点于淑娟曾有专文论述。她曾说道：

> 相同之处在于，对诗句的理解以及诗句与叙事的联系都遵循与诗
> 本义相关的原则。这种相关性比较宽泛，可以联系紧密，用其本义，
> 也可以对个别字句加以引申，用其引申义或比喻义与叙事发生联系。

---

① 孔颖达：《毛诗正义》，见《十三经注疏》，上海古籍出版社1997年版，第577页。
② 孔颖达：《毛诗正义》，见《十三经注疏》，上海古籍出版社1997年版，第578页。
③ 李炳海：《〈诗经〉解读》，中国人民大学出版社2008年版，474页。

不同之处在于，《韩诗外传》中的诗句意义与儒家学说紧密相关，经师精心设置叙事，在叙事中设置与诗句相应的儒家义理、字句，诗句与叙事相互独立，但意义关联紧密。《左传》对诗句的使用往往着眼于在事件情境中表情达意的实用功能，诗句承担着完成事件进展中传递信息的任务，并不注重诗句的儒学义理；诗句是故事情境的组成部分，包含在叙事当中。①

考察原文，于文所言"诗本义"指的是本文所言的"字面义"。她的结论大有可认同处，但是需要稍加修正：《左传》赋诗言志是在特定场景中，主人公借用《诗经》文句或某首诗表达某一思想。赋诗是故事情节的一部分，所赋诗首先在字面义上与表达思想相近，如襄公十四年"叔向见叔孙穆子，穆子赋《匏有苦叶》"，最后，"叔向退而具舟"。显然，穆子所赋诗中的"深则厉，浅则揭"，委婉近似而又较为明确地传达了自己的建议。当然也可以是在本义上对自己思想进行承载，如《昭公二年》晋国韩宣子到卫国聘问所赋的《淇澳》，其中字面上看没有太多直接或近似于自己所欲言说的话语，而主要还是通过诗歌中对君子的赞美这一本义，表达对对方的赞美。

《左传》赋诗言志中引诗是故事情节的一部分，而《韩诗外传》非是；《左传》有时会只顾字面义断章取义，而《韩诗外传》无论如何不会这样。《韩诗外传》的故事叙述带有较为明显的主观意图，即承载儒家思想和理念，而这一理念最终则是为了阐释《诗经》。所以，可以看到，有的引用诗句字面义与故事不相关，但是其诗句本义、诗句所在章之本义、诗句所在篇之本义与故事主旨无疑都是相关联的。两者在理念层面上形成良好参照。

---

① 于淑娟：《从〈左传〉赋诗看〈韩诗外传〉解诗说》，《河南师范大学学报》（哲学社会科学版）2010 年第 7 期。

三、《淮南子·道应训》的开放性设计——模糊弥合

《韩非子·喻老》与《韩诗外传》都是以"故事＋经典"的行文形式为主，《淮南子·道应训》无疑与两者有着诸多关联。

首先，从行文形态和形式看，《道应训》共有 56 章，与现有文献对比可以看出，其袭用其他文献的特征十分明显。具体说来，有三种结构，第一种"故事叙述＋经典（故老子曰为主）"，第二种"故事＋议论＋故老子曰"，第三种"故事＋故老子曰＋议论"。具体论述已见上文，此不赘述。

《道应训》最主要的行文形态还是"故事叙述＋故老子曰"。故事往往袭自前代（有时连同议论文字一起袭用），作者较少出面新加议论，以故事和经典语录进行直接对接。

所以，单从行文形态和结构形式看，《道应》与《喻老》已有重要区别。

《喻老》的议论和理念先行是的重要特征，议论是作者自我发挥的重要舞台，通过多种方式，作者成功实现自我理念的注入。被解读后的《老子》与《老子》本义已有较大差别。

对于《韩诗外传》而言，作者则是通过故事的叙述展示其背后的理念和主旨，用以阐释其对《诗经》的理解。当然，其所引诗句的本义与故事的主旨理念是一致的。

那么，《道应》的性质怎样？创作目的如何？与前代《喻老》、《韩诗外传》等篇章又有何差别？

可以这样说，《道应训》在故事叙述上，故事获得了独立地位，这与之前篇章大有不同。

如前所述，《喻老》有明显的议论和理念先行的特点，故事叙述十分短小、地位并不突出。而《道应》在这方面大有改进，故事叙述无疑已经获得了独立地位。不论在故事情节的完整性上、还是叙述的详尽性上，都比《喻老》有了巨大进步。

其故事获得独立地位的另一个重要内涵是，《道应》的故事叙述不再是议论和理论表述的语料，其对议论的依附性已经微乎其微。

同时也应该看到，《道应》在故事叙述方面，其采集和袭用的特征十分明显。就现存文献看，56 章中可以确认其袭用出处的共有 41 章，占到 73%，涉及《吕氏春秋》《庄子》《晏子春秋》《列子》《韩非子》《荀子》等文献，其中袭自《吕氏春秋》者最多。《道应》对这些文献中出现的故事，基本上采取的是照样袭用。除了极少数如"秦穆公悔过"章，其所袭《吕氏春秋·悔过》篇幅过长，在袭用时加以改造外，很少进行较大改造。有时将篇章中的议论连同故事一起袭用过来，如前所论。

《道应训》故事叙述虽获得较为独立的地位，故事叙述普遍较为详尽明了。但是与《韩诗外传》相比，《道应训》一般不会对故事叙述进行有意改造，以凸显作者主观意图或适应经典引语。

故事与经典语录对应、对证，是形下与形上的对应，是具体事象与抽象理论的对应，其吻合程度定有参差。有的吻合得较好，有的吻合度会差一些，从理论上讲这是必然情况。《道应训》中也确存在这些情况。吻合情况较好的，比如：

> 昔尧之佐九人，舜之佐七人，武王之佐五人。尧、舜、武王于九、七、五者，不能一事焉，然而垂拱受成功者，善乘人之资也。故人与骥逐走则不胜骥，托于车上则骥不能胜人。北方有兽，其名曰蹶，鼠前而兔后，趋则顿，走则颠，常为蛩蛩駏驉取甘草以与之。蹶有患害，蛩蛩駏驉必负而走。此以其能，托其所不能。故老子曰："夫代大匠斲者，希不伤其手。"①

---

① 张双棣：《淮南子校释》，北京大学出版社 2013 年版，第 1257 页。

故事讲的是各有所职、不可越俎代庖的道理。从内涵上看，其与《老子》74 章吻合较好。有的吻合程度就显得稍差，比如：

> 白公胜得荆国，不能以府库分人。七日，石乙入曰："不义得之，又不能布施，患必至矣。不能予人，不若焚之，毋令人害我。"白公弗听也。九日，叶公入，乃发大府之货以予众，出高库之兵以赋民，因而攻之，十有九日而擒白公。①

这则故事袭自《吕氏春秋·分职》，其主旨是："夫君也者，处虚素服而无智，故能使众智也。智反无能，故能使众能也。能执无为，故能使众为也。无智、无能、无为，此君之所执也。"②宣扬无智、无能、无为的君道，并且还批判"以其智强智，以其能强能，以其为强为。此处人臣之职也"③的越俎代庖。"分职"意即君臣分职。故事之后的议论是这样的：

> 国非其有也，而欲有之，可谓至贪矣。不能为人，又不能自为，可谓至愚矣。譬白公之啬，若枭之爱其子也。④

可以看出，作者批评的是白公的愚昧、愚蠢行径，并没有明显的道家思想，较好地扣合了文首主旨。《道应训》基本袭用了这个故事，连同其后的议论。而在被《道应训》袭用后，作者引老子曰："持而盈之，不如其已，揣而锐之，不可长保也。"老子本义是：持握令其盈满，不如停止（任自然）；锤击令其锐利，不可能保持长远。

---

① 张双棣：《淮南子校释》，北京大学出版社 2013 年版，第 1244—1245 页。
② 陈奇猷：《吕氏春秋新校释》，上海古籍出版社 2002 年版，第 1667—1668 页。
③ 陈奇猷：《吕氏春秋新校释》，上海古籍出版社 2002 年版，第 1666 页。
④ 陈奇猷：《吕氏春秋新校释》，上海古籍出版社 2002 年版，第 1667 页。

那么所引故事及议论与老子语录是如何关联对证的？首先当然是故事情节中的某些重点描述与语录之间的关联。具体说来，就是白公胜"不能以府库分人"的府库饱满和"持而盈之"的关联，以及"（叶公）十有九日而擒白公"的白公失败与"不可长保也"的关联。单从重点情节描述看，可以与老子语录形成较好契合。

但是，如果深入一步，故事与老子语录又存在龃龉之处：白公失败、叶公胜利的关键在于是否把战利品（府库）用以"予众"、"赋民"，故事承载更多的是重民思想，而府库的盈满与否并不是胜败的关键。在这一点上，故事和经典语录存有龃龉。但必须承认，这种龃龉并不十分影响对两者互证的认同。这是吻合度稍差的例子。

具体说来，故事与引言的对证与吻合，指的应是在内涵上有较好的吻合。而《道应训》中这种吻合的情况，在字面上一般也有较直接的对应。比如"桓公读书，轮扁斲轮"一段，轮扁所言中"圣人之所言……独其糟粕在耳"，记载圣人之言的书本是糟粕，与老子的"道可道，非常道；名可名，非常名"在字面上也有较为直接明显的联系。这种情况并不少见。

从故事主旨的发掘角度看，《道应训》有时与源文献故事的主旨一致，有时并不一致。如上"桓公读书，轮扁斲轮"，其故事袭自《庄子·天道》。这一故事在两处文献中主旨基本一致。

《道应训》作者袭用故事，但是不受源文献主旨影响的情况也很多。如"宁越欲干齐桓公"，故事也见于《吕氏春秋·爱士》，其主旨也十分明显，赞扬礼贤下士、重用人才。而《道应训》中与之对证的是《老子》25章"天大，地大，道大，王亦大"，可以看出，其对主旨的发掘利用与《吕氏春秋》有差别。这种情况在《道应训》中十分常见。

一般说来，《道应训》中与老子语录形成对应的有时是整个故事情节，有时则是故事的部分内容或其中人物的理论主张。但无论何种情况，都经常见到两者对应龃龉、吻合稍差的情况。如：

　　赵简子死，未葬，中牟入齐。已葬五日，襄子起兵攻围之，未合而城自坏者十丈，襄子击金而退之。军吏谏曰："君诛中牟之罪，而城自坏，是天助我，何故去之？"襄子曰："吾闻之叔向曰：'君子不乘人于利，不迫人于险。'使之治城，城治而后攻之。"中牟闻其义，乃请降。故老子曰："夫唯不争，故天下莫能与之争。"①

　　从字面看，襄子不攻中牟直接对应"不争"，中牟来降对应"天下莫能与之争"。但是从内涵看，又有不合之处。襄子"使之治城，城治而后攻之"，并非完全不攻，与老子所说的不争显然有内涵与层次上的差别。

　　另如：

　　成王问政于尹佚曰："吾何德之行，而民亲其上？"对曰："使之时，而敬顺之。"王曰："其度安在？"曰："如临深渊，如履薄冰。"王曰："惧哉，王人乎！"尹佚曰："天地之间，四海之内，善之则吾畜也，不善则吾雠也。昔夏、商之臣反雠桀、纣而臣汤、武，宿沙之民皆自攻其君而归神农，此世之所明知也。如何其无惧也？"故老子曰："人之所畏，不可不畏也。"②

　　故事中尹佚所言，倡导四海之内，王应与民同其好、同其恶。故事之后所引《老子》20章"人之所畏，不可不畏也"，本义是指让人产生畏惧，自己也应该畏惧了，意谓不可使人产生畏惧之感。可以看出，故事和老子语录在字面上产生直接而明显的联系和贴合，但是内涵贴合并不完美。

　　这种情况还可见于"吴起为楚令尹"、"惠盎见宋康王"等段落。综观

① 张双棣：《淮南子校释》，北京大学出版社 2013 年版，第 1284—1285 页。
② 张双棣：《淮南子校释》，北京大学出版社 2013 年版，第 1307—1308 页。

这些段落可以发现，两者的对应在内涵上虽有不合之处，但是这些故事叙述与老子语录一定有较为直接和明显的字面关联。

细看来，这种存在一定龃龉不合的情况并不少见。首先应该看到，这是故事与理论进行对接时难以完全避免的情况，特别这种理论具有家派特色时更易如此。但也不得不承认，这种龃龉并无碍于两者对证后的权威性、说服力，不会让人对故事、经典、以及两者的对证产生过多质疑，影响对故事、理论及两者对证的信服。

可以说，《道应训》中的故事已获得独立性，作者不会对故事和语录进行有意弥合，而是使两者在相对独立中形成对应和对证。这种对应首先保证了字面关联，有时会掩盖一些内涵龃龉，但不会影响对应的权威性和说服力。我们将这种利用经典与故事之间相对独立的对证以获得说服效果的文学手段叫作模糊弥合。

作者是如何实现故事与经典语录之间的这种模糊弥合的呢？

首先，作者擅长选取具有道家潜质和道家主旨倾向的故事。作者可借鉴和袭取的故事十分繁多，其选择的这些故事都具有一定的道家潜质和主旨倾向，有与老子语录对应的潜力。虽然，有些故事可挖掘儒家、法家等思想内涵，有时甚至这些内涵更为明显，但是这些故事无一例外都具有可以向道家理论偏向的潜质。所以，故事与老子语录对应后，绝不会产生风马牛不相及、绝对不符的情况，至少会保证两者的字面关联。

其次，作者极其擅长从故事的字面中寻找信息，与老子语录在直感上形成明显而直接的关联，如前所引"白公胜得荆国，不能以府库分人"段。这是使对应产生权威感、信服力的重要条件。在字面直接关联中，内涵概念等深层的轻微不合与龃龉会被轻易掩盖，故事与语录间形成模糊弥合，获取说服力。

在故事处理上，作者一般不会对故事加以改动，以适应自我表达的意图或对证经典。偶有几则故事会有对对证中产生的龃龉进行弥合，但是毕竟有限，而且做的修动也很简洁。

所以，作者对故事以袭用为主，一般不会加以改动。对老子语录也少有自我解读的情况，只有在龃龉较为明显而显得必要时，作者才会出面弥合，但这种情况实在不多。独立故事与语录的对应是《道应》的主要形态，他们形成的是模糊弥合。这种模糊弥合看似松散，实则是拙中藏巧，能产生更为广泛的文学效果：

首先，使相对独立的故事承载多样的主旨内涵和思想。娓娓道来的完整故事本身就是极好的案例和教材，其中蕴含的思想和哲理会相对独立地传递出来。在与老子语录对应中，故事中用以对应语录的内涵与主旨会凸显，但故事本身的其他内涵也不会被完全掩盖。如"宁越欲干齐桓公"，与老子语录对应的是"王亦大"。然而，故事中桓公爱士、不嫌小恶等思想都会传递出来。

其次，使老子为代表的道家理论落地、具体化，同时潜移默化地对老子理论的认识与理解产生影响。通过对应，老子理论得以具体化，但是模糊弥合中的老子理论，显然又与原始之义不同，这种模糊弥合使老子理论广泛容纳了各种家派思想。如上引"赵简子死，未葬，中牟入齐"一段，这则故事同样见于《韩诗外传》，其引诗为："王猷允塞，徐方既来"。显然，作者用以赞扬襄子不乘人之危的仁义行为，有较为明显的儒家倾向。《道应训》中的这则故事用以对应《老子》22章："夫唯不争，故天下莫能与之争。"不可否认，在这种模糊弥合中"不争"的思想中也已经饱蘸了这一儒家倾向。

另如"白公胜得荆国"，此段袭自《吕氏春秋·分职》。陈奇猷先生认为"此篇为法家之言"[1]，并有相关论证，所言极是。故事中分职任官、不可越俎代庖、驭用群官的思想很明显。这样，《道应训》在故事之后所引

―――――――――

[1]　陈奇猷：《吕氏春秋新校释》，上海古籍出版社2002年版，第1668页。

《老子》九章也就不可避免地带有了法家倾向。类似情况十分普遍。

综上所述，作者无意将故事改造削补以就范于老子，或曲解老子以适应故事。而是使两者都处于一种相对开放和独立的状态，实现模糊弥合。在看似简单的对应对证中实现对故事的理论提示，同时也实现了对老子理论潜移默化的改造和扩容。

《喻老》中作者的理念先行、主观意图十分明显，通过多种方式实现自我理念的注入。从某种意义上可以说，《喻老》的解老工作是以阐述法家思想为重要目的。

《道应训》作者的议论倾向并不明显。他杂采各种故事，这些故事可以析出多家思想，让这些承载着多家思想的故事相对独立自由地存在，然后通过与老子的对证，巧妙地实现各种、各家思想的相对统一和统摄。表面看似都统一到了老子理论之下，但是实际上却对老子思想也实现了潜移默化的改造，使老子思想更加具体化、更具包容性。所以，《道应训》的目的不在于以故事印证老子，也不在于以老子对证故事。而是借助故事与老子对应所产生的权威性，在模糊弥合中实现对各家、各种思想的融合。这正是《道应》的创作目的所在，也是《淮南子》作为杂家的真正内涵。在这一点上，它与同属杂家的《吕氏春秋》存在差异。

《吕氏春秋》也搜罗采集了众多故事，但《吕氏春秋》主要通过丰富而复杂的结构实现对这些故事的编排和利用。其海纳百川式的结构，使得众多故事都有可能按照其最为鲜明和直接的主旨展现。正如被《道应》所袭用的这些故事，他们分别出自《分职》、《执一》、《淫辞》、《精谕》、《爱士》、《慎大》、《顺说》、《不广》、《务大》、《察微》、《适威》等篇目，从篇名也基本可以断定，故事被利用和挖掘的主旨偏向什么。当然也能看出，这些故事主旨所涉极广，有的主张顺人而说、有的主张以精相谕、有的赞扬爱贤、有的提倡君主之法，等等不一而足。若参照陈奇猷先生的家派考证，其涉及法家、儒家、名家等多个家派。这些故事千姿百态相对自由地分布在不同篇章中，容纳于《吕氏春秋》阔大的结构中，形成兼收并蓄的风格。

而这些故事进入《道应训》，被用以对证老子时，其凸显的显然是可以与老子理论契合的主旨。老子语录在这种模糊弥合中虽也得以改造，但是作者显然并不似《喻老》一样执意于利用并改造老子理论。相比之下，作者有意总领这些纷繁故事的意图显得更加明显，因为其中的故事叙述已是如此独立而耀眼。

以何种思想总领？虽然以老子语录对证，但显然不能简单归结为老子理论，也不能简单归结为道家理论。应该说是其兼收并蓄的理念，这与《吕氏春秋》一致。只是，《淮南子》的作者更加清晰地认识到万物有"本"，不可本末混淆、逐末弃本，其更加有意地以形而上的"本"对繁杂的世间事物（也包括各种学说、思想）进行统摄和涵容。基于此，《道应训》选择了论述形而上和"本"最为权威的经典——《老子》用以对证。作者无意用《老子》改造各家学说，只是以其为手段，借用其权威性和形上性的理论特点，实现其兼收并蓄的目的。

在这种模糊弥合下，众多独立而完整的故事承载多种主旨，表面上是被《老子》理论统摄和统一，实则是被宽泛的世界之"本"和形而上统摄。具象的故事和故事的多重主旨都被世界之"本"统摄，《老子》语录也在模糊弥合中被赋予丰富复杂的内涵，充分展现出涵容的特征。

有的学者认为《淮南子》为道家学说，且不少以《道应训》为据立说。这样看来，这一说法显然有简单化的嫌疑了。其兼收并蓄、以本统末的杂家特征才是《道应训》这种模糊弥合的真正要义。作者用最简单的1+1模式，完美实现了远大于2的文学效果。实现了故事的与老子理论对接的同时，也实现了故事多重主旨的展现，实现了众多故事和众多主旨以形而上统摄，还成功展现了老子理论超强的涵容力。呈现的是世界之本统摄下，万事万物和众家诸说融会贯通的境界。

　　《汉志》将杂家描述为："盖出于议官，兼儒、墨，合名、法，知国体之有此，见王治之无不贯，此其所长也。"①《隋志》描述为："杂者，兼儒墨之道，通众家之意，以见王者之化，无所不冠者也"② 这样看来，《淮南子》被它们列入"杂家"也确属应当了。

---

① 班固：《汉书》，浙江古籍出版社 2000 年版，第 594 页。
② 魏征等：《隋书》，中华书局 1973 年版，第 1010 页。

第五章

对两个特定学说的考察

秦汉杂家有着较为鲜明的家派特征，当然在一些重要思想和理念的流变过程中，它们也起到了重要的中间作用，对这个过程进行考察有利于更加清晰地展现杂家的承继与开创之功。本章将选取两个特定学说加以专门考察。

第一节　秦汉杂家与"九州说"的演进

"九州说"由来已久、影响巨大，先秦两汉时期是"九州说"形成和定型的关键时期，先后有《尚书》、《周礼》、《逸周书》、《尔雅》、《吕氏春秋·有始》、《淮南子》和《河图·括地象》等多部文献论载过"九州说"。先秦与两汉时期的"九州说"有着鲜明差异，这一演进过程可以看出杂家作品独具匠心的改造之功。

一、"九州说"的发轫与早期特点

关于"九州"的较早记载见于《尚书·禹贡》：

冀州既载，壶口治梁及岐。……济、河惟兖州。……海、岱惟青州。……海、岱及淮惟徐州。……淮、海惟扬州。……荆及衡阳惟荆州。……荆、河惟豫州。……华阳、黑水惟梁州。……黑水、西河惟雍州。①

其所载九州依次为：冀、兖、青、徐、扬、荆、豫、梁、雍。《尚书》的"九州说"有如下特点：

第一，九州的主要标界物为山和水。

如标界青州、冀州、徐州、荆州、梁州时用到了山（梁、岐、岱、荆等）。同时，江河也是重要标界物，如河、济、淮、黑水、西河等均被用以标界。这与《禹贡》的内容十分吻合。《禹贡》称"禹别九州，随山浚川，任土作贡。禹敷土，随山刊木，奠高山大川"②。州的出现与大禹通山治水紧密相连，因而不难理解其标界物为山与水。当然，这一特点也十分贴合"州"字的本义，《说文解字》载："水中可居曰州，周绕其旁，从重川。昔尧遭洪水，民居水中高土。或曰九州。诗曰在河之州。"③讲的正是"州"之本义，和《尚书》所载相通。可以看出，《禹贡》九州的标界物还带有典型的初期特征。

第二，《禹贡》九州的排列有了初步的次序，同时体现出帝都至尊的观念。

九州依次为：冀、兖、青、徐、扬、荆、豫、梁、雍。作者没有明确展示其在方向上的次序观念，但根据其总体范围与各州位置以及其他地理情况，其大致可判定为：北（冀）—东北（兖）—东（青）—东南（徐）—东南（扬）—南（荆）—中（豫）—西南（梁）—西（雍）。若剔除豫州，

① 孔颖达：《尚书正义》，见《十三经注疏》，上海古籍出版社1997年版，第146—150页。
② 孔颖达：《尚书正义》，见《十三经注疏》，上海古籍出版社1997年版，第146页。
③ 许慎：《说文解字》，中华书局1963年版，第239页。

基本为顺时针次序。可以看出作者在叙述中存在一定的空间次序观念，只是还不够明朗。

《禹贡》将冀州排在首位，何以这样安排？对此，唐人孔颖达认为是"冀州，帝都于九州近此，故首从冀起"①。清人孙星衍的辨析更为深入：

> 郑康成曰："两河间曰冀州。不书其界者，时帝都之，使者广大然。"云"时帝都之者"，《春秋左氏》哀六年《传》引《夏书》曰："惟彼陶唐，有此冀方。"注云："唐虞及夏周都冀州。"疏云："尧治平阳。"在冀州也。《地理志》云："河东，本唐尧所居，《诗·风》唐、魏之国也。"又平阳，应劭曰："尧都也，在平河之阳。"《郡国志》："太原晋阳，本唐国。"注云："《毛诗谱》曰尧始都于此，后迁河东平阳。"平阳故城，今山西临汾县西南。②

孙星衍认为，《禹贡》之所以把冀州列为首位，因为那里是尧、舜、禹都城所在之地，是原始社会末期的政治中心。也正因此，《禹贡》对冀州的界域未作标示，明显有别于其他八州。《禹贡》反映的是尧、舜、禹时期中土的行政区划和政治格局，冀州作为政治中心而被置于首位，足见《尚书》对于唐虞政治时代的认同和追尚。当然，这也是后来帝都至尊、帝都中心理念的滥觞。

二、《吕氏春秋·有始》篇对"九州说"的改造

《禹贡》的"九州说"是奠基石，直接启迪了《吕氏春秋·有始》篇的"九

① 孔颖达：《尚书正义》，见《十三经注疏》，上海古籍出版社1997年版，第146页。
② 孙星衍：《尚书今古文注疏》，中华书局1986年版，第138页。

州说"。其中这样记载：

> 　　何谓九州？河、汉之间为豫州，周也。两河之间为冀州，晋也。河、济之间为兖州，卫也。东方为青州，齐也。泗上为徐州，鲁也。东南为扬州，越也。南方为荆州，楚也。西方为雍州，秦也。北方为幽州，燕也。①

　　《有始》篇的九州说在数量上仍沿承"九"，但是进行了如下调整：

　　一是，九州的名称和次序由"冀兖青徐扬荆豫梁雍"变为了"豫冀兖青徐扬荆雍幽"。去掉了"梁州"，增加了"幽州"；将豫州提前置于九州之首。

　　二是，九州的标界物丰富化，包括江河、方位和国度（诸侯国）。除了河、汉、济等外，还运用方位词：东方、东南、南方、西方、北方。此外，其后还有相应国度加以进一步标明。

　　《有始》篇的这些调整首先显示了较为鲜明的时代特点，可以看出疆域北扩的痕迹。九州中增加了"幽州"，周平殷以来幽州属燕。《史记·燕召公世家》载："召公奭与周同姓，姓姬氏。周武王之灭纣，封召公于北燕。"这是大禹时代所未有的。

　　值得注意的是，《有始》篇的九州增加了幽州，但是将梁州删除。战国时代梁州的广大区域部分属秦、部分属楚。其在荆州和雍州中分别标界以"楚也"、"秦也"，当已把此区域纳入九州之中。当然这可显见作者的理念：要保持总体数字为"九"。因为《禹贡》以来的"九州说"以"九"为大，此说影响巨大，数字"九"具有了相对固定性。也正因如此，这也同时影响到周天划分的"九野说"，《有始》篇以"天有九野"与九州进行

---

① 陈奇猷：《吕氏春秋新校释》，上海古籍出版社 2002 年版，第 662—663 页。

天地相配。

同时可以看出，《有始》篇同样凸显出帝都中心的观念。《有始》与《禹贡》的"九州说"相比，《禹贡》把冀州列在首位，而《有始》篇把豫州提前，置于首位。《有始》篇把豫州置于九州之首，用以突出它的特殊地位。东周建都洛阳，在豫州版图之中。《有始》篇把豫州排在首位，实际是标示它在九州中的独尊地位，是帝都至上、帝都至尊理念的体现，和《禹贡》的做法一脉相承。《禹贡》九州的排列顺序反映的是尧、舜、禹时期的行政区划和政治格局，《有始》篇九州的顺序所显示的则是东周时期的行政区划和政治格局。《有始》篇明确指出："河汉之间为豫州，周也。"作者标明豫州是周地，凸现它作为东周王朝首都所在地的特殊地位。

《有始》篇所列的九州，都明确标示它们所对应的国度。值得注意的是，所出现的国度除了周比较特殊，作为一个王朝出现，其余都是诸侯国。但是，作为战国时期的大国赵、魏、韩均未在文中出现。相反，战国时期的弱国卫国、鲁国、越国，却占有一席之地。至于在《有始》篇撰写时已经被楚国灭掉的越国，也被写入文中，与扬州相对应。鲁国在公元前256年灭于楚，《有始》篇的出现确定无疑是在鲁、越灭亡之后，可是，这两个诸侯国在所列九州中却各有所属。由此可见，《有始》篇对九州及其所属国度的表述，反映的是春秋时期的诸侯国分布情况和政治格局，所绘出的地图并未反映出战国阶段七雄相争的历史事实和当时的政治现状。从中也不难看出，《有始》篇的作者对于赵、魏、韩持疏远和排斥的态度，不承认它们疆域的合理性，因此，只用"晋也"概括言之，不把三国列入相应的州。与《有始》篇形成对照的是《汉书·地理志》，它依次提到的地域是秦、魏、周、韩、赵、燕、齐、鲁、宋、卫、楚、吴、越，是兼顾春秋和战国时期的诸侯分立格局。

《有始》篇所列的九州，有五州明确标示出所处的东、南、西、北方位，其余四处则指出其地理位置，没有用东南西北这类明确的方位词标示。出现这种情况的原因是由各州所处地理方位决定的，有的州处于中土周边，能够用方位词加以标示。有的州处于中土腹地，无法用方位词进行表述。有鉴于此，《有始》篇采用两种表述方式。处于中土腹地的豫州、冀州、兖州、徐州，用黄河、汉水、济水、泗水加以标明。处于中土周边的青州、扬州、荆州、雍州、幽州，则用具体的方位词明示：东方为青州，东南为扬州，南方为荆州，西方为雍州。表述的顺序是按照东—东南—南—西—北的次序依次推移，是顺时针方向旋转。当时五行说已经确立，以四方配四季，四方是按照东南西北的顺序依次推移，以与春夏秋冬四季相配。《有始》篇标示方位词的各州排列顺序，符合五行说的体系，可与书中的十二纪相互印证。

三、"九州说"的演进与分期

《禹贡》确立"九州说"之后，先秦两汉时期的"九州说"大致以《吕氏春秋》和《淮南子》为界分为前后二期。前期"九州说"主要包括《周礼》、《逸周书》、《尔雅》。《周礼》成书时代今无定论，郑玄、刘歆等人认为是周公遗作，但多数现代学者认为《周礼》成书年代偏晚，约作于战国后期。《逸周书》时代也未定论，刘向、刘知几等人认为孔子删《书》之余，多数现代学者认为可能晚之战国中后期。《尔雅》有人认为是孔门作品、也有人认为是周公作品，现代学者多认为是秦汉时人作。后期"九州说"则主要是《淮南子》和《河图·括地象》。

前期"九州说"有四个基本特点：

第一，九州排列明显杂乱无序。

虽然《禹贡》的排列显示了一定的次序，但次序观念比较模糊。除此之外，前期其他文献中的"九州说"更多体现出杂乱无序的特点。

如《周礼·夏官·职方氏》所记九州次序为："东南曰扬州"，"正南曰荆州"，"河南曰豫州"，"正东曰青州"，"河东曰兖州"，"正西曰雍州"，"东北曰幽州"，"河内曰冀州"，"正北曰并州"。①《逸周书·职方解》所记与《周礼》近乎全同，《汉书·地理志》曰："殷因于夏，亡所变改。周既克殷，监于二代而损益之，定官分职，改禹徐、梁二州合之于雍、青，分冀州之地以为幽、并。故《周官》有职方氏，掌天下之地，辩九州之国。"指出了《周礼》的时代特征，但是《周礼》和《逸周书》所述九州明显没有一定的方位次序。

《尔雅·释地》曰："两河间曰冀州，河南曰豫州，河西曰雍州，汉南曰荆州，江南曰杨州，济河间曰兖州，济东曰徐州，燕曰幽州，齐曰营州。"其所记的九州名称与《有始》最为相近，除"齐之营州"于《有始》称为"青州"外，其余州名均同。（当然有字异的情况，如"雍州"、"杨州"，于《有始》分别为"雍州"、"扬州"）尽管如此，但差异十分明显，《尔雅》各州的排列呈现的是无序的状态。

第二，九州中心观念或明或暗。

《周礼》、《逸周书》列在首位的是扬州，曾经作为政治中心而存在的冀州、豫州错杂于九州中间而没有置于特殊地位。《尔雅》把冀州、豫州放在前面的首位和第二位，保留了《禹贡》和《有始》篇的痕迹。

第三，标界物的使用兼采《禹贡》和《有始》篇。

《禹贡》曾以山、水、地名等标界。《周礼·夏官·职方氏》所用的标界物包括方位词、和地名。用及方向词者如："东南—扬州"、"正南—荆州"、"正东—青州"、"正西—雍州"、"东北—幽州"、"正北—并州"，共六处。用及地名者如："河南—豫州"，"河东—兖州"，"河内—冀州"，共三处。（当然，这些地名也可看作以河标界）

---

① 贾公彦：《周礼注疏》，见《十三经注疏》，上海古籍出版社 1997 年版，第 862—863 页。

《尔雅》则没有用及方位词，而用江河、地名和国度。如"两河间"、"河南"、"河西"、"汉南"、"江南"、"济河间"、"济东"可看作江河标界（或可看作地名），而"燕"、"齐"则为国度。

所以总体看，其标界物兼取《禹贡》和《有始》篇，多种方式并用。

第四，"九州"为海内九州。

广阔天下曾被认为有远近多个层次，《尔雅·释地》曰："东至于泰远，西至于邠国，南至于濮铅，北至于祝栗，谓之四极。觚竹、北户、西王母、日下，谓之四荒。九夷、八狄、七戎、六蛮，谓之四海。"郭璞注为："四极，皆四方极远之国；四荒，皆四方昏荒之国，次四极者；四海，次四荒者。"① 明确将天下分为三个层次，由近及远为：海内、荒内、极内。前期"九州"均为海内之地无疑。

与之相对，晚期"九州说"也有四个相异特点：

第一，九州排列明显次序化。

《淮南子·地形训》记载：

> 何谓九州？东南神州曰农土，正南次州曰沃土，西南戎州曰滔土，正西弇州曰并土，正中冀州曰中土，西北台州曰肥土，正北泲州曰成土，东北薄州曰隐土，正东扬州曰申土。②

九州次序起自"东南"终于"正东"，次序为顺时针方向。

《后汉书·张衡传》注引《河图》曰：

> 天有九部八纪，地有九州八柱。东南神州曰晨土，正南昂州曰深

---

① 转引自王利器：《吕氏春秋注疏》，巴蜀书社 2002 年版，第 1266 页。
② 何宁：《淮南子集释》，中华书局 1998 年版，第 312—313 页。

土，西南戎州曰滔土，正西弇州曰开土，正中冀州曰白土，西北柱州曰肥土，北方玄州曰成土，东北咸州曰隐土，正东扬州曰信土。"①

其中所记州名称谓与《淮南子》有异，但同样起自"东南"终于"正东"，次序为顺时针方向。

《初学记》引《河图·括地象》曰：

> 天有九道，地有九州。天有九部八纪，地有九州八柱。昆仑之墟，下洞含右；赤县之州，是为中则。东南曰神州，正南曰迎州（一曰次州），西南曰戎州，正西曰拾州，中央曰冀州，西北曰柱州（一作括州），正北曰玄州（一曰宫州），又曰齐州，东北曰咸州（一作薄州），正东曰阳州。②

其记载州名与《后汉书·张衡传》注所引有异同。但亦起自"东南"而按顺时针方向终于"正东"。

第二，有明确的中心观念。

《淮南子》没有将"正中冀州"置于首位，但明确表述为"正中"，且置于九州名中间，前后各四州，两处所引《河图括地象》亦沿用此法。中心观念可谓明了。

第三，标界物统一为方位词。

如上，《淮南子》和两处所引《河图》无一例外，十分规整地运用了方位词以标界九州。

第四，所谓"九州"并非海内之地。

---

① 范晔：《后汉书》，中华书局 1995 年版，第 1922 页。
② 徐坚：《初学记》，京华出版社 2000 年版，第 257 页。

其所列的九州，地理方位具有很强的虚幻性和理念性。如《淮南子·地形训》所谓的"正南次州曰沃土"，高诱注为："五月建午，稼穑盛张，故曰沃土也。"或有一定道理，但是有一点是确定的，"次州—沃土"的命名并非缘于实有的海内地理位置，而是充分显示了其虚幻和想象的特点，其中或伴有某种理念。其余各州也是如此。

杨树达在《邹衍九州考》[1]中认为，《淮南子》所举九州除正中冀州与《禹贡》九州之冀州偶同外，馀皆名号差异；其称东南神州，与邹衍所称中国名曰赤县神州者相合；疑该篇乃取自邹衍之书，所举九州之名即邹衍所称之九州。若杨氏说胜，则《淮南子》的"九州"便是邹衍之"裨海环之"的"大九州"。

所以，《淮南子》的"九州说"体现了强烈的虚幻性，并非中土实有地域的描绘，而是范围更加广大。上述一一对应的区别，足以将"九州说"界为二期。

四、秦汉杂家在"九州说"演进中的改造及特点

《吕氏春秋》和《淮南子》作为秦汉时期最为典型的杂家作品，其在"九州说"演进过程中起到了关键的改造与引领作用。

若将《吕氏春秋·有始》也纳入这一演进过程，其影响与意义便可即刻显现出来。《有始》篇展现出较为明确的方位次序和帝都中心观念，《淮南子》和《河图》进一步发展了方位次序观和帝都中心观，而其理念性发展尤甚。

《淮南子》的九州方位依次为：东南—正南—西南—正西—正中—西北—正北—东北—正东。完全是按顺时针方向推移，《有始》篇所缺的"西

---

[1]　杨树达：《积微居小学述林全编》，上海古籍出版社 2007 年版，第 375 页。

南"、"西北"在这里得以填补，同一方向重叠多州的现象得到彻底解决。

如此规整的设计，势必造成与实际地理位置的不符。为了弥合方向和相应州的位置矛盾，《淮南子》将很多州进行了虚化。具体说来，《淮南子》对九州虚化，同时受到了《有始》篇和邹衍海外观的影响。

《有始》篇的九州中心为豫州，但是同样在《有始》篇中其认定的"天地之中"又在"白民之南，建木之下"，"白民之国"见于《山海经·海外西经》，属于极内海外之国："白民之国，在龙鱼北，白身被发。"①《海外西经》的条目是按照"自西南陬至西北陬"的顺序进行排列，共22项，其中白民国居于第19位，后面是慎肃之国，在白民之国的北方。由此判断，传说中的白民之国应该位于西北。"天地之中"在"白民之南"，应是位于西方。《淮南子·地形训》亦有载："凡海外三十六国：自西北至西南方，有修股民、天民、肃慎民、白民、沃民、女子民……"属于海外三十六国之一，两文献确定的大致方位为西方。建木者，《海内南经》载："有木，其状如牛，引之有皮，若缨、黄蛇。其叶如罗，其实如栾，其木若蓝，其名曰建木。在窫西弱水上。"②《海内南经》的条目是"海内东南陬以西者"，从东南向西依次推移。基本可以确定其大致方位在西南方。而同时《山海经·大荒西经》又载："有寿麻之国。南岳娶州山女，名曰女虔。女虔生季格，季格生寿麻。寿麻正立无景，疾呼无响。爰有大暑，不可以往。"与《有始》篇"日中无影"的记载十分相近。据此可以推断，《有始》篇所言"白民"当在西方，"建木"当在西南方，而作为天地中心的"白民之南，建木之下"，当在西南方向。这样，九州的中心豫州和确立的"天地之中"就出现了明显的抵牾，其原因在于：豫州为海内九州中心，"白民之南，建木之下"为四极之中心。其"九州说"沿自《禹贡》，而其"天

---

① 袁珂：《山海经校注》，上海古籍出版社1980年版，第225页。
② 袁珂：《山海经校注》，上海古籍出版社1980年版，第279页。

地之中"的理论则是沿自《山海经》。

《史记·孟子荀卿列传》概述邹衍学说及其学术特征：

> 先列中国名山大川，通谷禽兽，水土所殖，物类所珍，因而推之，及海外人之所不能睹。称引天地剖判以来，五德转移，治各有宜，而符应若兹。以为儒者所谓中国者，于天下乃八十一分居其一耳。中国名曰赤县神州，赤县神州内自有九州，禹之序九州是也，不得为州数，中国外如赤县神州者九，乃所谓九州也，于是有裨海环之，人民禽兽莫能相通者，如一区中者，乃为一州，如此者九，乃有大瀛海环其外，天地之际焉。（《史记》）

值得注意的是，邹衍虽然推衍了"大九州说"，但是，除了明言"赤县神州"这一近者外，其他却一概未有明言和具体命名。

《淮南子》所列九州，均有命名，但是除"正中冀州"恰同于海内九州之一的冀州、"东南神州"略同于邹衍的"中国"——赤县神州外，均不同于之前文献。

《有始》篇的"九州说"是海内九州，命名具体，而对"天地之中"的认定则体现了如同邹衍的海外九州观念，这对《淮南子》产生了巨大的影响。《有始》篇一方面直接沿袭了《禹贡》以来的海内"九州说"，另一方面又将视野扩展到中土之外，因而其说法有一定的矛盾性和驳杂性。但同时也使明显受其影响的《淮南子》一方面继续具体以命名展现九州，另一方面又全面扩张视野，展示出更加广大的九州版图。它又进一步对《河图》、《十洲记》等产生重要影响。

综上可以看出，作为典型的"杂家"作品的《吕氏春秋》与《淮南子》，在"九州说"的演进过程中起到了关键的改造和引领作用。它们一方面展现出博采众家的广纳性和驳杂性，但另一方面更展现出杂家作品有意融合各家的理念性。它们并非简单地集合或拼凑各家说法，而是敢于博采众家以成己见，以独立的理念、广博的视野构建全新的学术理论，在学术进程中有重要的引领之功。

第二节 秦汉杂家与"感应论"的演进

感应论是《吕氏春秋》和《淮南子》中重要的理论学说，这一理论源远流长。而在其发展过程中，这两部杂家之作显然贡献非凡，都曾经对这一理论进行过相应改造。下面试一梳理。

一、从道家感应论说起

不同的事物之间经常会相互感应、互动互从，这在古人看来是一种规律，这一规律遵循的原则是同类相从，有时是被表述为：同声相应、同气相求。特别是同声相应，是现象的直接展现，五音之间琴弦相动，现代物理学称为共振，这应该是古人生活经验的总结和升华。多次出现在先秦两汉的文献中，可见古人对此现象早有认知，并将之升华为同类相从理论。可以说，同类相从应该是古人普遍的传统观点。关于这一规律，先秦两汉时期不论儒家还是道家及其他各家，对此都深信不疑。

《周易·乾·文言》对此有如下阐述：

> 同声相应，同气相求。水流湿，火就燥，云从龙，风从虎。圣人作而万物睹，本乎天者亲上，本乎地者亲下，则各从其类也。①

---

① 孔颖达等：《周易正义》，见《十三经注疏》，上海古籍出版社 1997 年版，第 16 页。

《礼记·乐记》是儒家经典，其中对声气相应这样论述：

> 凡奸声感人而逆气应之，逆气成象而淫乐兴焉。正声感人而顺气
> 应之，顺气成象而和乐兴焉。倡和有应，回邪曲直各归其分，而万物
> 之理各以类相动也。①

儒家理论认为物以类相动，同声相和、同气相求是最基本表现方式，正声则顺气应之、奸声则逆气应之，各遵循着以类相动的规律。

先秦两汉时期的其他作品，对于以类相从的认知和论述明显要系统和深入得多。其实，万物之间同类相从并不仅仅表现为所谓的同声相应、同气相求，在道家作品中的表现则需要从它的感应论说起。

事物之间特别是人和事物之间的感应，是道家作品中经常出现的场景。应该说，这一感应是道家体道与合道理论的表现方式之一，当人达到体道或合道状态时便可使外物感应。《列子》、《庄子》中就不乏此类感应故事。《列子》中最为著名的感应故事是"愚公移山"，愚公心无旁骛、一心移山，最终"帝感其诚"②命大力神将山移走，这则故事的感应发生愚公和"帝"之间，也可以说是发生在愚公和山之间。他感动天帝，通过天帝达成心愿，这里明显带有神话思维的痕迹。从神话的角度讲，是愚公的"诚"使他与天帝之间发生感应，从而遂愿。《说文解字》说"诚，信也"③，"感，动人心也"④。由诚而感，专一于事时便可感动人心。从哲学的角度讲，则是在宣扬人之"诚"可以使外物感应，达成心愿。

---

① 孔颖达等：《周礼记正义》，见《十三经注疏》，上海古籍出版社1997年版，第1536页。

② 杨伯峻：《列子集释》，中华书局1979年版，第161页。

③ 许慎：《说文解字》，中华书局1963年版，第52页。

④ 许慎：《说文解字》，中华书局1963年版，第222页。

类似的故事还有《列子·黄帝》的商丘开入水火而不伤。商丘开心无芥蒂、毫无欲虑地赴汤蹈火，最终毫发无伤，得珍宝而出。连欺骗耍弄他的人都要向他问道，他这样回答：

> 商丘开曰："吾亡道。虽吾之心，亦不知所以。虽然，有一于此，试与子言之。曩子二客之宿吾舍也，闻誉范氏之势，能使存者亡，亡者存；富者贫，贫者富。吾诚之无二心，故不远而来。及来，以子党之言皆实也，唯恐诚之之不至，行之之不及，不知形体之所措，利害之所存也。心一而已。物亡迕者，如斯而已。①

"诚"再次出现，一心而为成为他得道的关键。这则故事虽不像愚公移山一样有"诚"有"感"，这里没有某某感动的情节，但是得道的结果却是一样的。这些故事使"诚"在道家的感应学说中具有了特殊重要的地位，也成为道家得道的关键。《庄子·渔父》说："真者，精诚之至也。不精不诚，不能动人。"②应该说，至此，道家精诚以动人的理论才最终定型。

如果从道家体道、合道的这个高度解读"愚公移山"的中的感应，其实，《列子》、《庄子》中太多寓言故事都可纳入这种感应学说中，尽管故事情节中的"诚"和"感应"有时表现并不明显和直接。如佝偻承蜩等。佝偻丈人承蜩随心所欲，自己阐述心得时说：

> 曰："我有道也。五六月累丸二而不坠，财失者锱铢；累三而不坠，则失着十一；累五而不坠，犹掇之也。吾处身也，若厥株拘；吾

---

① 杨伯峻：《列子集释》，中华书局 1979 年版，第 57 页。
② 郭庆藩：《庄子集释》，中华书局 2004 年版，第 1032 页。

执臂也，若槁木之枝。虽天地之大，万物之多，而唯蜩翼之知。吾不反不侧，不以万物易蜩之翼，何为而不得？"孔子顾谓弟子曰："用志不分，乃凝于神，其佝偻丈人之谓乎！"①

　　这里没有明确用及"诚"的概念，也没有某某由诚而感的情节。但是"用志不分，乃凝于神"显然是得道的关键，与"诚"的专一并无二致。其结果也是宣扬一种随心所欲的得道状态。

　　这些实际上都是道家作品一直所强调和专意论述的体道、合道状态。这明显是具有道家特定内涵的感应论，并没有将万物之间的关联感应进行普泛化的总结，而是特指人去除欲虑、专一而为的时候，所能达到合道的至高境界，能从心所欲达成难为之功，往往发生在得道之人与他人他物之间。

　　从同类相从的角度看，这些感应故事的"同声相应、同气相求"展现得并不直接和明显。愚公与天帝之间、佝偻和蜩之间、商丘开和水火之间，并非一般意义上的同类、同声或同气，达成难为之功也不是一般意义上的相应、相求。然而，这一体道理论下的感应论却与传统意义上的同类相从有着天然的关联基因：人与道通，方可感应、体道、达成难为之功，外物便可随人所欲，与人相通。这与声同而应、气同则相求逻辑相同。

　　但是，较早的道家作品中的感应学说，毕竟是在其体道理论统摄之下的，与传统意义上的同类相从学说还未产生理论融合，呈现的还是各自发展、遥相呼应的状态。"精诚以动人"理论的出现拉近了两者间的距离，使道家的感应论有了更加确定的概念——"精诚"，也让"动人"这个结果与相从、相应、相求更为接近和统一。

　　道家所言"精诚"与前文所论的"诚"，显然是一脉相承的。何以"精"、

---

①　郭庆藩：《庄子集释》，中华书局 2004 年版，第 640—641 页。

"诚"连用，成为一个较为确定的概念范畴？这与"精"之本意有关。

"精"者"择也"（《说文解字》），其本意即为上等精米、精华。"诚"本意为"信也"，是专一而为、心无旁骛。两字义有相通。

除此之外，道家将精诚连用，还不得不提及的一个重要概念是："精气"。

《老子》将世界本原和世界最高存在称为"道"，由此而成就了中国哲学史上著名的道家。但是《老子》笔下的"道"，除了具有形而上的特点外，还天生具有不可知性，正所谓"无可名状"是也。这为之后的思想家对于世界最高本体进行全新描述提供了契机。事实证明，《列子》、《庄子》以及同样被《汉书·艺文志》列为道家的《管子》、《文子》、《鹖冠子》等，已经开始用"气"的概念描述世界的最高本体。

《鹖冠子》[①] 提出的是"元气"说：

> 故天地成于元气，万物乘于天地。（《秦录篇》）

《文子》[②] 讲："气者，生之元也。"主张万物同为"气"之所出。

尤其是《管子》四篇（《心术》、《内业》、《白心》、《枢言》）[③] 曾对"精气"有集中论述：

> 凡物之精，此则为生。下生五谷，上为列星。流于天地之间，谓

---

① 本书有人疑为伪书，但是《汉志》、《隋志》等皆有著录，今人唐兰、李学勤等依据黄老帛书阐明，其与黄老帛书当是同时代作品，是先秦著作。不当伪。亦为黄老著作。

② 先者，多有人认为其为伪书。1973 年河北定县 40 号汉墓出土竹简，有《文子》残篇，证明并非汉后人伪托。但无论如何，它定是黄老著作。

③ 《管子》四篇是战国中期齐国稷下黄老学者的作品，已被学术界公认，但出于何人之手仍有争论。

之鬼神；藏于胸中，谓之圣人。

　　精也者，气之精者也。气通乃生，生乃思，思乃知，知乃止矣。

　　这里"精气"大有与"道"平分秋色之势，它是万物的根源，是先于一切的本原性的存在，自然也是世间之精粹所在。与"道"的"无可名状"相比，"气"或"精气"显然更具可知性和可理解性，在哲学解释上更易被接受。"精"与"气"连用，共建一个本体存在，使得"精"在道家思想体系中具有了超越本意的理论高度，它已不仅是普通意义上的精华之义，而是具有了"道"的哲学高度。

　　道家言"精诚"，而且将之视为体道与合道的重要方式，也就不足为怪了。精诚可以体道，可以达到难为之功，当然也可以令人感动。这样，道家的感应论在与传统的以类相从学说靠近时，就根本上带有了典型的道家体道色彩。

　　《文子》单列《精诚》篇，专论精诚学说。本篇主旨与《庄子·渔父》的"不精不诚，不能动人"高度统一，王利器先生曾解释道："精者，明也。诚者，信也。诚者，天之性也。精者，人之明也。诚以志之，明以辩之，非天下至诚，安能尽人物之性，合天地之德。故曰：不精不诚，不能动人。斯之谓也。"[1]阐述精诚以动人，以及如何做到精诚。篇内也曾论述道：

　　官府若无事，朝廷若无人，无隐士，无逸民，无劳役，无怨刑，天下莫不仰上之德，象主之旨，绝国殊俗，莫不重译而至，非家至而人见之也，推其诚心施之天下而已。故赏善罚暴者，正令也；其所以能行者，精诚也。令虽明，不能独行，必待精诚。故总道以被民，而

---

① 王利器：《文子疏义》，中华书局2009年版，第60页。

民弗从者，精诚弗至也。①

这都是在宣扬精诚以动人。至于，如何做到精诚，则具有典型的道家体道的特点。从行文看，《文子》对于如何精诚以动人所给出的指示，与道家的体道、合道理论基本等同。

> 夫人道者，全性保真，不亏其身，遭急迫难，精通乎天，若乃未始出其宗者，何为而不成，死生同域，不可胁凌，又况官天地，怀万物，返造化，含至和，而已未尝死者也。
>
> 天道无私就也，无私去也，能者有余，拙者不足，顺之者利，逆之者凶。是故以智为治者难以持国，唯同乎大和而持自然应者，为能有之。
>
> 圣人事省而治求，寡而赡，不施而仁，不言而信，不求而得，不为而成，怀自然，保至真，抱道推诚，天下从之如响之应声，影之像形，所修者本也。

可以看出，作者对精诚与体道是统一论述的，强调的都是顺应自然，顺乎天道。

总体看来，道家的感应论认为人之精诚可以感动人心，而其理论根源则在于：诚或精诚实是人专一而为、心无旁骛与道相通的过程，人与道通后自然可以达到难为之功，自然也可以感动人心。"通道"、"体道"是道家感应论的核心与关键。

值得注意的是，《文子·精诚》篇提出了"天人相通"概念——"天

---

① 王利器：《文子疏义》，中华书局 2009 年版，第60—61页。

之与人，有以相通"①。之前的道家感应论多立足体道学说，强调人之精诚致使外物（或外人）之动，很少直接提及人之与天间的感应。《精诚》将天之动具体呈现为天象灾异等。应该说，从道家的感应论到天人相通（人事行为与天象灾异相通相应），是个重大的跨越。因为道家感应论一般都是以"道"为基石，万物皆统摄于"道"之下，人精诚以合道，也就是合于万物，自然就会令外物（或外人）感应，人与外物的感应有"道"作为中间环节。而天人相通则是人与天象灾异的直接关联，没有通过中间环节。

实现这次跨越的关键在哪里？这段文字或可揭秘：

老子曰：天设日月，列星辰，张四时，调阴阳。日以暴之，夜以息之，风以干之，雨露以濡之。其生物也，莫见其所养而万物长；其杀物也，莫见其所丧而万物亡，此谓神明。是故圣人象之：其起福也，不见其所以而福起；其除祸也，不见其所由而祸除。稽之不得，察之不虚，日计不足，岁计有余，寂然无声，一言而大动天下，是以天心动化者也。故精诚内形，气动于天，景星见，黄龙下，凤皇至，醴泉出，嘉谷生，河不满溢，海不波涌。逆天暴物，即日月薄蚀，五星失行，四时相乘，昼明宵光，山崩川涸，冬雷夏霜。天之与人，有以相通。故国之沮亡也，天文变，世或乱，虹霓见，万物有以相连，精气有以相薄。故神明之事，不可以智巧为也，不可以强力致也。故大人与天地合德，与日月合明，与鬼神合灵，与四时合信，怀天心，抱地气，执冲含和，不下堂而行四海，变易习俗，民化迁善，若出诸己，能以神化者也。②

---

① 王利器：《文子疏义》，中华书局 2009 年版，第 63 页。

② 王利器：《文子疏义》，中华书局 2009 年版，第 62—63 页。

作者对"天"进行一番描述后，讲到"圣人象之"，说这是圣人模仿的对象。"循天而动"本是道家的基本理论主张，但是道家所主张的"循天而动"有特定含义，指依循天道自然而动。而此处的"天"显然已经不是抽象的天道自然，而是具有了双重属性：既有相对的抽象性，同时更具具体性，是自然属性的天。这样，圣人象天就在道家循天道而动的包裹下实现了超越，自然意义上的天与人之间直接进行了对接关联。所以人的行为会以天象灾异的方式展现出来：精诚内形则"气动于天，景星见，黄龙下，凤皇至，醴泉出，嘉谷生，河不满溢，海不波涌"，反之，逆天暴物则会"日月薄蚀，五星失行，四时相乘，昼明宵光，山崩川涸，冬雷夏霜"。《精诚》所言的"天之与人，有以相通"明显是指自然意义上的天，而非抽象的天道自然。

自然属性的天与人感应对接在《文子》中实现了，但是这一学说仍然面临一个极为关键的理论环节：天与人靠什么感应？或者说是什么使人的行为反映在天象灾异上？

从行文看，《文子》也曾出现"气动于天"的说法，但是作者显然对此并不自觉，没有将这一说法贯穿始终，只是一种模糊的表述。纵观全文，可以看出作者也没有有意解决这一问题。只是在回答人如何能做到少受谴告、多得祥瑞这一问题时，涂上了一层神秘的色彩。它将天之象、天之生杀等描述为"神明"，有神秘之义。人应该如何行为？

> 故神明之事，不可以智巧为也，不可以强力致也。故大人与天地合德，与日月合明，与鬼神合灵，与四时合信，怀天心，抱地气，执冲含和……①

---

① 王利器：《文子疏义》，中华书局 2009 年版，第 63 页。

这些描述都非一般意义上的行善积德之类，而是带有一定的神秘色彩。

所以，《文子》的天人相通实现了人与自然之天的对应，但是在天人感应的内在机理解释上并不自觉，而是带有一定的神秘色彩。

至于人当如何做到正确地感应，《文子·精诚》的回答实际上兼顾了两个层面：一是具体操作层面，另一个是理论层面。

> 老子曰：人主之思，神不驰于胸中，智不出于四域，怀其仁诚之心，甘雨以时，五谷蕃殖，春生夏长，秋收冬藏，月省时考，终岁献贡，养民以公，威厉以诚，法省不烦，教化如神，法宽刑缓，囹圄空虚，天下一俗，莫怀奸心，此圣人之恩也。……圣人事省而治，求寡而赡，不施而仁，不言而信，不求而得，不为而成，怀自然，保至真，抱道推诚，天下从之，如响之应声，影之像形，所修者本也。[①]

操作层面是"怀仁诚之心"，等等；理论层面则主要指"怀自然，保至真，抱道推诚"。当然，能够看出，具体操作层面的要求显然是被统摄于理论层面的，对于"怀自然"、"保至真"、"抱道推诚"的要求还是根本，而这正是道家至高层面的体道和合道论。

综上所述，道家的感应论先是由其体道理论派生而出，逐渐确定了"诚"与"精诚"的概念范畴，"精诚"以"体道"、以"动人心"成为道家感应论的基本外延。而至《文子》，精诚论定型，而且实现了道家理论中的"天人相通"。

[①]　王利器：《文子疏义》，中华书局 2009 年版，第 82—83 页。

二、《吕氏春秋》的感应论

《吕氏春秋》的《应同》、《召类》、《精通》等都是关于以类相从感应论的阐释，显然已经十分系统和深入。

《应同》出自《有始览》，开篇就将天人之间建立起必然的联系："凡帝王者之将兴也，天必先见祥乎下民。"然后列举黄帝、文王等帝王将兴之时的天祥，最后总结道："类固相召，气同则合，声比则应。"《应同》全篇都致力于天人感应的阐释，需要注意的是，其在天人感应的论述中有如下特点：

第一，与传统的类同相召学说的融合。同类相从的学说并不固属于某一家派，在多家学说中均有表述和展现，这一理论应是古人对自然现象的普遍认识。但是天人感应学说的建立却并不简单，《应同》在构建天人感应学说时，用同类相从理论与之融合，使两者之间形成相互支撑。

《应同》讲道："凡帝王者之将兴也，天必先见祥乎下民。"是比较典型的天人感应理论，天和人（帝王）之间有着必然的联系。这种天人感应理论在本篇中实际已与普范的同类相从理论融合，所以，其后文又讲道："类固相召，气同则合，声比则应"。这里，天人之间的感应和万物之间的感应相召弥合为一。所以，《应同》的天人感应论融合了传统的类同相召理论。

第二，五行理论的融合。很明显，任何天人感应学说的构建，都会面临一个问题：天人之间何以感应？《应同》篇显然融入了五行理论："黄帝时天祥现实土气胜，于是黄帝应天而动，其事尚土；大禹时尚木……"等等如此。

说到此，就不得不提及阴阳家邹衍的五德终始论，他以五行金木水火土，象征历史王朝，以五行相生相克解读和预示历史王朝的更迭代兴。《应同》的天人感应论在这一点上明显能看到邹衍学说的影响。而且，《应同》对历代王朝由早到晚依次叙述了黄帝、大禹、汤、文王，五行分别象以土、木、金、火，遵从的五行的相克原理。在说完文王的火德之后，还议论道："代火者必将水，天且先见水气胜，水气胜，故其色尚黑，其事则水。水气至而不知，数备，将徙于土。"从此明显可以看出其遵从的五行相克原理。这与邹衍也是高度一致的。

第三，对于传统命定理论的否定。《应同》讲道：

> 类固相召，气同则合，声比则应。鼓宫而宫动，鼓角而角动。平地注水，水流湿；均薪施火，火就燥；山云草莽，水云鱼鳞，旱云烟火，雨云水波，无不皆类其所生以示人。故以龙致雨，以形逐影。师之所处，必生棘楚。祸福之所自来，众人以为命，安知其所。①

这里对祸福转换无常的理论进行了矫正，认为祸福所来，均有应征。范耕砚说："此言祸福之来，皆由气类召合，各有其故，而众人昧然不知，以为有命。此正纠驳天命之说也。"②他认为这一理论是矫正了天命说。此说有理。这里对祸福无常命定理论的否定，正是基于上文所构建的天人相互感应学说。惯常所认为的人力所不能及的"命"（如福祉、灾异等），因为这一学说找到了人自身的感应诱因，使不可知的"命"向可知可控的人事行为归因。

第四，对人事行为的建议。将人事行为与天祥祸福进行可知性关联，否定了不可知的天命，认为人的某种行为会导致某种祸福天祥。这样就对人的主观行为形成倒逼，也即，如果人不想遭遇不祥灾祸，就应该尽力避免造成灾祥的行为。

基于此，这一学说自然就演变出诸多从属理论，对人、特别是对人君提出了诸多行事行为方面的要求，如多行仁义等。《应同》就讲道："故尧

---

① 陈奇猷：《吕氏春秋新校释》，上海古籍出版社 2002 年版，第 683 页。
② 陈奇猷：《吕氏春秋新校释》，上海古籍出版社 2002 年版，第 690 页。

为善而众善至，桀为非而众非来"，"凡兵之用也，用于利、用于义"。善、利、义等成为重要行为准则。

至于出自《恃君览》的《召类》篇，陈奇猷曾说："本篇与《应同》旨趣全同，文字亦多同。"①《召类》说"爱恶循义，文物有常"，与《应同》一样遵循善、义的准则。后文的历史故事也在阐述类似观点："仁节为功大矣"，"从义断事"。崇仁德、尚贤人成为重要的行为要求。所以，《召类》与《应同》并无二致。

《精通》出自《季秋纪》其主旨在于阐述万物之间以精相通，此篇没有专意于天人之间，但是对人与人之间，人与外物之间的相通感应进行了较为全面的阐释。

首先值得注意的是，本篇中"精"、"诚"、"神"三个概念的同时运用。事物之间（包括人）的感应中介何在？人何以感动外物？从篇名和首段"……精通乎民也"的论述看，《精通》认为万物以"精"相通。虽没有明言为"精气"，但是所指应该是精气，陈奇猷先生就直接将本篇的题旨表述为"此篇言圣人以爱利民为心，与民精气相通"②，是有道理的。这与道家的感应论也是一脉相承的。

本篇在后文中又讲道：

> 养由基射兕，中石，矢乃饮羽，诚乎兕也。伯乐学相马，所见无非马者，诚乎马也。宋之庖丁好解牛，所见无非死牛者，三年而不见生牛，用刀十九年，刃若新磨研，顺其理，诚乎牛也。③

这些事项前后相继出现在同篇《精通》中，这里"诚"显然已经被描

① 陈奇猷：《吕氏春秋新校释》，上海古籍出版社 2002 年版，第 1371 页。
② 陈奇猷：《吕氏春秋新校释》，上海古籍出版社 2002 年版，第 514 页。
③ 陈奇猷：《吕氏春秋新校释》，上海古籍出版社 2002 年版，第 514 页。

述为典型的感应论的概念，这是道家感应论中"精诚"概念的沿承。所列举的三处"诚"中，诚乎牛即本于《庄子·养生主》的"庖丁解牛"。

两处文献意旨所指稍有出入，《精通》强调庖丁"诚"于牛，终致技艺超群（刀刃十九年如新）；《养生主》的故事显然丰满得多，承载的寓意也更多。其中并没有明确提及"诚"的概念，从"解牛初始、三年之后、方今之时"渐进的行文看，作者铺垫更多的是"依乎天理，批大郤，道大窾，因其固然"的高超解牛技艺，是这一技艺让他合道纯熟，刀刃十九年崭新如初。相比之下，"诚"乎牛似乎表达得并不直接。但是，从道家的合道、体道理论看，无论是"诚乎牛"，还是"因其自然"，两者之间没有根本的区别和矛盾。

当然，这一差别也让我们更加明显的看清了道家精诚理论的演进过程。两相对比，《精通》将道家理论融入传统的以类相从理论的意图就十分明显。因为道家之"诚"是较为典型的感应论概念，于是《精通》就直接以"诚"描述庖丁。至于养由基射箭中石、伯乐相马、庖丁解牛不伤刃等合道状态，均被纳入广义的感应，是人的诚使人合道，达到至高境界。正所谓"诚乎此而谕乎彼，感乎己而发乎人"。

所以，《精通》的感应论无论从其概念的沿用、内涵的挖掘还是统摄于体道论之下等方面看，明显脱胎于道家感应论。

其次，需要注意的是，本篇一方面从理论层面阐述万物（包括人）之间以精相通，另一方面也十分强调"圣人南面而立，以爱利民为心"，具有较为明显的对君王的指导和警诫之意。

综上所述，先民基于基本认识而升华出的感应论和道家精诚理论，在《吕氏春秋》中展现出明显的融合态势。其将多重理论学说进行糅合，用以解释和深化传统的同类相从论。而在天人感应这一问题上，则初步形成了与之融合的理论雏形，并以此否定了天命无常，对人事行为形成倒逼，对君王的指导警诫意图显现出来。

三、《淮南子》的感应论

《文子》虽然没有直接否定天命，但是认为圣人"象天而行"。通过"精诚内形"，或者"逆天暴物"，就能使天象感应。天象灾异基本上是可以人为而致的。当然，《文子》也有神秘感，《文子》的神秘感主要涂抹在天人之间感应的中介上，天人之间通过什么感应这个问题，《文子》进行了神秘化处理。

《吕氏春秋》否定命，致力于建立天人之间的直接感应。人的行为和天的感应直接关联，欲使天现吉祥人就可以通过善行实现。其中的神秘倾向显然要轻了许多，将天人感应理论与传统的类同相召理论结合，使这一理论明显具有了可知性。天与人之间，或以气，或以形，或以声同，或以五行生克，或以阴阳属性等产生感应和关联。

《淮南子》建立了天人之间的直接感应，这是应该肯定的。但是它认为物类感应是微妙难知的：

> 夫物类之相应，玄妙深微，知不能论，辩不能解。故东风至而酒湛溢，蚕咡丝而商弦绝，或感之也。画随灰而月运阙，鲸鱼死而彗星出，或动之也。故圣人在位，怀道而不言，泽及万民。君臣乖心，则背谲见于天。神气相应，征矣。故山云草莽，水云鱼鳞，旱云烟火，涔云波水，各象其形类，所以感之。夫阳燧取火于日，方诸取露于月，天地之间，巧历不能举其数，手征忽恍，不能览其光。然以掌握之中，引类于太极之上，而水火可立致者，阴阳同气相动也。此傅说之所以骑辰尾也。①

---

① 陈奇猷：《吕氏春秋新校释》，上海古籍出版社 2002 年版，第 653 页。

这种微妙难知，不仅表现在感应的中介上，更表现在感者与应者两两对应的神秘上，感者与应者的关联是神秘难知的"东风至……"

显然，在这一问题上，《淮南子》更倾向于将感应进行神秘化处理：

> 夫道者，无私就也，无私去也，能者有余，拙者不足，顺之者利，逆之者凶。譬如隋侯之珠，和氏之璧，得之者富，失之者贫。得失之度，深微窈冥，难以知论，不可以辩说也。何以知其然？今夫地黄主属骨，而甘草主生肉之药也，以其属骨，责其生肉，以其生肉，论其属骨，是犹王孙绰之欲倍偏枯之药而欲以生殊死之人，亦可谓失论矣。①

"夫道者，无私就也，无私去也，能者有余，拙者不足，顺之者利，逆之者凶。"一句全袭自《文子》。单从这句看并不属于不可知化的论述。顺天道则利，逆天道则凶。要吉要凶，顺逆可为。但是《淮南子》在引用文子的这段文字之后加了一小段："譬如隋侯之珠，和氏之璧，得之者富，失之者贫。得失之度，深微窈冥，难以知论，不可以辩说也。"而且一整段对这种不可辩说进行了解释。

后文又说："利害之路，祸福之门，不可求而得也。"完全将感应引入神秘的不可知方向。

然而，神秘化并非《淮南子》的目的。其将感应论神秘化，其根本目的还是要将理论导向其所言的"通于太和而持自然之应"②。

所以，《淮南子》承认也渲染了世界万物之间的感应关联，当然也包括天人感应。但是同时又认为这种感应是神秘难知的，其宣扬这种神秘难

---

① 陈奇猷：《吕氏春秋新校释》，上海古籍出版社 2002 年版，第 654 页。
② 陈奇猷：《吕氏春秋新校释》，上海古籍出版社 2002 年版，第 654 页。

知的根本原因不在于其对天人之间何以感应这一问题无从解答，而其真正的目的在于宣扬感应微妙难知，不是智力所及。当然，这就需要从根本上绝圣弃智，"通于太和而持自然之应"，其实就是体道和合道。这才是《览冥训》的真正目的和逻辑理路。

综上所述，作者并没有像《应同》、《召类》一样，从可知论导向对于现实的指导，引导人们、人君多行利民之事，而是通过不可知论导向了对更高层次体道和合道的阐释。这是《吕氏春秋》与《淮南子》感应论的重要区别。

第六章

秦汉杂家的历史地位与贡献

以《吕氏春秋》和《淮南子》为代表的秦汉杂家在思想史、文学史等演进中，都起到了重要的承继创造之功。

第一节　秦汉杂家的文体学价值

先秦两汉时期是诸多文体的孕育发展期，以《吕氏春秋》和《淮南子》为代表的秦汉杂家不仅容纳了丰富广博的思想，也容纳了丰富多样的文体风格，体现出杂家作品更为明显的涵容力。本节主要选取两个方面阐释秦汉杂家的文体学价值，分别是在赋体和连珠体发展中的作用。

一、秦汉杂家与"七体"

在《吕氏春秋》中，单篇文字量超过千字的只有《本味》篇，可谓独领风骚。同时，《本味》篇的行文风格，也与其余篇目有较大差异，可谓独树一帜。与此同时，《本味》篇还有很高的文化含量，涉及许多罕见的名物，《本味》篇还显示出清晰的思路、严密的逻辑，在形象展示美味食材过程中潜藏着抽象思维。《本味》篇与《山海经》有很深的渊源，它借鉴《山海经》的相关记载而又有所超越。

《本味》篇的叙述特征不仅颇异于《吕氏春秋》其他诸篇，而且其对美味食材描写的风格特征亦异于同为先秦作品的《招魂》《大招》（后简称"二招"）。《本味》篇同"二招"共同影响了有汉以来的"七体"赋作的美味食材描写。

《本味》篇列举天下美味，并对这些美味进行类别划分。在《吕氏春秋》一书中，这篇作品所体现的类别划分理念最为明显。除《吕氏春秋》外，《礼记·内则》和《尔雅》也有对相关物类所作的划分，现将三种典籍对相关物品所作的类别划分列表如下：

典籍名称	《吕氏春秋·本味》	《礼记·内则》	《尔雅》
对相关物类的划分	肉之美者	膳	鸟、兽、畜
	鱼之美者		鱼
	菜之美者		草
	和之美者	和	
	饭之美者	饭、羞、食	
	水之美者		水
	果之美者		木
		饮：醴、糟、浆、水	
		酒：清、白	
			虫

从表中可以看出，就类别划分的细致严密而言，《本味》篇与《尔雅》相近，而与《礼记·内则》差别较大。《吕氏春秋》将天下美好食材分为七大类，共40种。各个类别之间不相交叉、重复，每个类别的食材确实属于同一系列，没有超出类别之外者。《尔雅》除了将水单列一类之外，将各种生物划分为七大类，以草、木、虫、鱼、鸟、兽、畜为序，逻辑非常严密，条理极其清晰。其中的鸟、兽、畜可与《本味》篇的肉之美者相对应，其余的鱼、草、水、木则分别与《本味》篇的鱼、菜、水、果四类

一一对应。和《本味》篇及《尔雅》相比，《礼记·内则》的类别划分则不够严格。其中的"膳"包括家畜、飞禽和鱼类的肉，还有芥酱这类调料。其中的"羞"指谷物制品，而"食"则几乎包罗万象。只有调味品"和"、饮料及酒的类别比较清晰。《礼记·内则》与《吕氏春秋·本味》及《尔雅》的这种差异，是由类别划分对象的不同造成的。《本味》篇划分的对象是食材，及作为美食的各种原材料，对它们可以分门别类地进行罗列。《尔雅》划分的对象是各种物产，所涉及的动植物也有约定俗成的类别划分模式。《礼记·内则》却不同，它的划分对象是已经加工制作出来的食物，是人们进餐时所摆放的成品，由此而来，各种物类相互错杂的现象也就在所难免，很难作出清晰的类别划分，各类别之间难免有交叉、错杂。《尔雅》是中国古代第一部字书，作为通用的工具书，必须有严格的类别划分，否则，势必造成混乱，缺乏科学性和权威性。《本味》篇是文学性很强的作品，他对食材所作的类别划分，其严格程度与《尔雅》相近，显示出作者具有严密的逻辑、清晰的理路，在对食材作形象的展开过程中不乏抽象思维的制约。

《礼记·内则》、《尔雅》对上述物类所作的划分，基本上是立足于它们的现实存在，绝大多数是实有之物，而且比较常见。而《本味》篇进行类别划分的四十种食材，则多是稀罕名贵之物，有的在现实中根本不存在，属想象之物。这样一来，《礼记·内则》、《尔雅》与《本味》篇的类别划分又有虚实之别，《本味》篇很大程度上是以想象传说为基础，进行条理清晰的类别划分，形象思维和抽象思维相错杂，艺术想象和逻辑分类兼而有之。

楚辞的《招魂》和《大招》都有对美食的铺陈描写，相比之下，"二招"均无如此明确的食材类别意识。以《招魂》为例：

稻粢穱麦，挐黄粱<u>些</u>。大苦咸酸，辛甘行<u>些</u>。肥牛之腱，臑若芳些。和酸若苦，陈吴羹些。腼鳖炮羔，有柘浆些。鹄酸臇凫，煎鸿鸧些。露鸡臛蠵，厉而不爽些。粔籹蜜饵，有餦餭些。瑶浆蜜勺，实羽觞些。挫糟冻饮，酎清凉些。华酌既陈，有琼浆些。归来反故室，敬而无妨些。①

其中先后分别涉及五谷（饭）、五味（和）、肥牛（肉）、汤、腼鳖炮羔（肉）、鹄酸臇凫（肉）、饭、饮料。可见，对于所用的食材并没有清晰的分类，没有将同类食材进行规整，而是将各种食材和美味交错罗列。

与《本味》清晰的叙述层次相比，《招魂》显得极为杂糅。以《招魂》为例，便至少糅合了如下几种叙述方式：（1）食材＋烹调手法＋口味。如"肥牛之腱，臑若芳些"，"肥牛之腱"为食材；"臑"即"熟烂"②，也就是将之炖熟烂，可视为烹调手法；而"芳"则是对口味的描述。（2）食材＋烹调手法。如"腼鳖炮羔，有柘浆些"，"腼"、"炮"均为烹调手段，"鳖"、"羔"、"柘浆"则为食材。"鳖"、"羔"都是烹调过的，而且又合同柘浆一同食用，又可视为一种进食之法。（3）糅合众食材和众味。如"稻粢穱麦，挐黄粱些"、"大苦咸酸，辛甘行些"。《招魂》多描述特殊的烹调手法和吃食之法，以及带来的特殊口感。所以严格说来，《招魂》的叙述并非罗列食材，也并非单纯铺陈烹饪之法，而是食材、烹饪和口味的糅合叙述。

同时也应看到，《本味》所列食材于类别也最为详尽，共有七大类40种。基本涵盖了当时美味食材的全部类别。"二招"及早期"七体"赋作鲜有完全涵盖者。如《招魂》所列即不涵盖"菜之美者"、"果之美者"和"鱼之美者"；《大招》不涵"鱼之美者"和"果之美者"。无怪清代翟灏有感："……尹说汤以至味，极论水火调剂之事，周举天下鱼肉之美，菜果

① 洪兴祖：《楚辞补注》，凤凰出版传媒集团2007年版，第184页。
② 洪兴祖：《楚辞补注》，凤凰出版传媒集团2007年版，第184页。

之美，和之美，饭之美，水之美者，而云'非为天子不得具'割烹要汤之说，无如此篇之详尽者。……"①

《本味》罗列食材有特定的方式，即根据食材的属性系列出示，强调食材的特定属性。如"猩猩之唇，獾獾之炙，隽觾之翠，述荡之，旄象之约"，列出的是这些动物的特定部位，突出食材的稀奇与珍贵。

除上述 5 种食材外，《本味》的其他 35 种食材中有 32 种② 均突出了产地属性，即产自特殊产地的食材，如"玄山之禾。不周之粟。阳山之穄。南海之糜"、"洞庭之鱄，东海之鲕"等。

当然除产地属性外，有时还会同时叙述其他属性，如："流沙之西，丹山之南，有凤之丸，沃民所食"。除产地属性外，"沃民所食"表明其特定受众。"醴水之鱼，名曰朱鳖，六足，有珠百碧。藋水之鱼，名曰鳐，其状若鲤而有翼，常从西海夜飞，游于东海。"除产地属性外，还交代其性状、习性。

《本味》突出产地属性，突出了食材的稀奇与难得。原因在于这些产地不仅挥斥域内而且还极四方之远，甚至为虚幻乌有之地。综观 32 种食材，共有 30 处产地（云梦和昆仑各出现两次），这些产地大致有如下三种类型：

第一类，域内之地与实有之地。

"洞庭"、"东海"、"云梦（两次）"。"具区"，《吕氏春秋·有始览》列其为宇内"九薮"之一。"阳朴"，虽不十分具体，但高诱认为在蜀郡，姑认为实有。"大夏"，虽不具体，陈奇猷认为本属晋地。另外还有"南海"、"江浦"、"汉上"也为实有。这类产地共有 9 处，基本可视为域内实有或可能实有之地。

---

① 王利器：《吕氏春秋注疏》，巴蜀书社 2002 年版，第 1379 页。
② 三种没有突出产地的是："菜之美者"之"寿木之华"，"和之美者"之"鳢鲔之醢"，和"果之美者"之"沙棠之实"。

第二类，袭自《山海经》者。

《本味》罗列食材与《山海经》关系甚密，34 种食材产地中可以确定直接袭自《山海经》的有："醴水（朱鳖）"、"崑崙（蘋和井两处）"、"藋水（鳐）"、"阳华（芸）"、"招摇（桂）"、"不周（粟）"、"阳山（穄）"、"高泉之山"（具体情况参看下文表）共 8 处。

不见于它处，而见于《山海经》者，如"长泽（卵）"和"中容之国（赤木、玄木）"不见它处仅见《山海经》；"流沙之西，丹山之南（有凤之丸）"，其"有凤之丸"可确定袭自《山海经》，但此产地有出入，此地名于《山海经》它处亦可见；"指姑之东，青鸟之所"其"青鸟之所"可见于《山海经·大荒东经》。这 4 处可看作借自《山海经》。

第三类：虚幻乌有之地。这类产地或者幽隐难考，或者纯为虚构。

幽隐难考者有："沮江之丘"；"余瞀之南，南极之崖"之"余瞀之南"；"浸渊（土英）"；"宰揭（露）"（不详）；"玄山（禾）"（不详）；"三危（露）"（高诱认为西极山名，但具体难考）；"曰山（水）"（不详）"越骆（菌）"（高诱认为国名，但具体难考）。共 8 处确所指不明，至今难考。

而"常山之北，投渊之上"，不见其他文献。"余瞀之南，南极之崖"之"南极之崖"则为虚构。而"流沙之西，丹山之南"若按照高诱解释"流沙"在"敦煌西八百里"，"丹山"在"南方"，则此地实在不能确定是在西亦或在南方，实无确定方位。实际上，这是对于不确定地理位置的惯常表述方式，如《列子·黄帝》虚造一"华胥氏之国"，位于"弇州之西，台州之北，不知斯齐国几千万里；盖非舟车足力之所及，神游而已"[1]。《淮南子·地形训》说："正西弇州曰并土……西北台州曰肥土"[2]。则《黄帝》篇所说的国度在"弇州之西，台州之北"，是在极西的西边，在极西北的北

[1] 杨伯峻：《列子集释》，中华书局 1979 年版，第 41 页。
[2] 《淮南子》卷四，见《诸子集成》第七册，中华书局 1954 年版，第 55 页。

边，实在没有一个确定的方位，其无非在于显示其为至远之地。此处有同工之妙。

以上解析难免不尽之处，但仍不难看出，这些产地体现了两个明显的特征：一是虚幻与幽隐，二是极四方之远。

第一类基本可以确定为实地（约不足 30%），袭自《山海经》者大约40%，而幽隐虚幻之地则占约 30%。

《本味》篇承袭《山海经》实非以可信之史视之。其对"有凤之丸"、"蘀水之鳐"和"醴水朱鳖"附属属性的罗列，是有意重复《山海经》物产的奇异，目的是渲染食材之稀奇。同时，作者有意对《山海经》物产进行变名处理，没有严格缘本《山海经》。这些都能证明《本味》是以博物之书看待《山海经》，其借《山海经》之物产无非在于广列食材、渲染稀奇、逞现才华，以增强行文的感染力。所以，在一定程度上可以说，《本味》产地借自《山海经》者，无论其实有与否，《本味》篇的作者均非以实地视之。

这样，后两类产地共占了 70%。基本可以认为《本味》食材的产地除了极少几个可以确定之外，多半是虚幻难知、幽隐不定的。或者说，多半产地作者并非以实地视之。有的出示大致方位，有的则并不清晰。

而从大致方位看，属于西方的有："流沙之西，丹山之南"之"流沙之西"（见于《大荒西经》）、"蘀水"（见于《西山经》）、"崑崙"（见云《西山经》、《海内西经》）、"大夏"、"不周"（见于《西山经》）、"三危"。以上共计 6 处。

东方者如："东海"、"箕山之东，青鸟之所"（见于《大荒东经》）、"醴水"（见于《东山经》）。以上共计 3 处。

南方者："流沙之西，丹山之南"之"丹山之南"、"洞庭"、"余瞀之南，南极之崖"、"云梦"、"具区"、"阳樸"、"招摇"（见于《南山经》）；"江浦"、"汉上"。以上共计 9 处。

北方者："长泽"（见于《北山经》），仅 1 处。

中部者："高泉之山"（见于《中山经》）、"阳华"（见于《中山经》），以上计 2 处。其中，"阳山"见于《北山经》又见于《中山经》，"曰山"等未详。很显然，这些产地在四方和中部均有分布，而西方和南方出现最多。从大致范围看，南方远达"南极"，西方远至"流沙之西"，东方极"青岛之所"，北方至于"长泽"。可谓遍及域内，远达四极。

从《本味》行文看，作者为了突出产地的驰骋、挥斥，在一定程度上避免了同一方向的产地过多地罗列在一处，使得行文更具西北东南四方游走驰骋的阅读效果。如"菜之美者"共 8 处产地，先后分别为：崑崙——寿木（崑崙）——指姑之东，中容之国——余瞀之南，南极之崖——阳华——云梦——具区——浸渊。大致方位次序为：西——西——东——南——中——南——南——未详。又如"饭之美者"共 4 处产地，先后分别为：玄山——不周——阳山——南海，大致方位次序为：未详——西——北——南。纵观《本味》篇行文，其在一定程度上顾及同一空间的方位特征，但是又没有按规则将各方位进行规整排列，这样就造成了四方游移驰骋的效果。其中一个重要原因在于，伊尹说汤在于劝诫其为天子、得天下，这样广大范围的地域自然只有天子可得。

但无论如何，《本味》篇食材的产地多半虚幻难定，而且有意极四方之远。这除了使产地本身具有虚幻驰骋的特点之外，无疑还强调了食材的难得与稀奇。

除了利用产地属性外，食材的其他属性同样也突出其稀奇与难得。

"醴水之鱼，名曰朱鳖，六足，有珠百碧。""藿水之鱼，名曰鳐，其状若鲤而有翼，常从西海夜飞，游于东海。""余瞀之南，南极之崖，有菜，其名曰嘉树，其色若碧。"这是描写食材的性状属性。而"常山之北，投渊之上，有百果焉，群帝所食"和"流沙之西，丹山之南，有凤之丸，沃民所食"则是指出受众属性。从性状属性看，鱼"六足"、"有翼"实属罕见，甚或虚构；而"沃民"为《大荒西经》所谓"有沃之国"的国民，他和"群帝"

同属非凡。所以，这些附属属性突出的也是食材的难得、稀奇甚至奇异。

最后，作者为了进一步渲染食材的难得，还提供了特殊的摄取方式："所以致之，（马之美）① 者，青龙之匹，遗风之乘。"《周礼》曰"八尺以上为龙"，"遗风"高诱认为"行迅"者，允当。必须如此优异之马匹方可摄取这些食材，突出的是食材之难得。

"七体"赋作描写音乐、饮食、车马、田猎等具有劝诫或招隐的功能，"七体"赋作一般均涉及饮食描写。从现存文献看，先后有西汉枚乘《七发》、东汉傅毅《七激》、张衡《七辩》、崔骃《七依》、李尤《七叹》、桓麟《七说》、桓彬《七设》、三国曹植《七启》、王粲《七释》、刘劭《七华》，晋傅玄《七谟》、陆机《七微》、张协《七命》、湛方生《七欢》、梁萧纲《七励》、萧统《七契》、何逊《七召》等，共 17 种作品在饮食描写方面保存较为完整，可资探索。

纵观先唐 17 篇"七体"赋作的饮食描写，大致可以分为如下四个阶段：第一阶段，饮食描写的初创，即枚乘《七发》。主要受到"二招"影响。"七体"赋作惟《七发》最早，亦是西汉仅有之作。其曰：

> 雏牛之腴，菜以笋蒲。肥狗之和，冒以山肤。楚苗之食，安胡之饭。抟之不解，一啜而散。于是使伊尹煎熬，易牙调和。熊蹯之臑，勺药之酱。薄耆之炙，鲜鲤之胎。秋黄之苏，白露之茹。兰英之酒，酌以涤口。山梁之餐，豢豹之胎。小饭大啜，如汤沃雪。此亦天下之至美也……②

可以看出，《七发》的基调和风格主要承自"二招"，其描写重实写而

---

① 俞樾认为"马之美"三字为衍文，至确。见陈奇猷：《吕氏春秋新校释》，上海古籍出版社 2002 年版，第 770 页。

② 严可均：《全汉文》，中华书局 1958 年版，第 238 页。

非虚写。其所列美味和食材没有通过产地及其他属性突出其难得与稀奇，更没有虚构和虚写。渲染的成分很少，而实写的倾向十分明显。

其开头至"抟之不解，一啜而散"为调和美味的罗列，"易牙调和"之后为食材的罗列，较之"二招"更条理清晰。这一点更像《本味》篇。但是总体看，其铺陈、实写的特征却没有变化，受"二招"影响的痕迹更为明显。

第二阶段，承源接流、广意探索。主要为东汉时期作品。

这时期的作品"承其（《七发》）流而作之"，《七发》的影响无疑是巨大的。但是从这一阶段的作品中亦能看出，"七体"并没有单承一流，而是在风格等诸方面也明显表现出对《本味》篇这一源头的承袭，表现出与《七发》较为不同的风格特征。这类作品以傅毅《七激》、崔骃《七依》为代表。

傅毅《七激》曰：

> 玄通子曰：单极滋味，嘉旨之膳。刍豢常珍，庶差异馔。鸟鸿之羹，粉梁之饭。泲养之鱼，脍其鲤鲂。分毫之割，纤如发芒。散如绝谷，积如委红。芳甘百品，并仰累重。异珍殊味，厥和不同。既食日晏，乃进夫雍州之梨。出于丽阴，下生芝隰，上托桂林，甘露润其叶，醴泉渐其根。脆不抗齿，在口流液。握之摧沮，批之离圻。可以解烦悁，悦心意。子能起而食之乎？①

这段描写除了铺陈的特点之外，还有如下特征：（1）虚写。"单极滋味，嘉旨之膳。刍豢常珍，庶差异馔。"以及"芳甘百品，并仰累重。异珍殊味，厥和不同"。叙写食材之多之美，但是其绝非实写罗列，属于虚

---

① 严可均：《全后汉文》，中华书局 1958 年版，第 706 页。

写。（2）渲染食材之难得与稀奇。"既食日晏，乃进夫雍州之梨。出于丽阴，下生芷隰，上托桂林，甘露润其叶，醴泉渐其根。"如果说产地属性"雍州"不足以突出其稀奇，则其附属的"出于丽阴，下生芷隰，上托桂林，甘露润其叶，醴泉渐其根"。明显是在渲染食材的稀奇。（3）其对口味的渲染也明显脱离了铺陈口吻。"脆不抗齿，在口流液。握之摧沮，批之离坼。可以解烦悁，悦心意。"特别是"可以解烦悁，悦心意"已经不是单纯的口味描写，而是渲染其神奇功效。这多为后之"七体"所沿承。

若结合崔骃《七依》，就会看到《本味》篇的影响更加直接：

> 客曰：乃导玄山之粱，不周之稻。万繫百陶，精细如蚁，耆以絺绤，砥以柔韦。雍人调膳，展选百味。驾夫遗风之乘，游骐之騑，适靡四海，撮珍○○（已逸），洞庭之鲋，灌水之鳐，丹山凤卵，粤泽龙胎，炊以○栱之薪，○○○○○○，滋以阳朴之薑，蓛以寿木之华，齰以大夏之盐，酢以越裳之梅，○中鼋○，膳史信羹，甘酸得适，齐和有方，木酪昌菹，炰酒苏浆，成汤不及见，桓公所未尝。①

显见，其食材直接借自《本味》篇者共 8 处，分别为"玄山之粱"、"不周之稻"、"洞庭之鲋"、"灌水之鳐"、"丹山凤卵"、"阳朴之薑"、"寿木之华"、"大厦之盐"。而"驾夫遗风之乘，游骐之騑"则借自《本味》篇的"所以致之，（马之美）者，青龙之匹，遗风之乘。"

《七依》的叙述除了虚写渲染如"万繫百陶，精细如蚁"外，其风格特征主要表现在，着意渲染食材之稀奇难得，有较为明显的虚构倾向。从《本味》篇借用的 8 处均具产地属性，另外，"玄山之粱"、"不周之稻"、"灌水之鳐"、"丹山凤卵"等与《本味》篇一样具有虚构特征；"驾夫遗风之乘，

---

① 严可均：《全后汉文》，中华书局 1958 年版，第 714 页。

游骐之䰽"与《本味》篇有异曲同工之妙，也是用摄取之法渲染食材的难得。而文末的"成汤不及见，桓公所未尝"则鲜明地表示出其重要的意图：有意渲染这些食材比《本味》篇之食材更为稀奇难得。因为《本味》篇的食材实际上隐含者一种含义，就是成汤得为天子即可拥有，但是本文描述为"成汤不及见"，则意图在于显示这些食材比《本味》篇所列的更为难得。

从《七激》到《七依》，《本味》篇的影响渐次明显。而与此同时，"七体"还表现出新的发展迹象，展现出本时期"广意探索"的特点。代表作品为李尤《七叹》：

> 梁王青黎，卢橘是生。白华绿叶，扶疏冬荣。与时代序，孰不堕零。黄景炫炫，眩林曜封。金衣朱里，班理内充。滋味伟异，淫乐无穷。副以苔蔗，丰弘诞节。纤液玉津，旨于饴蜜。①

此文有散佚，但仅凭剩余文篇也可看出，本文除了具有虚写特征如"纤液玉津，旨于饴蜜"之外，最为明显的特征是对食材进行措辞摘采的细致雕画。"白华绿叶，扶疏冬荣。与时代序，孰不堕零。黄景炫炫，眩林曜封。金衣朱里，班理内充。滋味伟异，淫乐无穷。"洋洋洒洒所占篇幅一半有余，而其描绘对象却只是卢橘而已。这段文字从卢橘的色彩枝叶、神态风韵、时候特性、机理结构、滋味功效等多个方面进行了全面雕画，可谓不厌其烦，这为之前的"七体"作品所未曾有。《七叹》表现出较为明显的措辞摘采的特征，意味着"七体"作品在继承《本味》虚写、虚构渲染风格的基础上，具有了进一步追求文学性的特征，预示着未来"七体"发展的新方向。

第三阶段，文学性进一步加强，也是该题材文学性全面展开之前的

---

① 严可均：《全后汉文》，中华书局 1958 年版，第 747 页。

过渡期。以曹植《七启》为代表，包括王粲《七释》、刘劭《七华》。虽然陆机《七微》和傅玄《七谟》各有发展，但是仍可纳入这个阶段。《七启》曰：

> 镜机子曰："芳菰精粺，霜蓄露葵。玄熊素肤，肥豢脓肌。蝉翼之割，剖纤析微。累如叠縠，离若散雪。轻随风飞，刃不转切。山鶏斥鷃，珠翠之珍。寒芳苓之巢龟，脍西海之飞鳞。臛江东之潜鼍，腾汉南之鸣鹑。糅以芳酸，甘和既醇。玄冥适咸，蓐收调辛。紫兰丹椒，施和必节。滋味既殊，遗芳射越。乃有春清缥酒，康狄所营。应化则变，感气而成。弹徵则苦发，叩宫则甘生。于是盛以翠樽，酌以雕觞。浮蚁鼎沸，酷烈馨香。可以和神，可以娱肠。此肴馔之妙也，子能从我而食之乎？"玄微子曰："予甘藜藿，未暇此食也。"①

《七启》一方面仍表现出虚写渲染的特征。如对烹调手法的渲染："蝉翼之割，剖纤析微。累如叠縠，离若散雪。轻随风飞，刃不转切。"真可谓出神入化、精妙绝伦。比之《七激》之"分毫之割，纤如发芒"，更具传奇特征。而"应化则变，感气而成。弹徵则苦发，叩宫则甘生"则是在《本味》对烹调精妙之道的虚化渲染的基础上的进一步生发，这正是得道的外现。沟通五音与五味，正与《列子·汤问》之"师文学琴"的得道境界有异曲同工之妙：

> 于是当春而叩商弦以召南吕，凉风忽至，草木成实。及秋而叩角弦，以激夹钟，温风徐回，草木发荣。当夏而叩羽弦以召黄钟，霜雪交下，川池暴沍。及冬而叩徵弦以激蕤宾，阳光炽烈，坚冰立散。将

---

① 严可均：《全三国文》，中华书局1958年版，第1142页。

终，命宫而总四弦，则景风翔，庆云浮，甘露降，澧泉涌。①

这是对《本味》所言的"射御之道"和"口弗能言"的进一步生发。

另一方面，其在文学性的追求上有了进一步的发展。表现在：

第一，对仗性加强。其实，对仗的特点从《七发》就有所表现，但其罗列铺陈的特征更为明显。以至《七激》、《七依》其对仗特征表现仍不明显。《七叹》在对卢橘进行刻画时对仗特征表现得较为明显，但是毕竟有所散佚，不能窥见全貌，不宜判断。而《七启》现存完整，为我们呈现出十分明显的对仗语言。除了食材的对仗性罗列之外，本文还有谓语动词、定语、状语、名词等多种句式的对仗。如"寒芳苓之巢龟，脍西海之飞鳞。曜江东之潜鼍，腾汉南之鸣鹑"、"累如叠縠，离若散雪"等。全文句子上下成对，正文 18 句，对仗句就有 9 句之多，占 50%。

陆机《七微》的对仗性更加鲜明。正文 14 句，除起始句"奇膳玉食，穷滋致丰"、"神皋奇稼，嘉禾之穗。含滋发馨，素颖玉锐"和"云沸渊涌，秋醪春酒"4 句外，其余 10 句均为对仗句式，占 71%。比之《七启》的 50% 又有大幅提高。

第二，韵律感增强。《七发》、《七激》、《七依》押韵句出现较为偶然。《七叹》中对"卢橘"刻画句子具有明显的押韵特征："白华绿叶，扶疏冬荣。与时代序，孰不堕零。黄景炫炫，眩林曜封。金衣朱里，班理内充。滋味伟异，淫乐无穷。"而《七启》则表现更为明显。诸如"累如叠縠，离若散雪。轻随风飞，刀不转切"，"乃有春清缥酒，康狄所营。应化则变，感气而成。弹徵则苦发，叩宫则甘生"，已经可以算作朗朗上口。而"山鸡斥鷃，珠翠之珍。寒芳苓之巢龟，脍西海之飞鳞。曜江东之潜鼍，腾汉南之鸣鹑。糁以芳酸，甘和既醇。玄冥适咸，蓐收调辛"，更是一韵贯串 5

① 杨伯峻：《列子集释》，中华书局 1979 年版，第 176—177 页。

句，韵律感极强，绝非前作可比。而全文 18 句，有押韵的句子有 14 句，占 78%。韵脚转换 5 次。

第四阶段，执意文学，全面开拓。自晋代以来的"七体"创作，在文学性上得到全面发展。陆机《七微》在对仗性上已大有发展，但大开局面者当以张协《七命》更为鲜明，梁萧纲《七励》也属此期。张协《七命》曰：

> 大夫曰：大梁之黍，琼山之禾，唐稷播其根，农帝尝其华。尔乃六禽殊珍，四膳异肴，穷海之错，极陆之毛，伊公爨鼎，庖子挥刀味重九沸，和兼勺药，晨凫露鹄，霜黄雀，圆案星乱，方丈华错。封熊之蹯，翰音之跖，鹴髀猩唇，髦残象白，灵渊之龟，莱黄之鲐，丹穴之鹦，玄豹之胎，以秋橙，以春梅，接以商王之箸，承以帝辛之杯。范公之鳞，出自九溪，尾丹鳃，紫翼青鬐。尔乃命支离，飞霜锷，红肌绮散，素肤雪落，娄子之豪不能厕其细，秋蝉之翼不足拟其薄。繁肴既阕，亦有寒羞。商山之果，汉皋之榛，析龙眼之房，剖椰子之壳。芳旨万选，承意代奏。乃有荆南乌程、豫北竹叶，浮蚁星沸，飞华接，玄石尝其味，仪氏进其法，倾罍一朝，可以流湎千日，单醪投川，可使三军告捷。斯人神之所歆羡，观听之所炜晔也。子岂能强起而御之乎？[1]

单从篇幅规模看，其已显著扩展。前代"七体"规模较大的如《七启》的美食描写约为 200 字，而此篇达 340 余字，更是《七激》、《七依》等所不及。

其主要原因还在于《七命》在文学性上的全面发展。

首先，其描写范围和食材尽量全面。纵观全文，其依次描写的对象至

---

[1] 严可均：《全晋文》，中华书局 1958 年版，第 1954 页。

少有饭、肉、烹调之人、和、肉、食器（商王之箸、帝辛之杯）、鱼、烹调技艺、饮料、果、味共 11 项，涉及食材约 28 种。前代"七体"《七启》属较为全面者，而《七启》先后涉及饭、肉、烹调技艺、肉、鱼、和、饮料、味、食器共 9 项，食材约 20 种。虽相差不远，但足以说明《七命》在食材的种类与数量上是尽力保持全面的。

其次，《七命》更加注重渲染和修饰。

问题在于，《七命》比之《七启》食材种类和数量虽占优势，但是毕竟相差未多。而何以有篇幅规模的较大差距（字数上《七命》比《七启》多 70%），其原因并不仅在于《七命》多写了几种食材，更是丰富的渲染修饰达到的效果。

此前"七体"重修饰和渲染之处一般集中在烹饪技巧和口味两个方面。如《七启》对烹饪技巧的渲染："蝉翼之割，剖纤析微。累如叠縠，离若散雪。轻随风飞，刃不转切"；王粲《七释》："名工砥锷，因皮却切。纤而不茹，纷若红縩"；傅玄《七谟》："忽游水而长引，进飞羽之薄衍，细如蜀蠺之绪，靡如鲁缟之线，朕锦肤，脔斑胎。飞刀浮切，豪分缕解，流采成文。烨若红绮，动从风聚，散如雾委"。

《七命》同样也有对烹饪技巧的渲染："尔乃命支离，飞霜锷，红肌绮散，素肤雪落，娄子之豪不能厕其细，秋蝉之翼不足拟其薄。"

对口味的渲染，如《七启》："应化则变，感气而成。弹徵则苦发，叩宫则甘生。于是盛以翠樽，酌以雕觞。浮蚁鼎沸，酷烈馨香。可以和神，可以娱肠"；《七释》："参糅相半。软滑膏润，入口流散"；《七谟》："○○○○，逸味横生"。

《七命》则曰："浮蚁星沸，飞华接，玄石尝其味，仪氏进其法，倾罍一朝，可以流湎千日，单醪投川，可使三军告捷。斯人神之所歆羡，观听之所炜晔也。"可谓更加神奇。

除了对口味与烹饪技艺的渲染之外，这一时期的"七体"作品在对食材的渲染上也大大发展。《七命》"唐稷播其根，农帝尝其华"是对"大梁之黍，琼山之禾"的修饰；"尾丹鳃，紫翼青锷"是对"范公之鳞"的描述。不仅使食材的性状更加详尽具体，而且突出了食材的稀奇难得，其渲染和虚构并不限于产地罗列。梁何逊《七召》于此贡献尤为明显，其笔下之食材，大多被修饰、夸张甚至虚构以多种属性："蔗有盈丈之名，桃表兼斤之实。杏积魏国之贡，菱为钜野所出，衡曲黄梨，汶垂苍粟，陇西白榛，相南朱橘。荔枝沙棠，蒲萄石蜜。瓜称素腕之美，枣有细腰之质。"其既有产地属性，又有性状属性。其对性状的描绘明显具有夸张和虚构的特点，"盈丈"之蔗，"兼斤"之桃，"瓜称素腕之美，枣有细腰之质"更以人之美质以喻其精美达到极致。

除此之外，句式对仗和韵律感已经成为此时期"七体"的基本特征。这些表明，本时期的"七体"创作已经在文学性上进行了全面的开拓。

《本味》篇和"二招"作为先秦时期最早进行美味食材描写的文学作品，在风格上有着较为明显的差异。《本味》篇更重视虚写、"二招"更重实写；《本味》篇更重渲染、"二招"更重铺陈。

"七体"创作自《七发》始，在风格特征上主要受"二招"之影响。但东汉以来，"七体"受《本味》篇影响之痕迹愈见明显，如《七依》则直接袭借《本味》篇，重视渲染食材之稀奇、重视虚写和渲染。东汉时期有的作品还表现出对文学性的进一步追求。经过曹植《七启》等的过渡发展，"七体"虚构食材、渲染食材之稀奇，夸张、句式对仗、押韵等手法无所不用。实写和铺陈虽仍有出现，但已非"七体"本事。"七体"以实写铺陈开端，逐渐走上了一条重渲染、重逞才的道路，其中《本味》篇的开启之功和影响不可小视。

二、秦汉杂家与连珠体

连珠体是多部古代文论、目录等都曾明确记载的一种文体，《文选》、《文心雕龙》、《文体明辨》等均有记载。

从连珠文的发展历程看，汉代扬雄当是此体的创始者，历经班固、蔡邕等，至六朝蔚为大观。为了展示这两篇与此体的关联，这里仅就唐前此体的实际情况作一梳理。

扬雄是连珠体的创始者，传世的代表作品《连珠》有如下二章：

> 臣闻：明君取士，贵拔众之所遗。忠臣荐善，不废格而所排。是以岩穴无隙，而侧陋章显也。
>
> 臣闻：天下有三乐，有三忧焉。阴阳和调，四时不忒，年丰物遂，无有夭折，灾害不生，兵戎不作。天下之乐也。圣明在上，禄不遗贤，罚不偏罪，君子小人，各处其位。众人之乐也。吏不苟暴，役赋不重，财力不伤，安土乐业。民之乐也。乱则反焉，故有三忧。①

这是现存最早的连珠文，有着典型的初期特征。首先，第一章有明显的骈偶对仗格式。前两句属四六对仗，后一句属句内对仗。第二章总体属排比格式，列举三乐。多处有骈偶特征，如"阴阳和调，四时不忒"、"灾害不生，兵戎不作"等，但是也必须承认这一章有不少成分溢出于这种骈偶结构之外，不算十分工整。另外，部分句子还有押韵特征。如"阴阳和调，四时不忒，年丰物遂，无有夭折，灾害不生，兵戎不作"，读上去朗朗上口。

---

① 严可均辑：《全汉文》，见《全上古三代秦汉三国六朝文》，中华书局1958年版，第416页。

其次，内容具有典型的规劝性。

再次，属典型的结论性连珠，并没有假借比喻、类比、典故和具体事象以说理，是结论的直接罗列。

最后，押韵特征时有时无，骈偶对仗明显的章节押韵不明显，骈偶对仗不明显的押韵则比较明显。

班固有连珠文五章，引录如下：

> 臣闻：公输爱其斧，故能妙其巧；明主贵其士，故能成其治。
>
> 臣闻：良将度其材而成大厦；明主器其士而建功业。
>
> 臣闻：听决价而资玉者，无楚和之名；因近习而取士者，无伯玉之功。故玙璠之为宝，非驵侩之术；伊吕之为佐，非左右之旧。
>
> 臣闻：鸾凤养六翮以凌云，帝王乘英雄以济民。《易》曰鸿渐于陆，其羽可用为仪。
>
> 臣闻：马伏皁而不用，则驽与良而为群；士齐儓而不职，则贤与愚而不分。①

班固的五章连珠文明显展现出如下特征。首先，班固连珠突破了一章独行，而变为多章集合。其次，对仗仍然是最为显著的特征，这基本成为班固连珠文的常态。其中第一、五章句式结构为"ab—ab"式，第二章为"a—a"式。这两种均可统称为"A—A"式对仗，即上下两句形成对仗。第三章结构则更为复杂，属"A—A 故 B—B"式。是对"A—A"式的扩展，与扬雄《连珠》第一章属同类。第四章当然也是对"A—A"式的扩展，但《易》曰鸿渐于陆，其羽可用为仪"无疑属溢出这种骈偶对仗结构的成分。

---

① 张溥辑、白静生注：《班兰台集校注》，中州古籍出版社 2002 年版，第 111 页。

再次，仍具有典型的规劝之义。

第四，已经摆脱了单纯的结论性连珠，五章连珠文无一用到类似扬雄的单纯结论的罗列，类比、比喻成为其说理常态。其所用的具象则既有浓缩的历史典故，也有自然现象、生活常识等一般具象。其中用及典故的有第一、三章。最后，除最后一章押韵外，其余章节押韵仍不明显。

至汉末六朝，连珠文蔚为大观。不仅《文心雕龙》、《文选》等著作独列其体，显示彼时理论家对这一文体的关注，而且创作者与作品亦云起。如蔡邕有《广连珠》、王粲有《做连珠》、陆机有《演连珠》、庾信有《拟连珠》等。从题目看，这些连珠文应是承续前人，仿效演绎。但从文本看，这些连珠文显然又有了全新的进展。篇幅章节明显扩展，有的连珠文扩展至十几章，甚至几十章。如《拟连珠》44 章、《演连珠》则长达 50 章。试看晋陆机《演连珠》：

> 臣闻：日薄星迴，穹天所以纪物；山盈川冲，后土所以播气。五行错而致用，四时违而成岁。是以百官恪居，以赴八音之离；明君执契，以要克谐之会。

> 臣闻：任重于力，才尽则困；用广其器，应博则凶。是以物胜权而衡殆，形过镜则照穷。故明主程才以效业，贞臣底力而辞丰。①

梁沈约《连珠》：

> 臣闻：烈风虽震，不断蔓草之根，朽壤诚微，遂贯崇山之峭。是以一夫不佳，威于赫怒；千乘必致，亡于巧笑。

---

① 严可均辑：《全晋文》，见《全上古三代秦汉三国六朝文》，中华书局 1958 年版，第 2026 页。

臣闻：鸣籁受响，非有志于要风；涓流长迈，宁厝心于归海。是以万窍怒号，不叩而感应。百川是纳，用卑而为宰。①

骈偶对仗逐渐成为此时连珠文的典型特征，特别是四六句式的骈偶应用基本成为常态。沈约现存的第二章连珠更是四六骈偶的排比运用，在工整性和形式美上更上一个台阶。从句式结构看，其对扬雄、班固所用的主要句式结构又有所发展。所见形态除旧有的"A—A，是以 B—B"（如上引沈约文）外，还出现了："A—A，B—B，是以 C—C"（如上引陆机文第一章）、"A—A，是以 B—B，故 C—C"（如上引陆机文第二章）结构。无论何种形态，这时的连珠文已基本没有溢出骈偶结构的内容，"是以"也成为连接前后的重要纽带，成为连珠文得以扩展的重要契机。"是以"之前侧重在比喻、类比，之后则侧重于阐明道理，在内容扩展的同时体现出一定的层次性。

庾信是连珠文发展史一大转折，其《拟连珠》共 44 章，其中二章曰：

盖闻：经天纬地之才，拔山超海之力。战阵勇于风飙，谋谟出乎胸臆。斩长鲸之鳞，截飞虎之翼。是以一怒而诸侯惧，安居而天下息。

盖闻：萧曹赞务，雄略所资。鲁卫前驱，威风所假。是以黄池之会，可以争长诸侯，鸿沟之盟，可以中分天下。②

庾信将"臣闻"改为"盖闻"，意味着其内容不再局限于臣对君主之

---

① 严可均辑：《全梁文》，见《全上古三代秦汉三国六朝文》，中华书局 1958 年版，第 3127 页。

② 严可均辑：《全后周文》，见《全上古三代秦汉三国六朝文》，中华书局 1958 年版，第 3937—3939 页。

明理规劝。观其实际，44 章连珠文所涉范围极为广泛，突破了之前多从君主治国明理的套路。很多章节明理意图也不明显，更类于事实罗列和陈述。如上引第一章，大段对仗罗列雄才大略，"是以"之后也并不见明显的规劝意图。这些连珠章节所胜在于其铺陈华美的形式，骈偶对仗以至排比堪称极致，精炼而又恢宏，甚至出现了如上引第一章的"A—A，B—B，C—C，是以 D—D"这样的句式结构。同时，其押韵特征也已经十分明显，如上引第一章，读上去朗朗上口，韵味十足。从所用具象看，庾信 44 章连珠文有三十多首用及典故，浓缩型典故已是其重要构件。

综观唐前连珠文的发展，可以看出连珠体的核心特征。

首先，扬雄发端的连珠体虽只余两章，但是从班固开始，多章集合成为文体常态。

其次，扬雄发端的连珠体虽属结论性连珠，但是自班固开始，借助具象以比喻和类比说理成为文体常态。至于具象的具体类型，在庾信之前时见浓缩型历史典故，但是主流仍然是自然现象、自然规律以及生活常识。而至庾信则将浓缩型历史典故发挥至极致，使之成为连珠文的重要构件。

再次，自扬雄以来，骈偶对仗一直是较为显著的文体特征。如非明显的骈偶对仗，也一定在形式上尽力做到工整有序，或是押韵上口。时至六朝，骈偶对仗特征加以强化，成为连珠体在形式上的主要特征。魏晋之前有的连珠文会有少许溢出骈偶结构的情况，时至六朝这种情况就很少了。魏晋之前连珠文"A—A"式结构式常态，但时至六朝"A—A，是以 B—B"已成常态，较之前有了明显的扩展和层次。

至于押韵，在庾信之前并不明显。《文心雕龙》言："扬雄覃思文阔，业深综述；碎文琐语，肇为《连珠》，其辞虽小而明润矣。"陆侃如先生译为"明快润泽"[①] 是合理的。所以，刘勰强调和突出的也是其在文辞上短

---

① 陆侃如、牟世金：《文心雕龙译注》，齐鲁书社 1995 年版，第 219—220 页。

小而明快润泽的特征。

最后，连珠文自扬雄始，有较为明显的上言规劝之意。但时至庾信，这一文体特征显然已经泛化。描述和陈述特征变得十分鲜明，而规劝说理意图淡化。

傅玄《叙连珠》讲道：

> 所谓连珠者，兴于汉章帝之世，班固、贾逵、傅毅三子，受昭作之，而蔡邕、张华之徒又广焉。其文体辞丽而言约，不指说事情，必假喻以达其旨，而贤者微悟，合于古诗劝兴之义，欲使历历如贯珠，易观而可悦，故谓之连珠也。①

傅玄认为连珠体有两大特征：一是"假喻以达其旨"的具象性；二是"辞丽而言约"、"历历如贯珠，易观而可悦"的形式特征。这与唐前连珠文的特征都十分吻合，是符合实际的论述。

南朝梁沈约《注制旨连珠表》：

> 窃闻连珠之作，始自子云，放易象论，动模经诰，班固谓之命世，桓谭以为绝伦。连珠者，盖谓辞句连续，互相发明，若珠之结排也。②

沈约认为连珠"辞句连续，互相发明，若珠之结排也"。一方面强调了连珠体词句间的发明类比关系，同时也阐明了这一文体的形式特征：辞句连续，若珠之结排。显然不是简单的辞句间的连接，而应是其"若珠结

---

① 严可均辑：《全晋文》，见《全上古三代秦汉三国六朝文》，中华书局 1958 年版，第 1724 页。

② 严可均辑：《全梁文》，见《全上古三代秦汉三国六朝文》，中华书局 1958 年版，第 3109 页。

排"般的连续。气韵贯通、朗朗上口、骈偶对仗都可以是应有之义,这与傅玄的论述也并无二致。

褚斌杰先生曾说:

> 连珠体文,一名联珠,是两汉以后出现的一种颇具特点的文体。连,是连贯的意思;珠,是形容语言之精妙,犹言妙语如珠。其主要特点,是用比喻表达一定的哲理,使之富有教益;而文辞要求精美,有可读性;一般用骈偶、排比句,篇章短小而押韵。[①]

褚先生的论述大致有理。其可读性、比喻以说理,均是核心特征。只是,从这一文体的变迁看,富有教益并非一贯特征;同时,排比、押韵也未必同时出现。

厘清了连珠体的核心特征,再回望一下《吕氏春秋》、《淮南子》中浓缩型历史典故的运用,以及《说山训》、《说林训》,就不难发现这些篇目与这种文体的关联。

首先看《说山训》、《说林训》与连珠体的关联。而关于这两篇的行文特征等系列问题已在第三章第一节详述,这里为了避免重复,这里只针对其与连珠关联集中论说,其他相关细节可参考上文。

在讨论两篇与连珠体的关系前,需要更进一步甄别这一问题:关于两篇的骈偶对仗。

《说山训》、《说林训》存在不少工整的骈偶对仗章节,如:

> 狡兔得而猎犬烹,高鸟尽而强弩藏。(《说林训》)
> 橘柚有乡,藿苇有丛。(《说林训》)

---

① 褚斌杰:《中国古代文体概论》,北京大学出版社 1998 年版,第 493 页。

兽同足者相从游，鸟同翼者相从翔。(《说林训》)

瓠巴鼓瑟，而淫鱼出听；伯牙鼓琴，驷马仰秣；介子歌龙蛇，而文君垂泣。故玉在山而草木润，渊生珠而岸不枯。(《说山训》)

兰生幽谷，不为莫服而不芳。舟在江海，不为莫乘而不浮。君子行义，不为莫知而止休。(《说山训》)

可以看出，这些章节其实与连珠文已极其相近。前三章属典型的"A—A"式结构，后两章稍有不同，对"A—A"式有所扩展，成为"A—A—A"式。更难能可贵的是，"瓠巴鼓瑟"章基本上展现出六朝典型连珠文的结构形式"A—A—A，故 B—B"式。这一结构在两篇中远未普遍，但的确已经出现。

这些较为工整严谨的骈偶对仗章节，主要是以"A—A"式结构为主。这些结构的篇章多属于"第三章第一节"中所述两篇行文的第三种形态："胪列具象为主，哲理隐其中"。展现出的形态较为单一，缺乏层次感。

至于两篇的第二种行文"具象在前，结论在后"，也时见骈偶结构出现，但是却很难保证具象与结论同时都呈现骈偶。如：

月盛衰于上，则蠃蚌应于下，同气相动，不可以为远。执弹而招鸟，挥棁而呼狗，欲致之，顾反走。故鱼不可以无饵钓也，兽不可以虚气召也。(《说山训》)

画西施之面，美而不可说；规孟贲之目，大而不可畏；君形者亡焉。(《说山训》)

这些章节层次性更强，有前后段。有的出现了类似连珠文的"故"、"是故"、"是以"等连接语，但第一章只有后段结论呈现骈偶、前段溢出，后一章则是只有前段呈现骈偶、后段溢出，同时保证前后均无溢出骈偶的情况还是很少。当然，两篇中前段骈偶、后段溢出的情况更普遍。

所以，综合看来，两篇时有工整严谨的骈偶对仗句式，但远未普遍。其更多的骈偶章节都存在溢出情况，或者后段骈偶、前段溢出，但更多的情况还是前段骈偶、后段溢出。也就是说，两篇的骈偶对仗主要呈现在用作类比、比喻的具象描述中。作为结论和哲理的部分也有骈偶，但更为稀见。同时保证前后均无溢出骈偶的情况更是少之又少。

从连珠文发展历程看，便极易发现《说山训》、《说林训》与这一文体的关联。两篇在骈偶对仗这一特征上，与扬雄、班固等人的早期连珠文存在诸多相似之处。扬雄、班固连珠文多为"A—A"式结构，以"是以"扩展的形式并非常态；其以骈偶手法描述的是具象，用以类比和比喻；时见溢出骈偶结构的内容。这些与《说山训》、《说林训》是直接关联的，足见两篇对这一文体的启发之功。

当然，也必须看到"是以"、"故"的扩展形式，于两篇虽然远非常态，但确已出现。并且其"是以"之后的结论也用及了骈偶，并且还出现过类似六朝时期的典型结构样式。这些证明两篇不仅对连珠体有启发之功，而且对连珠体的发展，以至成熟状态也有不自觉的预示。

应该说，在《说山训》、《说林训》之前，借具象的比喻、类比，以达到说理目的段落并不少见。如《论语》、《老子》、《吕氏春秋》等均已有这种情况，但是必须承认，这些章节并不集中，只是这些著作诸多论说方式的一种。而《说山训》、《说林训》则十分有意地集中大批此类段落。具象所涉范围广泛，具象所承载的哲理也十分广泛。其所言说的对象应该指向所有读者，虽包括帝王，但绝非仅指帝王。在这一点上，两篇与庾信之前的连珠文有差别。

从扬雄始至庾信之前，这些连珠文多以"臣闻"开头，有着较为鲜明的规劝帝王的指向和目的。直至庾信方放弃这一文章指向，将连珠文发展为一种普泛意义上的明理之文，但其在语言与形式美上无疑大大进步了。

这可以看作是对《说山训》、《说林训》的曲折回归和升华发展。

《吕氏春秋》、《淮南子》浓缩型历史典故的运用与连珠体之间也有着密切关联。关于两书对浓缩型历史典故的使用和形态，在本书第三章第三节有集中论述，这里同样与其对照互论。

扬雄初创期的连珠体基本是由带有哲理的名言警句组成，见不到浓缩型典故。

但从班固始就开始利用典故进行连珠体写作。班固《连珠体》五首传世，其中有三首运用典故，其中两首如下：

> 臣闻：公输爱其斧，故能妙其功；明主贵其士，故能成其治。
>
> 臣闻：听决价而资玉者，无楚和之名；因近习而取士者，无伯王之功。故玙璠之为宝，非驵侩之术；伊吕之为佐，非左右之旧。①

这两则连珠都有浓缩型典故出现，这些典故或是发挥起兴的作用，以之引出下文；或是作为结论，置于尾部。这两首连珠体是作者的议论与浓缩型典故并存，二者平分秋色，这是连珠体的重要演变。

庾信有《拟连珠》44首，其中绝大多数都运用浓缩型典故，如第二、三首：

> 盖闻萧曹赞务，雄略所资；鲁卫前驱，威风所假。是以黄池之会，可以争长诸侯，鸿沟之盟，可以中分天下。
>
> 盖闻封豕之结，塞长蛇之源；必须制裳千里，歃血辕门。是以开百里之门，用陈平之一策；盟千乘之国，须季路之一言。②

---

① 张溥辑、白静生注：《班兰台集校注》，中州古籍出版社 2002 年版，第 111 页。
② 李兆洛编：《骈体文钞》，商务印书馆 1937 年《万有文库》本，第 952 页。

这两首连珠体句句用典，用的都是浓缩型典故，它们是整个作品的全部构件，庾信本人的理念则蕴含在对典故的陈列之中。庾信的连珠体连续运用浓缩型典故，由此造成的阅读障碍较大。

与浓缩型典故关联密切的文体还有骈体赋，这种赋大量运用浓缩型典故，有的作品甚至通篇由浓缩型典故构成。较有代表的是庾信的《哀江南赋序》和徐陵的《玉台新咏序》。这两篇作品几乎句句用典，主要是由浓缩型典故充当构件。

连珠体、骈体赋都与浓缩型典故有很深的渊源。如果说在战国散文中浓缩型典故是历史的化石，那么，对于连珠体和骈体赋而言，浓缩型典故又是使这两种文体生成和最终定型的活性因素。

连珠体、骈体赋是介于诗和散文之间的文体，带有明显的诗的特征。诗是语言的加强形式，讲究用语凝练。浓缩型典故的语言表述正好与此相契，因此成为这两种文体的重要生成因素。其实，早在《楚辞·天问》中已经有许多紧缩型典故，它和后来的诗歌用典关联更为密切。浓缩型典故在后来的诗歌和近乎诗歌的连珠、骈体赋中发挥的作用更为明显，与它本身浓缩型属性密不可分。当然，后代诗文中出现的浓缩型典故，已不再保持《吕氏春秋》及其他战国散文的那种朴素平实，而是变得典雅华美，增添了许多人为的修饰成分。

第二节　在文章学发展史上的意义

近年来，关于文章学的研究逐渐升温。但是，这一领域的研究显然还只是处于起步阶段，诸多问题，包括基本问题仍处于热烈的讨论中。

诸如：何谓文章学？文章学的研究对象是什么？文章学的成立如何界定？成熟又在何时？等等系列问题均有不少争议。下面检视一下当下影响较大的几种代表性观点，以期有所鉴别与新见。

首先，关于何谓文章学，及文章学的研究对象。

关于这一问题，学界众说纷纭。曾枣庄认为："文章学是研究诗文篇章结构、音韵声律、语言辞采、行文技法的学问。"① 四川大学祝尚书认为："如果要给文章学下个简单明了的定义的话，也许可以这样说：它是研究文章写作理论的学问，与人们所熟悉的诗学、词学性质相似。文章学不等同于'写作学'，前者侧重于写作理论研究，后者偏向于对具体写作实践（文本）的研究，当然二者是可以有所交叉或重叠的。"② 张寿康认为："所谓文章学，是研究文章的内部规律及读、写文章的规律的一门学科。它具有特定的研究对象—文章；它具有学科的专门特点。"文章学的内容有源流论、类别论、要素论、过程论、章法论、技法论、阅读论、修饰论、文风论、风格论等等。③ 王凯符认为文章学应该至少包括"文道论"、"写作论"、"文体论"、"风格论"。④ 吴承学认为："中国文章学固然涉及文道、文体、文气、文术、文评等诸多问题，是关于文章问题的比较系统完整的研究与知识，但是其对象与重心应该是关于文章之写作与批评，或者说中国文章学就是以文章之写作、批评为核心并包含相关问题的系统理论。"⑤ 陈亚丽则认为："文章学是研究普通文章阅读和写作规律的科学。"⑥ 周振甫先生说："有了文章，才有对文章的研究探讨，发为评论，就产生

---

① 曾枣庄：《文章学须以文体学为基础》，见王水照、朱刚主编：《中国古代文章学的成立与展开—中国古代文章学论集》，复旦大学出版社 2011 年版，第 6 页。

② 祝尚书：《对当前文章学研究中几个问题的思考》，见王水照、侯体健主编：《中国古代文章学的衍化与异形—中国古代文章学二集》，复旦大学出版社 2014 年版，第 1 页。

③ 张寿康：《文章学论略》，《北京师范学院学报》（社会科学版）1986 年第 4 期。

④ 王凯符：《古代文章学概论》，武汉大学出版社 1983 年版。

⑤ 吴承学：《中国文章学成立与中国古文之学的兴起》，见王水照、侯体健主编：《中国古代文章学的衍化与异形—中国古代文章学二集》，复旦大学出版社 2014 年版，第 13—14 页。

⑥ 陈亚丽：《文章学基础教程·绪论》，北京大学出版社 2010 年版，第 1 页。

了文章学。……这样，对文章学的内容，有属于文章的评介的，有讨论文章的流别的，有讨论文章的风格的，有讨论一家的文章的，有讨论一时代文章的。总的要求，在探讨文章得失与演变的规律，以供作者的参考。"①夏丏尊、叶圣陶《文章讲话》分"句读和段落"、"开头和结尾"、"句子的安排"、"文章的省略"等章节展开，其显然是把行文技法等作为了文章学研究的主要内容。

综观这些观点可以看出，对于文章学的认识大致有两大方向。一大方向是偏向于将文章学界定为文章技法的探讨，如曾枣庄、陈亚丽、夏丏尊等人均是。其中又可以两类视之，一类是学术视野中的文章学，曾枣庄等人即是；一类则是实践视野中的文章学，致力于构建指导实践的文章学，陈亚丽、夏丏尊等人即是。第二大方向则是，偏向于将文章学定义为包容广泛的系统理论，王水照、吴承学、祝尚书等人皆是。当然，其具体主张各不相同。细考比较可以看出，这些观点在内涵上基本不存在本质性的矛盾，都承认文章学是关于文章的系列理论。更多的分歧表现在外延上，其研究对象是包含文气、文道、风格、文评、写作等系列相关问题均在内，还是重在其中某些问题。

其实，关于这一问题首先应当讨论的是文章学这一概念存在的合理性与必要性问题。

文章学概念的成立则首先基于"文章"概念的合理性与必要性。欧明俊认为："用'文章'来指称古代'散文'，一是本土立场，本土语言，尊重历史，尊重传统，传统'文章'概念独具民族特点，不应生搬硬套西方'纯文学'散文概念。而是古代'文章'使用频率最高。"② 欧先生所言是事实。古代不常用"散文"概念，而"文章"概念更为盛行。这样，"文章学"

---

① 周振甫：《中国文章学史》，江苏教育出版社 2006 年版，第 7—8 页。

② 欧明俊：《学术视野中的古代文章学》，见王水照、侯体健主编：《中国古代文章学的衍化与异形——中国古代文章学二集》，复旦大学出版社 2014 年版，第 36 页。

概念的成立显然就是合理的。而纵观中国古代诗学、词学，从理论上讲也应当有与之对应的文章学存在，也就是说，文章学也是必要的。

再就是关于文章学的基本内涵。

单就文章学三个字看，本概念其实应当包括两个层面的含义。一是，实践层面的文章学，致力于解析文章的技法、文章中的匠心独运之处等等。这种解析一般都是基于自我的文章认知，如夏丏尊等的句读解析、周振甫对《左传》中相关段落的解析，钱钟书先生对诸子等作品的解析等。二是，学术视野中的文章学，更加偏重于对中国古代文章理论的研究。如《文心雕龙》、《文则》等对文章的理论阐发，这里也可以称为"中国古代文章学"。其偏重的是对中国古代文章理论的研究，挖掘这些文章理论的理论特征，勾勒这些文章理论的发展演变等是这一研究的主要内容。

经过这一分析，即可对文章学的不同定位明确化，有利于在不同定位中展开讨论。本文即侧重于中国古代文章学的讨论。

其次，关于文章学的成立及成熟。

关于这一问题，仍然是众说纷纭。王水照先生认为文章学的成立在宋代，"本文将文章学成立的时间断在宋代，更确切地说，在南宋"[1]。祝尚书观点与王水照相同，"将文章学的成熟或成立定在宋代尤其是南宋以后，也许更合乎历史实际"[2]。吴承学认为"应该是中国文章学的基本内涵已经明确，理论系统初步建构，并且产生一系列对后代有重大影响的代表性成果。按此标准，魏晋南北朝可以视为中国文章学成立的时代"[3]。周振甫先

---

[1]　王水照、慈波：《宋代：中国文章学的成立》，见王水照、朱刚主编：《中国古代文章学的成立与展开——中国古代文章学论集》，复旦大学出版社 2011 年版，第 156 页。

[2]　祝尚书：《对当前文章学研究中几个问题的思考》，见王水照、侯体健主编：《中国古代文章学的衍化与异形——中国古代文章学二集》，复旦大学出版社 2014 年版，第 11 页。

[3]　吴承学：《中国文章学成立与中国古文之学的兴起》，见王水照、侯体健主编：《中国古代文章学的衍化与异形——中国古代文章学二集》，复旦大学出版社 2014 年版，第 15 页。

生基于"有了文章，才有对文章的研究探讨，发为评论，就产生了文章学"的认识，将先秦就定义为文章学的萌芽与蕴蓄期。

能够看出，各家对于文章学的定位不同，直接导致了对此问题的看法完全不同。周振甫先生基于以上认识，认为文章学其实基本是伴随古代文章同时出现；王水照、祝尚书二人将文章学的成熟定位于宋代；吴承学前提至魏晋南北朝。

关于这一问题，需要与上一问题统筹考虑，明确定位方可有相应界定。

吴承学先生说："'文章'的概念，来源甚早，涵义复杂。……汉代以来作为'文章学'意义的'文章'（即文辞或独立成篇的文字）一词开始出现。……至六朝，纯粹"文章学"意义上的"文章"概念已非常清晰。"[1] 这一过程的考辩基本符合事实。但是，文章学（或者说中国古代文章学）的成立显然不应该从"文章"概念的清晰算起。如上文所言，"文章"概念成熟前、甚至使用中，也不鲜见并行的其他概念。还应当以历史的发展的眼光看待中国古代"文章"，既看到概念的成熟，也应看到文章事实的产生。这样，我们基本就可定位中国古代文章学的演变过程。

另外需要明确的是，中国古代文章学的成立和成熟显然不同义。中国古代文章学的成立，周振甫先生说："有了文章，才有对文章的研究探讨，发为评论，就产生了文章学。"这一说法还是合理的。只要有了关于文章的探讨和评论自然就可以看作文章学的成立。而至于成熟，则应当看文章学理论的成熟、代表性文章学著作的出现、文章学大家的出现与集聚等因素。个人认为，这一问题可以有学术上的前后误差，界定前后皆有合理处。但是，对于文章学研究的定位则是首要的，需要清晰化、明确化，否

---

① 吴承学：《中国文章学成立与中国古文之学的兴起》，见王水照、侯体健主编：《中国古代文章学的衍化与异形——中国古代文章学二集》，复旦大学出版社 2014 年版，第 15 页。

则就会造成各说各话、越说越乱的问题。

基于以上分析，本书对中国古代文章学的讨论，基本同意周振甫先生的观点，即认为先秦两汉时期实际已经是中国古代文章学的萌芽期。

《要略》在对全书创作阐述中，除透露了各篇主旨思想、结构关系外，其对各篇的创作手法、行文特征、行文效果等都有不同阐述，这些实是对《淮南子》的文章学阐释。

研究《要略》的文章学价值，由三个层面组成。一方面是立足《要略》，单看《要略》的文章学阐述，分析其阐述的文章学价值；另一方面则要回归文本，结合《淮南子》各篇，看文本实际文章状态，印证和对比《要略》之文章学阐述；第三层面是适当结合《要略》前后之文章学发展，定位其在文章学史中的地位。

《要略》对《淮南子》全书有着较为自觉和清醒的文章学认知，开篇就讲道：

> ……故多为之辞，博为之说，又恐人之离本就末也。故言道而不言事，则无以与世浮沉；言事而不言道，则无以与化游息。故着二十篇，有……①

作者认识到各种创作方式的特点与局限，于是十分有意地在全书中通过 20 篇组合，相互补充，达到著书目的。

《要略》的文章学观点多通过对各篇阐释透露出来，下面逐一加以分析。

第一篇，关于《原道训》，《要略》曰：

---

① 张双棣：《淮南子校释》，北京大学出版社 2013 年版，第 2170 页。（本节出处为同篇者后略）

原道者，卢牟六合，混沌万物，象太一之容，测窈冥之深，以翔虚无之轸。托小以苞大，守约以治广，使人知先后之祸福，动静之利害。诚通其志，浩然可以大观矣。欲一言而寤，则尊天而保真；欲再言而通，则贱物而贵身；欲参言而究，则外物而反情。执其大指，以内治五藏，濣濯肌肤，被服法则，而与之终身，所以应待万方，览耦百变也，若转丸掌中，足以自乐也。

这段论述中透露的主要文章学信息包括："象太一之容，测窈冥之深，以翔虚无之轸"，"托小以苞大，守约以治广"。

其中"象"各家缺少训解。其实即是形象化，通过对太一进行形象化，展示窈冥和虚无之深。"托小以苞大，守约以治广"是本篇的重要行文手法。

结合《原道训》，更容易理解何为"托小"、"守约"，其实指的正是形象化的太一之容。《原道训》开篇就展示了两个形象：泰古二皇和冯夷、大丙之御。

泰古二皇，得道之柄，立于中央，神与化游，以抚四方。是故能天运地滞，轮转而无废，水流而不止，与万物终始。风兴云蒸，事无不应；雷声雨降，并应无穷。……①

昔者冯夷、大丙之御也，乘云车，入云蜺，游微雾，骛怳忽，历远弥高以极往，经霜雪而无迹，照日光而无景，扶摇抟抱羊角而上，经纪山川，蹈腾昆仑，排阊阖，沦天门。②

泰古二皇的形象，立于中央却能并应无穷；冯夷、大丙之御的形象更

---

① 张双棣：《淮南子校释》，北京大学出版社 2013 年版，第 1 页。
② 张双棣：《淮南子校释》，北京大学出版社 2013 年版，第 20 页。

是上天入地、无所不能，远超凡人之所想象，正是应了《要略》所言的"翔虚无之轸"。

"象"所展示的形象性，是本篇的重要文章手法。形象是固定的、具体的，是"小"，然而其所展现的境界却是极大的，直接指向本篇的重大主旨："卢牟六合，混沌万物"。

当然，应该看到这一手法在《原道训》中绝非全部。这一手法只是位于全篇开头的显要位置，其后的大部分篇幅并没有明显展现这一特点。

第二篇，关于《俶真训》，《要略》曰：

> 俶真者，穷逐终始之化，嬴坪有无之精，离别万物之变，合同死生之形，使人遗物反己，审仁义之间，通同异之理，观至德之统，知变化之纪，说符玄妙之中，通回造化之母也。

这段论述包含三种文章技法。一是"穷逐终始之化"，"穷逐"各家缺少训解，其义较为明显，即是刨根问底、追根溯源。结合《俶真训》文本，不难发现：

> 有始者，有未始有有始者，有未始有夫未始有有始者。有有者，有无者，有未始有有无者，有未始有夫未始有有无者。[1]

正是对终始之化的追根溯源、穷究解析，将宇宙的本原进一步剖析为多种状态。

第二种技法是"嬴坪有无之精"。"嬴坪"各家多有训解。[2]许慎认为"嬴，

---

[1]　张双棣：《淮南子校释》，北京大学出版社 2013 年版，第 155 页。

[2]　张双棣：《淮南子校释》，北京大学出版社 2013 年版，第 2178 页。

绕匝也。垺，摩烦也"。马宗霍基本认同许说，进而解释"赢垺"为"包藏"
之义。于省吾则认为"赢"通"盈"，又通"形"；"垺"当作"垺"，并认为"垺"
即是"兆朕"之意。蒋礼鸿则认为"垺"当作"将"，有摩之义。

综合以上说法，"赢"为"形"之说法合理，"垺"当作"将"。"将"
之本义为"五指持也。……象以手撮取小物之形。以手撮取小物，必然
使用指端，故将有五指持义"①。引申有细研之义。赢垺即是以具体形态细
析。结合《淮南子》文本不难看出，作者不仅穷究终始之化，而且还将每
一种状态进行了细致描述，以具体的形态展现万物本原的不同阶段：

> 所谓有始者，繁愦未发，萌兆牙蘖，未有形垺垠堮，无无蛾蛾，
> 将欲生兴而未成物类。有未始有有始者……②

这种描述十分细致、精微，的确可谓细将。

第三种技法是"审"、"通"。

即是细致推理、说通之义。这属于本篇行文的一般性技法，也即一般
性议论，这种议论技法是全书的基本技法。

第四种技法是"说符"。

"说符玄妙之中"一句"说符"，诸家不注。《列子》有《说符》篇，
可作为训注本句的参考。张湛注为："夫事故无方，倚伏相推，言而验之
者，摄乎变通之会。"卢重玄解为："本篇去末明本，约形辩神。立事以显
真，因名以求实……"③ 两人的注解中都突出了本篇的相互验证的特征。
如何验证？自然是两种事物之间的验证。哪两种事物？从本篇的文本也不
难发现，是历史故事和其哲学理念之间的验证。简言之，就是用历史故事

---

① 尹黎云：《汉字字源系统研究》，中国人民大学出版社 1998 年版，第 118 页。
② 张双棣：《淮南子校释》，北京大学出版社 2013 年版，第 155 页。
③ 杨伯峻：《列子集释》，中华书局 1979 年版，第 239 页。

说理。这也符合"符"之本义："信也，汉制以竹长六寸，分而相合。"① 讲的正是古代用以合为一处、合符取信的物件。"说"则通指"说"，即寓言故事。寓言故事有故事情节，同时也有故事寓意。说体文的典型特征是寓言故事的罗列和集合，如《韩非子·内储说》、《韩非子·外储说》、《说苑》等均属此类文体。

此处所言"说符玄妙之中"，当然并不指严格意义上的故事罗列而成的说体文。实际指说理过程中经常用及寓言故事、历史故事，以与所说之理形成印证。《俶真训》文本也的确呈现出这种特征，诸如：

> 夫夏日之不被裘者，非爱之也，燠有余于身也。冬日之不用翣者，非简之也，清有余于适也。夫圣人量腹而食，度形而衣，节于己而已，贪污之心奚由生哉！②
>
> 逮至夏桀、殷纣，燔生人，辜谏者，为炮烙，铸金柱，剖贤人之心，析才士之胫，醢鬼侯之女，菹梅伯之骸。当此之时，峣山崩，三川涸，飞鸟铩翼，走兽挤脚。当此之时，岂独无圣人哉？然而不能通其道者，不遇其世。夫鸟飞千仞之上，兽走丛薄之中，祸犹及之，又况编户齐民乎？③

便是较为明显的以寓言或历史故事达到说理目的。

第三、四、五篇，《天文训》、《地形训》、《时则训》。之所以三篇同列，原因在于此三篇文章技法相同。从《要略》的描述可以看出，这三篇基本技法均是普通的叙述、罗列，没有什么特别的技法。因而作者也没有十分明显的文章学描述。

---

① 许慎：《说文解字》，中华书局 1963 年版，第 96 页。
② 张双棣：《淮南子校释》，北京大学出版社 2013 年版，第 243 页。
③ 张双棣：《淮南子校释》，北京大学出版社 2013 年版，第 264 页。

第六篇，关于《览冥训》：

> 览冥者，所以言至精之通九天也，至微之沦无形也，纯粹之入至清也，昭昭之通冥冥也。乃始揽物引类，览取挢掇，浸想宵类，物之可以喻意象形者，乃以穿通窘滞，决渎壅塞，引人之意，系之无极，乃以明物类之感，同气之应，阴阳之合，形埒之朕，所以令人远观博见者也。

能够看出，本篇的文章学技法还是很有特点的："揽物引类，览取挢掇，浸想宵类"。许慎训"挢"为取，训"掇"为拾。异议不大，其说可取。许慎训"浸"为微视，训"宵"为物似也，训"类"为众也。[①] 异议同样不大，只是何宁认为"类，象也"，更可取。所以，这三句大意当为：收集事物索引物类，广泛收集，细想物类之关联。其中其实包括两层文章学含义。一是，资料收集。按类索引事物，当然也包括广泛收集事物，以作为行文资料。二是，将收集的事物按类梳理，目的当然是见出其中物类的关联。

检视《览冥训》文本，基本可以证实《要略》所言。本篇以物类感应为主题，广言世间事物之间的感应关联。既有人与外物的感应，也包括物物感应：

> 师旷奏白雪之音，而神物为之下降，风雨暴至，平公癃病，晋国赤地。庶女叫天，雷电下击，景公台陨，支体伤折，海水大出。[②]
> 故东风至而酒湛溢，蚕呼丝而商弦绝，或感之也。画随灰而月运

---

① 张双棣：《淮南子校释》，北京大学出版社 2013 年版，第 2181 页。
② 张双棣：《淮南子校释》，北京大学出版社 2013 年版，第 643 页。

阙，鲸鱼死而彗星出，或动之也。①

其中集合了大量事物相类感应的题材。作者的主旨在于阐述万物之间的感应，但是这些题材本身就具有典型具象性，可以说是通过具象以说理。《要略》叙述篇章间互补关系时还讲到"言天地四时而不引譬援类，则不知精微；言至精而不原人之神气，则不知养生之机"，讲的正是《览冥训》的"引譬援类"。

"譬"，《说文解字》解为"谕也"②。即是今所言打比方，这一手法为古人所常用。"类"即是类比。作者运用大量具象化的事例，打比方、做类比，很好完成了说理任务。

"物之可以喻意象形者，乃以穿通窘滞……"说的是同样的文章学技法，选取其中可以比喻象形的事物，用以贯通难懂深奥的理论。

具象性、形象化通过打比方的方式，完成了对深奥理论的阐释。

第七、八、九篇，《精神训》、《本经训》、《主术训》。这三篇是一般性的议论技法。

第十篇，关于《缪称训》：

> 缪称者，破碎道德之论，差次仁义之分，略杂人间之事，总同乎神明之德。假象取耦，以相譬喻，断短为节，以应小具，所以曲说攻论，应感而不匮者也。

《要略》对此篇有较深入的文章学阐释："假象取耦，以相譬喻，断短为节，以应小具，所以曲说攻论，应感而不匮者也。"

---

① 张双棣：《淮南子校释》，北京大学出版社2013年版，第653页。
② 许慎：《说文解字》，中华书局1963年版，第51页。

"耦",《说文》解为农具,"耒广五寸为伐,二伐为耦"①,显然此处非农具之意。考察"禺"之本义:"将鬼字下面加以简化,以表示偶人之意。……又称俑,是殉葬用品。……禺为偶的初文,本义为偶人,以其有似于生人,故引申有匹义。"②此说极有道理,从"禺"之字多有匹配成对之意,"耦"的二伐也取此意。"假象取耦,以相譬喻"混统言之,讲的是以"象"对应抽象的道理,形成譬喻。但是,结合文本会发现,"假象"和"取耦"更符合原意。也即,"假象"强调的是借具象形象以比喻;而"取耦"则更为宽泛,不仅是具象说理,还包括其他可以与理论相印证的事物。

结合文本可以看出,假借形象以比喻说理确是行文常态,比如:

> 物莫无所不用。天雄乌喙,药之凶毒也,良医以活人。侏儒瞽师,人之困慰者也,人主以备乐。是故圣人制其剟材,无所不用矣。③

> 用百人之所能,则得百人之力;举千人之所爱,则得千人之心;辟若伐树而引其本,千枝万叶则莫得弗从也。④

而"取耦"还包括一种重要的行文技法:引用古籍佐证所论。如:

> 故至德者,言同略,事同指,上下一心,无歧道旁见者,遏障之于邪,开道之于善,而民乡方矣。故易曰:"同人于野,利涉大川。"⑤

---

① 许慎:《说文解字》,中华书局 1963 年版,第 93 页。
② 尹黎云:《汉字字源系统研究》,中国人民大学出版社 1998 年版,第 39 页。
③ 张双棣:《淮南子校释》,北京大学出版社 2013 年版,第 1066 页。
④ 张双棣:《淮南子校释》,北京大学出版社 2013 年版,第 1066 页。
⑤ 张双棣:《淮南子校释》,北京大学出版社 2013 年版,第 1058 页。

据统计，《缪称训》全篇引用经典 12 次，具全书首位。其中引《易》6 次，引《诗》3 次，频率较高。

除此之外，作为论说譬喻之用的还有历史故事。如：

> 故笰子文锦也，虽丑登庙；子产练染也，美而不尊。虚而能满，淡而有味，被褐怀玉者。故两心不可以得一人，一心可以得百人。①

所以，总体而言，《缪称训》的"假象取耦"实包括三种形式：普通事象（如上文所引）、历史故事和经典。

至于"断短为节，以应小具，所以曲说攻论，应感而不匮者也"，各代注家多避之不谈，其实其中蕴含着本篇重要的文章学技法。"断短为节，以应小具"实际指的是本篇以小节为基本特征，每节致力于某一个具体论题的议论。这样做，自然是为了"破碎道德之论，差次仁义之分，略杂人间之事，总同乎神明之德"。也只有这样做，方显其"破碎"、"差次"之功。文章并非致力于长篇大论地围绕某论题集中阐释，而是针对道德仁义范畴内的诸多论题，一一分殊、各个击破。"曲说攻论"，《说文》释"攻"为"击"②，这也是本字的常用义项。但是结合本词及其文本，"击"义显然不通。此处"攻"实通"工"，有"巧，善于"③之义。《战国策·西周》有："苏厉谓周君曰……皆白起，是攻用兵，又有天命也。"④ 此处"攻"即是工于、善于之义。所以，"曲说攻论"实际所指就是委曲说理工于论述。

结合《缪称训》能够看出，委曲说理、断短为节确实是本篇的核心特征。综观全篇，作者没有就某一重大主题展开粗线条的大致论述，而是将

① 张双棣：《淮南子校释》，北京大学出版社 2013 年版，第 1081 页。
② 许慎：《说文解字》，中华书局 1963 年版，第 69 页。
③ 《词源》，商务印书馆 1983 年版，第 1334 页。
④ 缪文远等译注：《战国策》，中华书局 2006 年版，第 17 页。

所论之题充分截断、以细密复杂的视角示人。全篇先后论及的方面包括
"求诸己，不求诸人"、"见微知著"、"怀情抱质"、"进退不失时"等。这
些方面使全篇细密而略显凌乱，但是纵观全篇又可以看出本篇其实有着较
为核心的理念："求诸己，不求诸人"。这作为全篇如影随形的核心思想，
贯穿在各角度不同方面的论述中，大有鞭辟入里、细密曲论的功效。

第十一篇，《齐俗训》。本篇为一般性论述。

第十二篇，关于《道应训》。《要略》篇曰：

> 道应者，揽掇遂事之踪，追观往古之迹，察祸福利害之反，考验
> 乎老、庄之术，而以合得失之势者也。

《要略》对此篇进行了明确的文章学阐述。首先是"揽掇遂事之踪，
追观往古之迹"，"揽掇"即是收集搜罗之义。"遂事之踪"、"往古之迹"
指的正是历史故事和传说。"考验乎老、庄之术"指的正是历史故事与老
庄经典的对证。

从《道应训》文本看，本篇确是独具特色，以"历史故事+老庄经典"
为基本行文特征，与《韩非子·喻老》及《韩诗外传》有相似之处。但是
本篇与两者又有很大的不同，《韩非子·喻老》旨在以老子思想为法家思
想张本，《韩诗外传》则是以历史故事解诗。《道应训》有着典型的杂家特
征，历史故事和老庄经典保持相对独立，两者通过模糊弥合完成对证。关
于这一点第二章第六节曾有详细论述，此略。

第十三篇，关于《泛论训》。《要略》曰：

> 泛论者，所以箴缕縩繺之间，攗挍呟齵之郄也。接径直施，以推
> 本朴，而兆见得失之变，利病之反，所以使人不妄没于势利，不诱惑
> 于事态，有符曤晼，兼稽时势之变，而与化推移者也。

对于"箴缕綻繳之间，攕揳睨齫之郄也"，历代注家多有训解。关于"綻繳"，各家各有考证，但是基本趋于一致，并无太大异议。于省吾认为是"今俗所谓綻衣繳衣之綻繳。綻繳平列，言綻繳绽裂也"①。马宗霍认为许注的绡煞"疑即谓绡衣之缝。衣缝必有间，间者隙也。缕者线也。施箴线于缝中故云'箴缕綻繳之间'矣"②。综合各家，"箴缕綻繳之间"实指在衣缝之间穿针走线。

关于"攕揳"，《说文》解为："攕，好手貌"③。实际有纤细之意，此字也与"櫼"通，指的是楔子。此处二字同义，均指塞入之义。"睨齫"许慎解为错梧也。马宗霍的考证较为合理，他认为："本文睨齫连文，即齿不整齐也。"《说文》无"睨"字，"睨"盖假借"齯"。按《说文》："齯，老人齿。"④"齫，齿不正也。"⑤《释名·释长幼》："齯，大齿落尽更生细者也。"⑥"兒"本意为"人上增两个总角之形。……本义是指男孩子。"⑦ 指的就是小男孩。这样，"齯"指更生的细齿也就不无道理了。老人牙齿脱落更生细小不正者便是"齯齫"。许慎解为错梧也，实指参差不齐。

"郄"指缝隙，参差不齐的牙齿之间必有缝隙。"攕揳睨齫之郄"指在参差不齐的牙齿之间楔入楔子。上下两句指的是，在参差和缝隙之间游走、穿插、弥缝。何宁认为"上句取喻于衣缝，下句取喻于齿郄，盖言《泛论》篇持论之密，无微不入，无孔不弥也"⑧。

结合《泛论训》文本不难看出，本书重在阐释权变的重要性。作者经

---

① 张双棣：《淮南子校释》，北京大学出版社 2013 年版，第 2185 页。
② 张双棣：《淮南子校释》，北京大学出版社 2013 年版，第 2186 页。
③ 许慎：《说文解字》，中华书局 1963 年版，第 251 页。
④ 许慎：《说文解字》，中华书局 1963 年版，第 45 页。
⑤ 许慎：《说文解字》，中华书局 1963 年版，第 44 页。
⑥ 张双棣：《淮南子校释》，北京大学出版社 2013 年版，第 2186 页。
⑦ 尹黎云：《汉字资源系统研究》，中国人民大学出版社 1998 年版，第 2 页。
⑧ 何宁：《淮南子集释》，中华书局 1998 年版，第 1448 页。

常需要纠正凡常认知，改变普通理论存在的语境，从而得出新意。这就使得论述过程左右逢源、在细密的理论通道中游走。如：

> 古之制，婚礼不称主人，舜不告而娶，非礼也。立子以长，文王舍伯邑考而用武王，非制也。礼三十而娶，文王十五而生武王，非法也。夏后氏殡于阼阶之上，殷人殡于两楹之间，周人殡于西阶之上，此礼之不同者也。有虞氏用瓦棺，夏后氏塈周，殷人用椁，周人墙置翣，此葬之不同者也。夏后氏祭于闇，殷人祭于阳，周人祭于日出以朝，此祭之不同者也。尧大章，舜九韶，禹大夏，汤大濩，周武象，此乐之不同者也。故五帝异道而德覆天下，三王殊事而名施后世，此皆因时变而制礼乐者。①

作者为了反驳对于礼乐的凡常认知，不断罗列不同语境，使得礼乐因时而变，顺理成章。这种论述需要拨正凡常认知，势必要求论证过程缜密连贯，否则很难达到说服效果。《要略》对此文章技法深有认知。

第十四篇，关于《诠言训》。《要略》曰：

> 诠言者，所以譬类人事之指，解喻治乱之体也。差择微言之眇，诠以至理之文，而补缝过失之阙者也。

《要略》认为"譬类"是本篇的重要文章技法。"譬类"是比喻类比之意。与《缪称训》相比，本篇的比喻类比只运用了两种语料，历史故事和一般事象。如：

---

① 张双棣:《淮南子校释》，北京大学出版社 2013 年版，第 1369—1370 页。

　　　　方船济乎江，有虚船从一方来，触而覆之，虽有忮心，必无怨色。有一人在其中，一谓张之，一谓歙之，再三呼而不应，必以丑声随其后。向不怒而今怒，向虚而今实也。人能虚己以游于世，孰能訾之！①

这是借一般事象说理，说明虚己游世的必要性。而更多的譬类语料则是历史故事。如：

　　　　王子庆忌死于剑，羿死于桃棓，子路菹于卫，苏秦死于口。人莫不贵其所有，而贱其所短，然而皆溺其所贵，而极其所贱，所贵者有形，所贱者无朕也。故虎豹之强来射，蝯狖之捷来措。人能贵其所贱，贱其所贵，可与言至论矣。②

所以，《本篇》糅合了历史故事和一般事象，起到了譬类说理的作用。

第十五篇。关于《兵略训》。本篇主题较为特殊，但在文章学技法上属于较为一般的论述，作者没有进行过多开掘。

第十六、十七篇，关于《说山训》、《说林训》。《要略》曰：

　　　　说山、说林者，所以窍窕穿凿百事之壅遏，而通行贯扃万物之窒塞者也。假譬取象，异类殊形，以领理人之意，懈堕结细，说捍抟困，而以明事埒事者也。

《说山》、《说林》实为姊妹篇，故《要略》合而言之。"假譬取象"的技法在《缪称训》中曾出现过，指的就是以具象来比喻。这两篇罗列大量

---

① 张双棣：《淮南子校释》，北京大学出版社 2013 年版，第 1505 页。
② 张双棣：《淮南子校释》，北京大学出版社 2013 年版，第 1494 页。

具象进行说理，具象性成为这两篇的典型特征，关于这一点第二章第五节曾有详论。

"异类殊形"则十分准确地描述了这两篇运用具象时，具象的广泛性和复杂性。第二章第五节也曾详论，这两篇所运用的具象所涉范围十分广泛，包括自然现象与规律、人事常情和常识、历史典故、无稽典故等。当然，第一、二类还是这两篇的主流，占了大概90%的规模。

运用具象进行比喻类比说理，在《淮南子》中并不鲜见，而从《要略》的描述也能看出，这两篇的特点在于"异类殊形"。两篇全部罗列具象，不见作者有组织地议论行文，第二章第五节也曾讲道，这与之后的连珠体有着密切关联。

第十八篇，关于《人间训》：

> 人间者，所以观祸福之变，察利害之反，钻脉得失之迹，标举终始之坛也。分别百事之微，敷陈存亡之机，使人知祸之为福，亡之为得，成之为败，利之为害也。诚喻至意，则有以倾侧偃仰世俗之间，而无伤乎谗贼螫毒者也。

《人间训》的主旨之一是"观祸福之变，察利害之反"，为了实现这一目的，在技法上本篇大量采用两两相对的辩证式结构。如"何谓损之而益，益之而损"，"事或欲以利之，适足以害之；或欲害之，乃反以利之"，"或有功而见疑，或有罪而益信"等等，围绕这种辩证结构选取相应历史故事加以说明。

这种辩证结构两两相对、相反相成，极好地展现出世间祸福、利害、损益等的相对性与变动。这也正是《要略》从文章学角度所描述的"分别百事之微，敷陈存亡之机"。"敷陈"即是铺陈，按照两两相对的结构将历史故事铺陈出来，正是本篇的行文特征。对此，《要略》有清醒的认识。

第十九篇，关于《修务训》：

> 修务者，所以为人之于道未淹，昧论未深，见其文辞，反之以清静为常，恬淡为本，则懈堕分学，纵欲适情，欲以偷自佚，而塞于大道也。今夫狂者无忧，圣人亦无忧。圣人无忧，和以德也；狂者无忧，不知祸福也。故通而无为也，与塞而无为也同，其无为则同，其所以无为则异。故为之浮称流说其所以能听，所以使学者孳孳以自几也。

从《要略》的描述可以看出，作者认为有的人昧道未深，会误解大道、清净、无常。他们所作所为与圣人看似一致，实则不一。有鉴于此，作者做出进一步论说点化。

正是这样的创作背景，决定了本篇在行文上最主要的技法是驳论。即，立下错误观点然后针对错误观点进行针对性批驳，并申明正确观点。如：

> 或曰："无为者，寂然无声，漠然不动，引之不来，推之不往。如此者，乃得道之像。"吾以为不然。尝试问之矣："若夫神农、尧、舜、禹、汤，可谓圣人乎？"有论者必不能废。以五圣观之，则莫得无为，明矣。
>
> 古者，民茹草饮水，采树木之实，食蠃蚌之肉，时多疾病毒伤之害。于是神农乃始教民播种五谷，……圣人忧民，如此其明也，而称以"无为"，岂不悖哉！①

这是《修务训》开头的大段论述。不难看出，开头作者就抛出一种观

---

① 张双棣：《淮南子校释》，北京大学出版社 2013 年版，第 1982 页。

点作为靶子，然后进行批驳论述："吾以为不然……"最终再次申述对于错误观点的判断："岂不悖哉"。这是典型的驳论型技法。随着行文深入，后文虽不常见这样完整系统的驳论段落，但是能够看出全篇也常用"非"、"非谓"等论述语词，引出错误观点的同时表明对错误观点否定。如：

> 且古之立帝王者，非以奉养其欲也；圣人践位者，非以逸乐其身也。①
>
> 若吾所谓"无为"者，私志不得入公道，嗜欲不得枉正术，循理而举事，因资而立，权自然之势，而曲故不得容者，事成而身弗伐，功立而名弗有，非谓其感而不应，攻而不动者。②

《要略》用"故为之浮称流说其所以能听"描述本篇的行文特征。关于这一句，注家多从句读加以训解，有的认为当是如上的十一字作一句读，有的认为当作"故为之浮称流说，其所以能听"③等。虽说法不一，但无论哪种句读于句意影响不大。关键在于其文章学技法的描述"浮称流说"，诸家均未注意。

《说文解字》有"浮'泛也'"④；"流'水行也'"⑤，这种训解足合此句。所以，这其实是说《修务训》多是泛泛而论，如水流行。全篇虽是驳论技法，但在行文中主要是以各种主题为线索泛泛展开，涉及无为、名利、学习、古今贵贱等。行文中除了驳论的结构框架外，还随时应需搬排历史故事作为论据。这正是《要略》，所言的"浮称流说"。

---

① 张双棣：《淮南子校释》，北京大学出版社 2013 年版，第 1992 页。
② 张双棣：《淮南子校释》，北京大学出版社 2013 年版，第 1993 页。
③ 张双棣：《淮南子校释》，北京大学出版社 2013 年版，第 2191 页。
④ 许慎：《说文解字》，中华书局 1963 年版，第 230 页。
⑤ 许慎：《说文解字》，中华书局 1963 年版，第 239 页。

第二十篇，《泰族训》：

> 泰族者，横八极，致高崇，上明三光，下和水土，经古今之道，治伦理之序，总万方之指，而归之一本，以经纬治道，纪纲王事。乃原心术，理性情，以馆清平之灵，澄彻神明之精，以与天和相婴薄。所以览五帝三王，怀天气，抱天心，执中含和，德形于内，以著凝天地，发起阴阳，序四时，正流方，绥之斯宁，推之斯行，乃以陶冶万物，游化群生，唱而和，动而随，四海之内，一心同归。故景星见，祥风至，黄龙下，凤巢列树，麟止郊野。德不内形，而行其法藉，专用制度，神祇弗应，福祥不归，四海不宾，兆民弗化。故德形于内，治之大本。此鸿烈之泰族也。

《要略》对本篇的文章学技法未作过多描述，然而却明确点出了本篇的内容和主旨："总万方之指，而归之一本，以经纬治道，纪纲王事。"从第一章第六节的论述可以看出，本篇确完成了对之前各篇重要主旨的总结，符合《要略》的描述。关于这一点前有详述，此处不赘。

第二部分对《要略》的文章学观点进行了逐一阐释，明晰起见，将相关信息列表如下：

序号	篇名	《要略》的文章学阐释	备注
1	《原道训》	"象太一之容，测窈冥之深，以翔虚无之轸"， "托小以苞大，守约以治广"	"象"所展示的形象性，是本篇的重要文章手法。形象是固定的、具体的，是"小"，然而其所展现的境界却是极大的。
2	《俶真训》	"穷逐终始之化" "嬴垆有无之精" "审"、"通" "说符"	穷究终始之化，而且还将每一种状态以具体的形态展现。 细致推理、说通之义。 历史故事与说理印证。

序号	篇名	《要略》的文章学阐释	备注
3	《天文训》	无鲜明描述	普通叙述罗列
4	《地形训》		
5	《时则训》		
6	《览冥训》	"揽物引类，览取挢掇，浸想宵类""引譬援类"	一是，资料收集。按类索引事物，当然也包括广泛收集事物，以作为行文资料。二是，将收集的事物按类梳理。具象性、形象化，通过打比方的方式说理
7	精神训	无鲜明描述	一般性议论技法
8	本经训		
9	主术训		
10	《缪称训》	"假象取耦，以相譬喻""曲说攻论"	假借形象以比喻说理。"假象取耦"实包括三种形式：普通事象、历史故事和经典典籍。"曲说攻论"强调论述的细密委曲。
11	《齐俗训》	无鲜明描述	一般性议论
12	《道应训》	"揽掇遂事之踪，追观往古之迹"	"历史故事＋老庄经典"
13	《泛论训》	"箴缕繺繺之间，攡搜呹齫之郄也。"	论证过程缜密连贯
14	《诠言训》	"譬类"	本篇的比喻类比只运用了两种语料：历史故事和一般事象。
15	《兵略训》	无鲜明描述	一般性论述
16	《说山训》	"假譬取象"	具象性；
17	《说林训》	"异类殊形"	具象的广泛性和复杂性。
18	《人间训》	"分别百事之微，敷陈存亡之机"	敷陈"即是铺陈，按照两两相对的结构将历史故事铺陈出来
19	《修务训》	"故为之浮称流说其所以能听"	驳论泛泛而论、间用历史故事。
20	《泰族训》	无鲜明描述	总结性篇目

通过上表不难看出，《要略》对 11 篇作品均有较为明显自觉的文章学阐释。《要略》的文章学阐释着重关注了如下几个问题：

第一个问题是关于用象和用譬。

用象和用譬是《淮南子》常用的技法，也是《要略》深知敏感的文章学认识。至少在对《原道训》、《俶真训》、《览冥训》、《缪称训》、《道应训》、《诠言训》、《说山训》、《说林训》等篇的描述中曾较为明确地阐述过有关用象和用譬的文章学内容。

《要略》对《淮南子》的用象和用譬有较为细致的分殊，概言之有如下几种：

第一种，"托小以苞大"。

这种用象直接将大道虚无形象化、具象化，通过形象具象的上天入地广大无极，自然展现大道虚无这个最高本体的无极广大。以《原道训》中的"泰古二皇"、"冯夷、大丙之御"为代表。

第二种，"引譬援类"。

以《览冥训》为代表，"揽物引类，浸想宵类"践行的是按类收集具象性的材料，也包括收集语料后按类分别，为的是找出事物之间的关联，阐述感应理念。

第三种，假象取耦。即比喻类比。

这是《淮南子》中运用最广的一种手法，就是用具象对抽象形成比喻。

具体说来，在《淮南子》中又有着极为丰富的表现。《缪称训》中的具象包括经典典籍、历史故事、寓言故事三种，它们是说理过程中的论据和语料；而《道应训》则通过历史故事与老庄经典语录的模糊弥合实现对证，罗列故事是主要特征；《说山》、《说林》则仅仅罗列具象，异类殊形变化万方是其表现；《人间训》则以辩证结构编连相反相成寓意的历史故事，铺陈是其形态。

检视《淮南子》之前的文章，用譬用象源远流长，从《列子》到《庄子》，从《荀子》到《韩非子》、《吕氏春秋》都有可寻，它已成为文章学的重要内容。但是，《道应训》的模糊弥合，《说山》、《说林》的说体文价值，都是《淮南子》的全新价值与贡献。

第二个问题是关于议论。

《要略》始终充斥着较为明显的"言道"、"言事"分别的观念：

> 总要举凡，而语不剖判纯朴，靡散大宗，惧为人之惛惛然弗能知也；故多为之辞，博为之说，又恐人之离本就末也。故言道而不言事，则无以与世浮沉；言事而不言道，则无以与化游息。

"言事"与上文所述用象、用譬关联密切，而"言道"与今日所言"议论"相近。关于议论的文章学技法，《要略》实际也有多种认知：

第一，一般性议论。这在《淮南子》中所占比例不小，没有较为明显和特殊的文章技法。

第二，追根溯源式论述，以《俶真训》为代表。将大道本体前溯追原，进而细分为多种状态。类似追溯曾见于《列子·天瑞》。

第三，缜密推理。议论的细致细密性，是《要略》对议论的重要认知，在多篇描述中曾有类似阐述，"审"、"分别百事之微"、"篾缕緂纋之间"等皆是。具体说来又有多种形态。《泛论训》经常需要纠正凡常认知，改变普通理论存在的语境，从而得出新意。这就使得论述过程左右逢源、在细密的理论通道中游走，否定与肯定同时进行。《人间训》则构建出相反形成的辩证结构，诸如"损之而益、益之而损"等等，在百事之微、似是而非之间分别、梳理。

第四，驳论，以《修务训》为代表。

鉴于"为人之于道未淹，味论未深，见其文辞，反之以清静为常，恬淡为本，则懈堕分学，纵欲适情，欲以偷自佚，而塞于大道也"，作者经常立靶驳论，拨正错误认识的同时，阐述正确观点。

第五，总结性议论，以《泰族训》为代表。

鉴于全书理论观点丰富，文体形态驳杂，为明晰见，《泰族训》"总万方之指，而归之一本"，有意识进行全书总结议论和申明。全篇对全书重要观点做一重申融合，体现出十分明确的整体观念和编辑思维。

能够看出，关于用譬类比与议论技法的阐释是《要略》的用力所在，与《淮南子》各篇文本契合度极高。

根据上文对于文章学的论述，本文所依从的中国古代文章学，其成立完全可以界定于先秦，这也与周振甫先生的认识一致。

基于此，先秦时期的文章学实际呈现如下两个特征：

第一，文章学论述多寓于于其他论述中，专门性不足。

这是先秦时期文章学的重要特点。如《论语》中"文质彬彬"、"辞达而已矣"等，这些并非孔子的文章学专论，只是他对言语、诗等的看法。但是，毋庸置疑，由此完全可以推及他的文章论。如苏轼《与谢民师推官书》说："孔子曰：'言之不文，行而不远'，又曰：'辞达而已矣'。夫言止于达意，即疑若不文，是大不然。求物之妙，如系风捕影，能使是物了然于心者，盖千万人而不一遇也。而况能使了然于口与手者乎，是之谓辞达。"①苏轼所言无疑是对孔子说法的新解，但是中国文章学史显然涵容了孔子的"辞达"论，它无疑也属于中国文章学的内容。

另外如《老子》"反者道之动"、"虚静"等理论虽非专门文章学理论，但是无疑也是后代文章学的理论源头。比如《文心雕龙》对"虚静"等的阐释，即是以老子理论为源。所以，先秦时期许多文章学论述其实是寓于其他论述中的，还不是专门的、严格意义上的文章学论述。但是将这些理论排除在中国文章学研究视野之外，显然又是愚蠢的。因为，中国早期的

---

① 王运熙、顾易生主编：《中国文学批评史》，上海古籍出版社1981年版，第60页。

这些议论表述，虽不针对诗、文等，但无疑都是中国古代诗学、文章学等的重要的理论源头，这是由当时理论的混溶性决定的。

第二，零星和碎片化。

先秦时期的文章学论述多零星出现，并没有专篇出现。偶尔也能看见一些较为纯粹自觉的文章学论述，如《荀子·非相》："谈说之术，矜庄以莅之，端诚以处之，坚强以持之。"这里，荀子分析的是谈说之术。他认为要达到良好的说服目的，应该矜持端庄、端正诚意、全心全意地坚持力主。在一定意义上，这也可以看作荀子对议论的文章学阐述，但是显然在《要略》之前并没有专篇的文章学作品。

《要略》全面阐述了全书的创作主旨，更对各篇创作目的、创作技法、文本效果等进行了系统阐述。从文章学史角度不难看出，《要略》实是中国古代第一篇较为专门的专书文章学作品，是认识理解《淮南子》全书的重要窗口。而且，其中对于议论的细密性、用譬等的阐释显然已经十分自觉。

结　语

　　杂家研究首要的问题是进行清晰的研究定位，唯其如此，方可明确研究的内容、方法、意义等系列问题。本书研究定位在《汉志》意义上的杂家研究，以文本研究为基本内容，尽量展示杂家作品丰富生动的文学特征，进而描活、丰富对于秦汉杂家内涵的认识。

　　杂家作品的结构具有十分重要的意义，有着鲜明的结构意识，也有着独到的结构方法。《吕氏春秋》结构组织上的规整性和系统性在诸多先秦子书中首屈一指，对《吕氏春秋》结构的研究自然亦是吕书研究的传统课题。但传统研究也存在严重问题，集中表现在十二纪结构分析中的理念先行、牵强附会，在纪、览的分析中往往单纯从作品思想主题入手，视角单一。基于此，本书仍以"春生夏长秋收冬藏"为纲探寻十二纪的结构，但是着力于挖掘来自文本的实在的线索，而不是牵强的关联。

　　"天地人三才观"是战国时期的重要理念，这种理念影响至深，以至于在杂家作品结构过程中也体现出来。《吕氏春秋》的八览总体上秉持着"天地人"的结构模式，从《有始览》开始，逐渐构建这种模式。《淮南子》结构形式与《吕氏春秋》有别，但是其编排中也体现出了"三才观"的影响。它的背后是天人合一的古老观念，而"三才观"结构则是杂家作品对这种古老观念的发展和当下展现。

　　先秦时期的经传结构是较为普遍的存在，这种结构在《吕氏春秋》的结构中有着变形表现。《有始览》与其后各览论之间形成互见关系，这种互见关系的背后就是古老的经传结构的反映。

《吕氏春秋》有收录历史资料的性质，历史故事的题材是其重要属性。《吕氏春秋》在结构中也体现出以题材为结构线索的特征，重大题材和普通题材、君主题材和臣属题材等，编撰者按照不同维度编排着各种题材，使得全书具有了故事大观园的性质。而这种特点在《淮南子》中表现并不明显，这与《淮南子》以议论行文的主要特征有关。

两书在结构上的辩证和互补是十分重要的特征。篇章之间或因主题、或以题材形成辩证关系和互补关系，使得篇章之间在思想倾向上不至偏颇。这是秦汉杂家涵容性的重要实现手段。

可以肯定，结构是秦汉杂家十分关注和重视的方面，其中自然也就寄寓了更多的功能和意义。无论是《吕氏春秋》还是《淮南子》，在结构构建伊始就表现出十分明显的宏阔意识，也即尽力使其结构能涵容天地、包举宇内。宏阔的结构意识展现出秦汉杂家包涵万物的意旨和总结汇融的学术目的，彰显着秦汉杂家的家派特征。

秦汉杂家的两部著作，都大量使用已有的历史故事和历史资料。在面对已有资料的时候，两书有时使用的是照抄的方法，这在两书中都有反映。当然，有时也会做稍许编排，这在《说山训》、《说林训》等篇目中能够看到。这展现的更多的是两书相对"无为"收录的一面。当然，还有很多的时候是对故事进行改造和使用，《吕氏春秋》有时候甚至会采用和改造较长的故事。当然，它在采用的时候因为篇幅规模的原因，会进行删节和缩编，展现出编书对于篇幅的要求。

在短故事的使用方面，两书都有不少案例。故事进一步缩短，就是典故。两书同样也有大量使用。《吕氏春秋》在浓缩型历史典故的使用方面已经有很丰富的表现，对于后代影响深远。《淮南子》则更倾向于对已有故事进行简洁化处理，或保留故事梗概，或改造语言，抑或改造情节，其主要目的还是将故事缩短，使其适用于说理和议论。说理的目的性是故事改造的重要背景，在《淮南子》中短故事和典故都进一步语料化，成为议论行文的材料，本身的故事意义大大缩减。

在议论中两书体现出十分明显的杂家特征。面对概念，两书都会进行内涵外延的扩展，使得具有家派性质的概念获得更大的涵容力，变成更加宽泛的一般概念。《吕氏春秋》在议论中还经常体现出对于一件事情的辩证观点，或从多方角度入手，或转变视角，使得观点更加稳妥。在这一方面，《淮南子》体现不明显，主要是因为《淮南子》成熟的议论行文特征。义脉贯通是其基本特征，所以一般不会出现对同一件事情的游离式辩证论说，但是其辩证性在其他方面有体现和弥补，比如篇章间观点的互补等。

《淮南子》还独创了故事和经典对证的开放式结构，故事和经典都以相对"无为"的采录方式保持原貌，作者很少进行中间的贯穿和自我理念的灌注，使得两者之间呈现出模糊弥合状态。这一状态保证了巨大的思想涵容性，也保证了多种家派思想的汇聚，可以看作以不论为论，是杂家的重要创造。

"九州说"和"感应论"是影响深远的两个学说，这两个学说在演进过程中，《吕氏春秋》和《淮南子》是重要的中间阶段，对两种观念的形成、发展、迁变都起到了十分重要的作用，是观察秦汉杂家的具体案例。

秦汉杂家的历史地位是重要的，贡献是巨大的。它在战国中期以来以至汉初的文化总结的大时代背景中，全力主张和践行着文化的融合。它包罗万象，看似驳杂，实则用心良苦，其博大精深的体系可挖掘的价值很多。本书集中阐述了其在文体学上的价值，这可以从其铺张扬厉的文体风格看出，对于后来的七体等都产生了极为深远的影响。两书常用的浓缩型历史典故，以及《说山训》、《说林训》的文本形态，则对于连珠体的产生与发展产生了重要影响。其意义还表现在文章学方面，《要略》是文章学发展中的重要节点，对于我们重新认知中国古代文章学具有十分重要的参考价值。

　　秦汉杂家杂而不杂，博大精深。笔者所及仅属管窥，疏漏在所难免，求教方家。

后 记

笔者在攻读博士学位期间曾对《吕氏春秋》进行过相关研究。因为《吕氏春秋》直接牵涉秦汉杂家相关问题，所以从那时起一方面致力于《吕氏春秋》研究，另一方面也在不断收集关于秦汉杂家更为广泛的资料。毕业后，也始终没有离开这条研究路径，陆续在杂家相关，特别是《淮南子》文本上下了一些功夫。期间，陆陆续续发表过相关成果，也承担过相关科研项目。

关于秦汉杂家相关问题的思考，始于对《吕氏春秋》的研究，近十年来陆续的进展不断丰富着我对于这个问题的思考，这是一个不断丰富的过程，也是一个不断调整的过程。包括科研项目的结题成果，在沉淀一段时间后还是觉得有进一步调整的必要。于是，近来便集中对这一过程中的这些感想进行梳理，重新调整角度，在《吕氏春秋》的基础上充实以《淮南子》及杂家相关思考。题以《秦汉杂家研究》，即是想立足于《吕氏春秋》和《淮南子》这两部最为代表性的著作文本，从内部研究出发，通过对比总结，在视角上力求上升至对秦汉杂家认知。

本书所始的《吕氏春秋》研究浸透着我的导师李炳海先生的心血，此次的视角调整受到方铭先生的启发很大。正如"绪论"中所言，这个成果将是秦汉杂家研究中正向的有益尝试和补充，但是绝非结论式成果。虽则如此，仍诚惶诚恐，恐己之浅陋辱没师友之功。

感谢人民出版社陆丽云编审，给这本书以如此优秀平台的呈现，在出版过程中不辞劳苦、不厌其烦地帮助处理各种繁杂事务，悉心地编校指导。感谢方铭先生大雅赐序。

感谢汕头大学文学院毛思慧院长，在出版申请等方面给予的帮助；感谢杨庆杰副院长、办公室姚津津、招标处黄智鑫等相关人员的积极协助。

时值庚子六月中